Moderne
Wirtschaftsgestaltungen
herausgegeben von
Kurt Wiedenfeld

Heft 11:

DIE MODERNE KARTELLORGANISATION DER DEUTSCHEN STAHLINDUSTRIE

von

Dr. Walter Krüger

Berlin und Leipzig 1927

Walter de Gruyter & Co.

vormals G. J. Göschen'sche Verlagshandlung — J. Guttentag, Verlagsbuchhandlung
Georg Reimer — Karl J. Trübner — Veit & Comp.

Die moderne Kartellorganisation der deutschen Stahlindustrie

von

Dr. Walter Krüger

Berlin und Leipzig 1927

Walter de Gruyter & Co.

vormals G. J. Göschen'sche Verlagshandlung — J. Guttentag, Verlagsbuchhandlung
Georg Reimer — Karl J. Trübner — Veit & Comp.

Vorwort.

Die Verbandsbildung innerhalb der deutschen Groß-eisenindustrie hat, zumal sie durch den Abschluß von Kartellverträgen speziell mit der westeuropäischen Schwerindustrie ihre Verbandsorganisation auch auf internationale Grundlage gestellt hat, das Interesse der Öffentlichkeit in allergrößtem Maße auf sich gezogen. Zweck der vorliegenden Arbeit ist es, in großen Umrissen einen Überblick über Entstehung sowie Struktur des modernen Verbandswesens der deutschen Stahlindustrie zu vermitteln. Hierbei haben auch insbesondere der Verbandszusammenschluß in der sogen. Kleineisenindustrie sowie die Kartellierung des Eisenhandels im Anschluß an die Eisensyndikate eingehendere Berücksichtigung gefunden. Des weiteren ist die Nachkriegs-Konzentrationsbewegung der deutschen Montanindustrie, sofern sie in diesem Zusammenhang interessiert, in ihren wichtigsten Motiven und Ereignissen skizziert worden, speziell die Errichtung der Vereinigten Stahlwerke A.-G., über deren hauptsächlichsten Aufbau eine beigefügte schematische Darstellung orientieren soll.

Dagegen ist die Kartellorganisation der deutschen Hochofenindustrie, also der Roheisen-Verband, nur ganz kurz gelegentlich erwähnt worden. Ursprünglich sollte selbstverständlich auch der Roheisen-Verband in einem besonderen Abschnitt behandelt werden, aber das unlängst veröffentlichte Werk von Arthur Klotzbach[1]), dem früheren Geschäftsführer, jetzigen Vorsitzenden des Roheisen-Verbandes, hat jenes Vorhaben unnötig gemacht. Hinsichtlich dieses

[1]) Arthur Klotzbach, Der Roheisen-Verband; Düsseldorf 1926.

Verbandes darf daher wohl auf die Arbeit von Klotzbach über die Geschichte des Roheisen-Verbandes von den Anfängen bis zur Gegenwart verwiesen werden, die auf Grund authentischen, einem Außenstehenden sonst nur sehr schwer zugänglichen Materials angefertigt ist und folglich in ihrer Art einzig dasteht.

Die eigentliche geschichtliche Darstellung der „modernen Kartellorganisation der deutschen Stahlindustrie" umfaßt die Zeit von der Gründung der deutschen Rohstahlgemeinschaft im Herbst des Jahres 1924 bis einschließlich Mai 1927. Jedoch ist beispielsweise die Auflösung des alten Stahlwerksverbandes im Jahre 1920 nicht unerwähnt geblieben.

Herrn Geheimrat Professor Dr. Kurt Wiedenfeld muß ich meinen besonderen Dank aussprechen für seine wertvolle Unterstützung bei der Abfassung dieser Arbeit.

Der Verfasser.

Inhaltsverzeichnis.

I. Die Folgen des Versailler Friedensvertrages für die deutsche Eisen- und Stahlindustrie.

Wenn es lediglich die großen Sachverluste gewesen wären, welche die deutsche Eisen- und Stahlindustrie durch die Bestimmungen des Versailler Friedensvertrages über die Abtretung von Elsaß-Lothringen an Frankreich und über die Loslösung von Luxemburg aus dem deutschen Zollgebiet und insbesondere durch die hiermit verbundene Liquidierung des dortigen deutschen Eigentums erlitten hat, dann hätte sie sich von diesen an sich sehr empfindlichen Verlusten verhältnismäßig schnell wieder erholen können. Jedoch unter den sonstigen Folgen der gewaltsamen Zerreißung von wirtschaftlich bisher eng miteinander verbunden gewesenen Industrierevieren, wobei auch die Unterstellung des Saargebietes unter die Kontrolle des Völkerbundes sowie die Teilung von Oberschlesien mit ihren unheilvollen Auswirkungen auf diese Reviere nicht vergessen sein sollen, hat die deutsche Montanindustrie und mit ihr die gesamte deutsche Volkswirtschaft bis in die Gegenwart hinein aufs schwerste leiden müssen. Allerdings auch die Schwerindustrien Frankreichs und Belgiens, das ja jetzt in Zollunion mit Luxemburg steht, sind von den tiefen Zerrüttungen, die der Versailler Friedensvertrag innerhalb der europäischen Eisenwirtschaft hervorgerufen hat, ebenfalls nicht verschont geblieben. Insbesondere Frankreich hat von der Übernahme des ehemaligen deutschen Besitzes, die ihm eine erhebliche Erweiterung seiner Eisen- und Stahlgewinnung einbrachte, ohne daß jedoch sein Inlandsverbrauch an Eisenerzeugnissen sich entsprechend vergrößert hätte, im allgemeinen mehr

Sorge als Freude gehabt. In welcher Art nun die folgenschweren Umwälzungen in der europäischen Eisenwirtschaft sich im einzelnen offenbart haben, und inwiefern man sie durch zwischenstaatliche Vereinbarungen zu meistern unternommen hat, wird uns noch bei späterer Gelegenheit zu beschäftigen haben. Zunächst sollen aus der Entwicklung, die der deutschen Schwerindustrie seit der Beendigung des Weltkrieges beschieden gewesen ist, diejenigen Grundzüge hervorgehoben werden, die zum Wiederaufleben der Kartellierungsbestrebungen auf dem Gebiete der deutschen Stahlproduktion geführt haben.

A. Der Verlust der lothringisch-luxemburgischen Eisenerzbasis.

Der rheinisch-westfälische und der einstige südwestdeutsche Industriebezirk hatten sich im Laufe der Zeit auf eine Arbeitsteilung in der Weise eingespielt, daß Rheinland-Westfalen in vorwiegendem Maße die Weiterverarbeitung der auf den lothringisch-luxemburgischen Werken erzeugten Roh- und Halbfabrikate besorgte, während von diesen großenteils auch im Besitz der rheinisch-westfälischen Montanunternehmungen befindlichen Erzgruben, Hütten- und Stahlwerken die benötigten Minetteerze gefördert bzw. sogleich an Ort und Stelle zu Roheisen, Rohstahl und Halbzeug, vereinzelt auch noch weiter zu Trägern und Schienen verarbeitet wurden. Hierfür lieferte andererseits wiederum der Ruhrkohlenbergbau die gerade für den Verhüttungsprozeß erforderlichen hochwertigen Koksmengen. Diese innigste wechselseitige Verflechtung von Lothringen-Luxemburg mit Rheinland-Westfalen als dem Eisen- und Stahlverfeinerungszentrum für jene überwiegend auf Quantitätserzeugung eingestellten Reviere hat das Versailler Friedensdiktat zerstört. Die Besitzungen in Lothringen wurden unter Sequester gestellt, die luxemburgischen mußten wegen der deutschfeindlichen Haltung der dortigen Regierung abgestoßen werden, und bei den Saarwerken, die ebenfalls zur Ruhrkohle in enger Beziehung stehen[1]), erzwang sich — von einer Ausnahme (Röchling) abgesehen — die französisch-belgische Schwerindustrie maßgebende Beteiligung. In Zahlen ausgedrückt, sind der deutschen Eisen- und Stahlindustrie in den abgetretenen Gebieten Anlagen verloren gegangen, die im Jahre 1913 ungefähr 79,7 Prozent der gesamten Eisenerzförderung im damaligen deutschen Zollgebiet, 43,5 Prozent der Roheisen-, 35,8 Prozent der Rohstahl- und 32,4 Prozent der Walzwerkserzeugung ausmachten. Den Verlust ihrer lothringisch-luxemburgischen Eisenerzbasis mit den reichen Minettelagerstätten, aus denen, wie schon gesagt, die auf ihnen errichteten großen Hütten- und Stahlwerksbetriebe sich unmittelbar mit Erzen versorgen konnten, allerdings aus Quantitäts- und Qualitätsgründen den Hochofenkoks vom Ruhrgebiet herantransportieren mußten, hat jedoch die deutsche Eisen- und Stahlindustrie durch eine Neuorientierung in verhältnismäßig kurzer Zeit auszugleichen gewußt.

Nebenbei bemerkt, ist die ja jetzt über die lothringischen Erzfelder restlos verfügende französische Eisenindustrie auch heute noch in höchstem Maße auf den Bezug von Ruhrkoks angewiesen. So weist das Comité des Forges de France, die Interessenvertretung der französischen Hüttenindustriellen, in seinem Jahresbericht für 1925 nachdrücklich auf das überaus schwerwiegende Problem der Koksversorgung der Eisenindustrie Frankreichs hin, zumal da deren Leistungsfähigkeit mit der Angliederung Lothringens und infolge der Einbeziehung des Saarlandes in die französische Zollhoheit (seit dem 10. Januar 1925) eine Verdoppelung erfahren hat. Die französische Schwerindustrie sei, so wird in dem genannten Bericht geklagt, bezüglich ihrer Koksbelieferung in einem solchen Umfange vom Ausland abhängig, daß trotz der im Berichtsjahr auf dem Gebiete des Kokereiwesens von den französischen Kokereien erzielten Fortschritte die Einfuhr an Hochofenkoks oder an Kokskohle zur Erzeugung von Koks etwa drei Viertel des Gesamtverbrauches der fran-

[1]) Trotz vielfacher Versuche eignet sich der aus der Saarkohle erzeugte Koks recht mangelhaft für den Hochofen.

zösischen Hochofenwerke betragen habe. Diese Klage des Comité des Forges bestätigt also aufs neue die langbekannte Tatsache, daß Deutschland der wichtigste Brennstofflieferant der französischen Eisenindustrie ist und nach wie vor bleiben wird, und diese Tatsache ist ja auch wiederum der wahre Kern der sogen. Reparations-Brennstofflieferungen, die dem deutschen Bergbau auferlegt worden sind. Die gekennzeichnete starke Abhängigkeit von der deutschen Kohle hat im übrigen eine oft zur Debatte gestellte Frage aufgeworfen, nämlich die einer wirtschaftspolitischen Aussöhnung zwischen Deutschland und Frankreich auf der Grundlage einer Wiederherstellung des alten engen Austauschverhältnisses von Ruhrkoks gegen lothringische Minette[1]). Eine eingehendere Behandlung dieses Problems müssen wir uns hier leider versagen, glauben aber im vorstehenden bereits zur Genüge darauf hingewiesen zu haben, von wie weittragender Bedeutung die Trennung der lothringischen Minette vom Ruhrkoks durch den Versailler Friedensvertrag gerade auch für Frankreich geworden ist.

Hingegen spielt der Bezug von Minetteerzen aus Lothringen sowie aus Luxemburg seitens der deutschen Eisenwerke mengenmäßig eine relativ nur noch geringe Rolle, woraus jedoch nicht ohne weiteres gefolgert werden darf, daß die deutsche Hochofenindustrie ihr Interesse an einer Weiterversorgung mit diesen Erzsorten überhaupt auf ein ganz geringfügiges Maß herabgemindert habe. Immerhin hat das lothringisch-luxemburgische Erzrevier seinen alten hervorragenden Platz in der Erzversorgung der deutschen Eisenindustrie abtreten müssen. Der deutsche Erzbedarf wird an erster Stelle, und zwar zu weit über 50 Prozent, heute von Schweden gedeckt, das ja schon vor dem Kriege an der deutschen Eisenerzversorgung in weitem Maße beteiligt war, und mit dessen Erzgruben die deutsche Schwer-

---

[1]) Auf privater Grundlage sind vereinzelt derartige Austauschverträge von Koks gegen Minette abgeschlossen worden (z. B. von den Vereinigten Stahlwerken A.-G.). Neuerdings wird aber der Bezug von lothringischer Minette gegen Barzahlung getätigt, angeblich weil sich dieses Austauschsystem nicht bewährt hat.

industrie nach dem Kriege besonders langfristige Lieferungsverträge bis zum Jahre 1932 abgeschlossen hat. Des weiteren von Spanien mit seinem gegen die Vorkriegszeit allerdings nicht unbeträchtlich gesunkenen Erzexport nach Deutschland, ferner aus Nordfrankreich, aus Algerien und von Neufundland (Wabana) trotz der hier zu gewissen Jahreszeiten auftretenden Verschiffungsschwierigkeiten. Es entfielen, um ein Beispiel anzuführen, bei einem deutschen Gesamteisenerzimport von 9,55 Millionen Tonnen im Jahre 1926 u. a. auf Schweden 5,82 Millionen, Spanien 0,84 Millionen, Neufundland 0,35 Millionen und auf Algerien 0,23 Millionen, dagegen auf Elsaß-Lothringen nur 0,57 Millionen, Frankreich (nordfranzösische Erze speziell aus der Normandie und Bretagne) 0,98 Millionen und auf Luxemburg 0,29 Millionen Tonnen. Die Erze dieser erstgenannten Länder zeichnen sich durch ihren hochprozentigen Eisengehalt und infolgedessen auch durch einen niedrigeren Koksverbrauch bei der Verhüttung aus, wogegen der geringe Eisengehalt der Minette — im Durchschnitt ungefähr 32 bis 35 Prozent gegen 60 bis 70 Prozent beim Schweden- und 54 Prozent beim Wabanaerz — eine ernsthafte Konkurrenz mit jenen Erzen am Weltmarkt unmöglich macht. Lediglich die geographisch und folglich frachtlich sehr günstige Lage sowie der Reichtum der lothringisch-luxemburgischen Minettelagerstätten haben daher für die deutsche Schwerindustrie den Anlaß gegeben, das Schwergewicht ihrer Eisenerz-Rohstoffgewinnung sowie ihrer Halbfabrikateherstellung in produktionstechnisch enger Verkoppelung dorthin zu verlegen und hierfür die modernsten, größten Betriebsanlagen in diesem politisch ja schon immer gefährdet gewesenen Gebiet zu erbauen.

Die deutsche Hochofenindustrie ist seit dem Versailler Friedensschluß fraglos in höherem Grade von der Belieferung mit ausländischen Eisenerzen abhängig geworden, als etwa die über eigene reiche Erzvorkommen verfügenden Industrien Frankreichs oder der Vereinigten Staaten von Amerika. Dies ist aber keineswegs gleichbedeutend mit einer nahezu vollständigen Abhängigkeit von fremdländischen Rohstoffen überhaupt. Denn für die deutsche Rohstahlerzeugung, die, ebenso wie die gesamte Rohstahlgewinnung der Welt[1]), besonders in den Nachkriegsjahren gegenüber der Roheisengewinnung ganz erheblich an Bedeutung zugenommen hat, stehen außer den allerdings großenteils unter schwierigen Lagerverhältnissen leidenden und mithin hohe Betriebsunkosten verursachenden inländischen Erzvorkommen mit einer durchschnittlichen jährlichen Fördermenge von 6 bis 7 Millionen Tonnen[2]) in erster Linie die großen Vorräte an Schrott zur Verfügung, die als sogen. Neuschrott vornehmlich aus den Maschinenbauanstalten oder aus anderen Eisenwerk-

---

[1]) Über die Verschiebung des Verhältnisses zwischen der Roheisen- und Rohstahlerzeugung der Welt unterrichtet folgende Tabelle:

Jahr	Roheisen			Rohstahl		
1900	41	Millionen	Tonnen	28,34	Millionen	Tonnen
1910	66,35	"	"	60,2	"	"
1913	80	"	"	75	"	"
1914	60	"	"	60	"	"
1920	63,5	"	"	73	"	"
1921	37,5	"	"	46	"	"
1922	55	"	"	69,5	"	"
1923	69	"	"	78	"	"
1924	67,5	"	"	78	"	"
1925	76	"	"	89,5	"	"

Hiernach hat sich also die Weltrohstahlerzeugung im Jahre 1925 um 19,3 Prozent gegen das Jahr 1913 gesteigert, die Weltroheisengewinnung dagegen um 4 Prozent vermindert. Es ist aber zu berücksichtigen, daß diese Steigerung der Weltrohstahlerzeugung der erhöhten Produktionsleistung der Vereinigten Staaten (von 31,8 Millionen Tonnen in 1913 auf 46,12 Millionen Tonnen in 1925) zu verdanken ist, wogegen die europäische Rohstahlgewinnung des Jahres 1925 noch um rund 3 Prozent gegen 1913 zurückgeblieben ist (40,85 Millionen Tonnen in 1925 gegen 42,12 Millionen Tonnen in 1913). — Stahl und Eisen, 46. Jahrg. Heft 41; Die Roheisen- und Rohstahlerzeugung der Welt im Jahre 1925 und im 1. Halbjahr 1926.

[2]) Die deutsche Eisenerzförderung betrug, auf das jetzige Reichsgebiet bezogen, im Jahre

1913	7,3	Millionen Tonnen		1924	4,5	Millionen Tonnen
1920	6,3	" "		1925	5,9	" "

Im alten deutschen Zollgebiet betrug die Eisenerzförderung des Jahres 1913 insgesamt 35,9 Millionen Tonnen. Davon entfielen auf Lothringen 21,1 Millionen und auf Luxemburg 7,3 Millionen Tonnen.

stätten und von der Eisenbahnverwaltung sowie ferner durch Sammeln verbrauchter Eisenwaren (sogen. Altschrott) gespeist werden[1]). Und im Hinblick auf die heutige außerordentliche Wichtigkeit des Schrotts als Rohstoffquelle für die deutsche Eisen- und Stahlindustrie — der gesamte Schrottverbrauch der deutschen Eisenindustrie betrug beispielsweise im Jahre 1913, auf das jetzige Reichsgebiet bezogen, 5,572 Millionen Tonnen, im Jahre 1924 etwa 5,838 Millionen Tonnen und im Jahre 1925 rund 6,977 Millionen Tonnen[2]) — ist daher auch von der Reichsregierung der Schrott bis zum heutigen Tage unter Ausfuhrkontrolle gestellt worden, deren Aufrechterhaltung insbesondere von der Eisen schaffenden Industrie gegen alle Freigabewünsche seitens des freien Schrotthandels zähe verteidigt wird[3]). Nicht zuletzt infolge der Amputation ihrer lothringisch-luxemburgischen Eisenerzbasis und dann wegen der starken Valutaschwierigkeiten bei der Beschaffung von ausländischen Rohstoffen während der Inflationszeit[4]) ist nämlich die deutsche Schwerindustrie jetzt

---

[1]) Nach einer Berechnung von J. W. Reichert, dem Geschäftsführer des Vereins Deutscher Eisen- und Stahl-Industrieller zu Berlin, liegen die heutigen Rohstoffquellen der deutschen Eisen- und Stahlindustrie zu fast sieben Zehnteln im Inlande, der Rohstoffbedarf ist mithin nur zu etwa drei Zehnteln vom Auslande abhängig. — Der im Lande vorhandene freie Schrottvorrat wird von verschiedenen Seiten übereinstimmend mit 1,5 Millionen Tonnen veranschlagt.

[2]) Vierteljahrshefte zur Statistik des Deutschen Reiches, 35. Jahrg. Viertes Heft S. 5.

[3]) Die im Jahre 1925 erfolgte Freigabe der Ausfuhr von Abwrackschrott, der auf den Seehafen-Werften gewonnen wird, hat kaum eine praktische Bedeutung infolge der augenblicklichen Unrentabilität des Abwrackgeschäftes in Deutschland. — Eine gewisse Ausnahme von dem generellen Schrottausfuhrverbot bestand auch darin, daß Deutschland auf Grund des Genfer Abkommens vom 15. Mai 1922 zur Schrottlieferung an die polnisch-oberschlesischen Werke bis zum 15. Juni 1927 verpflichtet war, und zwar bis zur Höchstgrenze von 235 000 Tonnen jährlich.

[4]) In den ersten Nachkriegsjahren sprachen bei der starken Steigerung des Schrottverbrauches außerdem noch die große Kohlenknappheit, die Beschränkungen in der Verwendung von Koks auf-

in größerem Ausmaße zum Siemens-Martin-Stahlgewinnungsverfahren übergegangen, bei dem Schrott zusammen mit Neueisen (Stahleisen) in einem Mischverhältnis von etwa 80 zu 20 auf den Herd gebracht wird, und das zwar mit höheren Produktionskosten als das Thomas-Verfahren arbeitet, dafür aber einen hochqualitativen Stahl liefert[1]). So sind z. B. im Jahre 1913 an Thomas-Stahlrohblöcken 10,63 Millionen Tonnen und an basischen und sauren Siemens-Martin-Stahlrohblöcken insgesamt 7,61 Millionen Tonnen erzeugt worden, im Jahre 1926 dagegen lauten die entsprechenden Zahlen 5,45 Millionen und 6,60 Millionen Tonnen. Hiernach hat also, wenn man bei den verringerten Produktionszahlen vor allem den Ausfall von Lothringen-Luxemburg und des Saargebietes hinsichtlich der Thomas-Eisengewinnung sowie von Ost-Oberschlesien bezüglich der Siemens-Martin-Stahlerzeugung in Rechnung stellt, die schon vor dem Kriege als sehr zukunftsreich favorisierte Siemens-Martin-Stahlgewinnung nicht unerheblich zugenommen, während die Thomas-Stahlerzeugung nur ungefähr ihren Vorkriegsstand, auf das heutige Reichsgebiet bezogen, zu erreichen vermocht hat.

B. Die Konzentrationsbewegung und das Wiedererwachen des Kartellgedankens in der deutschen Stahlindustrie.

Nachdem wir im vorstehenden Abschnitt die Auswirkungen des Verlustes der lothringisch-luxemburgischen Eisenerzbasis auf die Rohstoffversorgung sowie die hieraus resultierende produktionstechnische Neuorientierung der deutschen Eisen- und Stahlindustrie behandelt hatten, kommen wir nunmehr zur Betrachtung der rein betriebsorganisatori-

---

erlegte, sowie der erhebliche Anfall von Schrott aus den Kriegsmaterialbeständen mit.

[1]) Die deutschen Eisenpreise verstehen sich, soweit nicht anders bemerkt, in Thomas-Handelsgüte; für Eisen in Siemens-Martin-Qualität wird dagegen unter bestimmten Bedingungen noch ein besonderer „Siemens-Martin-Zuschlag“ erhoben.

schen Folgen, die der Versailler Friedensvertrag gezeitigt hat. Denn der Verlust der in technischer Hinsicht aufs modernste ausgestatteten Hütten- und Stahlwerksanlagen in Lothringen und Luxemburg, wodurch ja der deutschen Schwerindustrie der größte und beste Teil ihrer Halbfabrikate-Erzeugungsgrundlage genommen wurde, hat innerhalb der deutschen Montanindustrie eine neue, alles bisher Dagewesene noch übertreffende Konzentrationsbewegung ausgelöst, deren Ziel in einer betriebstechnischen Reorganisation der zerstückelten Konzerne nach dem Prinzip der bereits vor dem Kriege großzügig entwickelten, weil als sehr rentabel erwiesenen sogen. vertikalen Werkskonzentration bestand, d. h. also der Vereinigung von Kohlenzeche nebst Kokerei, Hochofen- und Stahlwerk und weiter bis zum Blockwalz- und Fertigwalzwerk in einer einzigen Unternehmung. Daß allerdings dieser Gedanke des vertikalen Betriebstyps während der Blütejahre der Inflation und von dieser aufs kräftigste unterstützt mitunter stark überspannt worden ist, kann hier nur kurz vermerkt werden. Der schwerindustrielle Konzentrationsprozeß griff nämlich über seine ursprünglichen Grenzen hinaus aus produktions- und absatzpolitischen Gründen vielfach in einer derartigen Tiefe und Breite auf das Gebiet der Eisen- und Stahlprodukte veredelnden Industriezweige (Maschinenbauanstalten, Automobilfabriken, elektrotechnische Industrie, Werftbetriebe, Baugewerbe u. dgl.) über, die sich bei der schweren Konjunkturkrisis, die nach der Stabilisierung der deutschen Währung einsetzte, dann als eine erdrückende Belastung erweisen sollte und einige Konzerne (Stumm, Rombach, Linke-Hofmann-Lauchhammer) sogar in große finanzielle Bedrängnis gebracht hat.

Jedenfalls ist die fortschreitende Entwertung der deutschen Mark der mächtigste Helfer in der Nachkriegs-Konzentrationsbewegung der deutschen Schwerindustrie gewesen. Galt es doch, um nur eins der wesentlichsten Momente anzuführen, die Entschädigungssummen, die seitens des Reiches für die in den abgetretenen lothringischen Gebieten befindlichen Werksbesitzungen ausbezahlt wurden —

für die luxemburgischen Werke allerdings wurden von den französisch-belgischen Nachfolgern Frankenbeträge gezahlt —, und die ausdrücklich zum Wiederaufbau dieser verloren gegangenen Produktionsanlagen bestimmt waren, vor der Entwertung zu schützen. Dies konnte jedoch in den meisten Fällen lediglich auf dem Wege der Angliederung von anderen, bereits bestehenden Werken geschehen, da bei einer wirklich umfangreichen Neubautätigkeit die empfangenen Geldbeträge in Kürze entwertet worden wären und schließlich kaum noch für einen Ziegelstein ausgereicht hätten. Die Entschädigungsgelder mußten also so schnell wie möglich in Sachwerten angelegt werden — die ersten Anfänge der so berühmt-berüchtigt gewordenen „Flucht aus der Mark in die Sachwerte", die insofern so außerordentlich erleichtert worden ist, als diese Sachwertobjekte, gemessen an ihrem tatsächlichen Anschaffungspreis, zu einem unerhört billigen Tagespreis zu erwerben waren. Überdies kam andererseits insbesondere die allgemeine Rohstoffknappheit, die in den ersten Nachkriegsjahren herrschte, der industriellen Konzentrationstendenz weit entgegen. Vor allem waren es der empfindliche Brennstoffmangel sowie die starke Unsicherheit in der Quantitäts- sowie Qualitätsbelieferung mit den benötigten industriellen Rohstoffen und Halbfabrikaten überhaupt, die ein rentables, verhältnismäßig risikoloses Arbeiten nahezu unmöglich machte und infolgedessen die Fertigfabrikateindustrie zum Anschluß an die großen vertikalen Montankonzerne veranlaßt hat, die ja Rohstoffgewinnung und Weiterverarbeitung in sich vereinigen. Diese Anlehnungsbestrebungen der Fertigfabrikateindustrie zum Zwecke der Sicherstellung ihrer Rohstoff- und Halbfabrikateversorgung entsprachen aber wiederum den Interessen der erstgenannten Industrieunternehmungen, die für ihre erzeugten Brennstoffe sowie Eisen- und Stahlprodukte infolge der preisdrückenden Politik des Reichskohlenrates und des Eisenwirtschaftsbundes Erlöse erhielten, die in einem sehr krassen Mißverhältnis zu den relativ hohen Verkaufspreisen für die aus jenen Rohstoffen und Halbfabrikaten hergestellten Fertigwaren standen. Und diese anormal hohe Differenz zwischen den künstlich auf einem niedrigen Niveau gehaltenen Kohlen- und Eisenpreisen einerseits und den Fertigwarenpreisen andererseits, die sich im freien Spiel von Angebot und Nachfrage auf einem der öffentlichen Kontrolle nicht unterworfenen Markt bilden konnten, hat daher ganz besonders der ohnehin schon starken Tendenz der Schwerindustrie, die viel größere Gewinnchancen bietende Verfeinerung der einschlägigen Erzeugnisse in eigenen Betrieben vorzunehmen, zu einem Durchbruch in weitgehendstem Maße verholfen. Kurzum, durch einen verzweigten engen Vertikalzusammenschluß zwischen der Eisen schaffenden und Eisen verfeinernden Industrie, die ihrerseits hierdurch wieder in den sehr willkommenen Genuß des Bezuges von Roh- und Halbfabrikaten zu annähernd Gestehungskostenpreisen gelangte, wurde den in der ersten Nachkriegszeit entstandenen besonderen wirtschaftlichen Verhältnissen der genannten beiden Industriegruppen Rechnung zu tragen versucht.

Mit der Stabilisierung der deutschen Währung schlug jedoch die gekennzeichnete industrielle Konzentrationsbewegung notgedrungen andere Bahnen ein, um sich den radikalen Veränderungen der ökonomischen Situation anzupassen, welche die Ablösung der bisherigen produktionssteigernden Auswirkungen der Inflationsperiode durch die nunmehr produktionshemmenden der Deflationszeit im Gefolge hatte. Bevor wir uns aber hiermit näher befassen, sollen zunächst die hauptsächlichsten Einzelheiten aus den Reorganisationsvorgängen in der deutschen Montanindustrie behandelt werden, die unmittelbar dem Verlust der lothringisch-luxemburgischen Werksanlagen entsprangen.

Verhältnismäßig am wenigsten ist von den Bestimmungen des Versailler Friedensvertrages der Thyssen-Konzern betroffen worden. Denn die Abtretung der riesenhaften Lothringer Werksanlagen, die Thyssen in den letzten Jahren vor dem Kriege in Hagendingen erbaut hatte, und die zur Herstellung von Halbfabrikaten gedacht waren, die in den anderen Thyssenschen Werken im Rheinland weiterverarbeitet werden sollten, stellte für den Gesamtkonzern nur einen quantitativen Verlust dar und weniger eine Störung seines inneren Gefüges, zumal die Leistungsfähigkeit dieser Werksanlagen nicht auf die augenblickliche Aufnahmefähigkeit der Weiterverarbeitungsbetriebe des Konzerns, sondern auf die zukünftige, noch zu steigernde zugeschnitten war. Nach dem Friedensschluß wies der Thyssen-Konzern, abgesehen von den auf die Versorgung Hagendingens eingestellten Erzgrubenbesitzungen in Lothringen und in der Normandie, an Ausdehnung und Gliederung ungefähr den Stand des Jahres 1910 auf, also eines Zeitpunktes, zu welchem der erstrebte Aufbau des Konzerns bereits zu einem gewissen Abschluß gekommen war. Es ist deshalb verständlich, daß Thyssen sich an den allgemeinen Nachkriegs-Konzentrationen der deutschen Montanindustrie in nur relativ geringem Maße beteiligte, eben weil er die Entwicklung seines Konzerns als im wesentlichen abgeschlossen betrachtete[1]). Immerhin hat auch der Thyssen-Konzern einige Transaktionen vorgenommen, von denen in erster Linie der Erwerb der Aktienmehrheit der Bergbau- und Hütten-A.-G. „Friedrichshütte", Herdorf-Wehbach (Siegerland), zu nennen wäre, die außer Hochofen-, Siemens-Martin-Stahlwerks- und Blechwalzwerksanlagen vor allem über einen umfangreichen Eisensteingrubenbesitz verfügt und daher insbesondere einen gewissen Ersatz für die verloren gegangenen französischen Eisenerzfelder bildet. Ferner übernahm Thyssen im Jahre 1920 die Majorität des Stammaktienkapitals der Geisweider Eisenwerke A.-G., Geisweid (Kreis Siegen), nachdem der Klöckner-Konzern bereits das gesamte Vorzugsaktienkapital und einen Teil der Stammaktien an sich gebracht hatte. Zwischen den beiden Konzernen wurde ein 30jähriger Vertrag über gemeinsame Bewirtschaftung der Geisweider Eisenwerke geschlossen, die ebenfalls neben Hochofen-, Stahl- und Walzwerksbetrieben auch Eisensteinfelder besitzen.

Beträchtlich ungünstiger als bei Thyssen lagen hingegen die Dinge bei den übrigen großen Konzernen nach

---

[1]) Paul Arnst, August Thyssen und sein Werk (Leipzig 1925) S. 55.

dem Verlust ihrer lothringisch-luxemburgischen Besitzinteressen. Insbesondere die Rombacher Hüttenwerke, deren produktionelles Schwergewicht fast einzig und allein auf ihren lothringischen Erzgruben- und Werksanlagen basierte, und die einst zu den ersten und modernsten deutschen schwerindustriellen Unternehmungen zählten, standen durch den Versailler Friedensvertrag so gut wie vor dem Nichts. Umfaßte doch allein der Erzfelderbesitz vom Rombach ungefähr 3398,5 Hektar mit einer jährlichen Förderung von rund 2 Millionen Tonnen, einer Menge, die von keiner anderen dort arbeitenden Gesellschaft erreicht wurde. Das lothringische Besitztum der Rombacher Hüttenwerke mußte an eine neugegründete Société Lorraine des Aciéries de Rombas abgegeben werden. Der Wiederaufbau der Rombacher Hüttenwerke auf deutschem Boden, bei dem die Rombach-Verwaltung bedauerlicherweise eine wenig glückliche und vor allem recht zaghafte Hand hatte, geschah in der Form, daß im Jahre 1921 die Westfalenstahlwerke A.-G., Bochum, sowie die bereits seit einer Reihe von Jahren durch Interessengemeinschaft mit Rombach verbundene Concordiahütte A.-G., Engers, ferner zwecks Schaffung der erforderlichen eigenen breiten Kohlenbasis die schon seit 1914 ebenfalls in Interessengemeinschaft mit Rombach stehende Concordia Bergbau-A.-G., Oberhausen, mit den Rombacher Hüttenwerken verschmolzen wurden. Hinzu kam noch der Erwerb des fast gesamten Kapitals der Eisenhütte Holstein A.-G., Rendsburg, und einer ausschlaggebenden Beteiligung bei den Howaldtswerken, einem Kieler Werftunternehmen. Die wenig solide Fundamentierung der ursprünglich von der alten Koblenzer Eisenhandelsfirma Carl Spaeter (jetzt in Duisburg) gegründeten und von ihr kontrollierten Rombacher Hüttenwerke in ihrer Nachkriegsgestalt hat dann im Jahre 1926 eine tiefgehende Sanierung der Gesellschaft notwendig gemacht, in deren Verfolg die Abteilungen Westfälische Stahlwerke (Bochum), Concordiahütte (Bendorf) und die Eisenhütte Holstein A.-G., Rendsburg, an die Vereinigten Stahlwerke A.-G., Düsseldorf, abgetreten wurden, so daß also Rombach im wesentlichen der Concordia-Kohlenzechenbesitz verblieb. Durch diese Sanierung in der Hauptsache wieder ein reines Kohlenbergbauunternehmen geworden, wurde dann die alte Firmenbezeichnung „Concordia Bergbau-A.-G." angenommen und der Gesellschaftssitz von Hannover nach Oberhausen verlegt. Die Firma Carl Spaeter schied aus der Verwaltung aus, und die an der Sanierungsaktion maßgebend beteiligten Kokswerke u. Chemische Fabriken A.-G., Berlin, traten als neuer Mehrheits-Mitbesitzer zusammen mit den Vereinigten Stahlwerken A.-G. in die Concordia-Verwaltung ein.

Im Gegensatz zu diesem — nicht zuletzt durch eigenes Verschulden — unerfreulichen Schicksal steht die Entwicklung der anderen, von dem Versailler Friedensvertrag gleichfalls aufs empfindlichste getroffenen Unternehmungen. Denn die betreffenden Werke haben bei ihrer Rekonstruktion eine energischere, zielbewußtere Initiative ergriffen und sind der nach Überwindung der Revolutionswirren von führender industrieller Seite ausgegebenen Parole „Ausschwärmen", mit der man im übrigen die gesamten Nachkriegs-Expansionen der deutschen Montanindustrie zum Zwecke der Ausbesserung ihrer erlittenen schweren Schäden und der Sicherung ihres Fortbestehens am treffendsten kennzeichnen kann, ohne langes Bedenken nachgekommen. Sie warteten zumal bei dem allgemeinen Wettlauf nach geeigneten, angliederungswürdigen Unternehmungen nicht erst ab, bis alles einigermaßen Fusionswerte ihnen gleichsam vor der Nase wegfusioniert war.

Das am bekanntesten gewordene schwerindustrielle Reorganisationsereignis ist ja die Gründung des Konzerns der Rheinelbe-Union im Jahre 1920, wozu die von Hugo Stinnes beherrschte Deutsch-Luxemburgische Bergwerks- und Hütten-A.-G., Bochum, und die Gelsenkirchener Bergwerks-A.-G., Essen, deren Leiter der Gründer des Rheinisch-Westfälischen Kohlensyndikates, Emil Kirdorf, war, eine enge Interessengemeinschaft eingingen. Dieser Interessengemeinschaftsvertrag wurde gleichzeitig noch nach der Seite eines großzügigen Vertikalaufbaus durch Anschluß des Konzerns Siemens & Halske A.-G., Berlin — Elektrizitäts-A.-G. vorm. Schuckert & Co., Nürnberg, zu einem grandiosen, dominierenden Elektro-Montan-Konzern erweitert, für dessen Leitung die Siemens-Rheinelbe-Schuckert-Union G. m. b. H., Düsseldorf, gegründet wurde. Im Jahre 1921 trat der mit Wirkung vom 1. Oktober 1920 ab auf 80 Jahre vorgesehenen Interessengemeinschaft auch noch der Bochumer Verein für Bergbau und Gußstahlfabrikation, Bochum, bei, dessen Aktienmajorität von dem auch durch andere Majoritätskäufe bekannt gewordenen Berliner Bankier Hugo J. Herzfeld Hugo Stinnes angeboten und von diesem im Hinblick auf den hohen Unternehmungswert des Bochumer Vereins selbstverständlich nicht ausgeschlagen worden war. Die Absicht und vornehmlich die Notwendigkeit einer Konzernierung gerade von Deutsch-Luxemburg und Gelsenkirchen waren durch den Umstand gegeben, daß die den beiden Gesellschaften verbliebenen Besitzungen als Ganzes sich aufs beste zu ergänzen vermochten. Denn Gelsenkirchen hatte im wesentlichen nur noch seinen wertvollen Kohlenbesitz im Ruhrgebiet behalten, während Deutsch-Luxemburg an seinem Eisen- und Stahlwerksbesitz zwar ebenfalls eine beträchtliche Einbuße erlitten hatte, immerhin aber in diesem Produktionszweig noch stark genug war, damit die beiden Gesellschaften zusammen den Charakter eines gemischten Montanunternehmens leicht wiederherstellen konnten. Im einzelnen hatte Gelsenkirchen insbesondere seine Werke in Esch (Luxemburg) und in Deutsch-Oth (Lothringen) verloren, ferner die Anlagen in Rothe Erde bei Aachen [1]), welche die Gesellschaft 1907 durch Fusion mit dem ehemaligen Aachener Hütten-Actien-Verein, Rothe Erde, erworben hatte. Diese genannten Werke einschließlich der Erzfelder in Lothringen und Luxemburg mußten an die Société Minière des Terres-Rouges (Luxemburg) bzw. an die Société Métallurgi-

---

[1]) Rothe Erde mußte abgestoßen werden, weil dieses Werk hinsichtlich seiner Roheisenversorgung aufs engste mit Deutsch-Oth, das hierin auch die Adolf-Emil-Hütte bei Esch belieferte, verbunden war.

que des Terres-Rouges (Luxemburg) verkauft werden. (Beide Käufer gehören zum Konzern der Société Anonyme des Aciéries Réunies de Burbach-Eich-Dudelange, Luxemburg; abgek. Arbed.) Seitens der Deutsch-Luxemburgischen Bergwerks- und Hütten-A.-G. mußten die großen Werksanlagen und Erzfelder in Differdingen (ehem. Société Anonyme des Hauts-Fourneaux de Differdange) abgetreten werden, die dann von der Société Anonyme des Hauts-Fourneaux et Aciéries de Differdange-St. Ingbert-Rumelange, Luxemburg (abgek. Hadir), übernommen wurden. In diese Hadir wurde des weiteren die seit dem Jahre 1911 in Interessengemeinschaft mit Deutsch-Luxemburg stehende Rümelinger und St. Ingberter Hochöfen- und Stahlwerks-A.-G. eingebracht. Ferner ging die über außerordentlich reiche Kohlenfelder verfügende Saar- und Mosel-Bergwerks-A.-G., Karlingen, verloren, an der sich Deutsch-Luxemburg gemeinsam mit Thyssen beteiligt hatte, um sich unter bedeutender Frachtersparnis mit den von dem Differdinger Werk (bzw. von dem Thyssen-Werk in Hagendingen) benötigten Brennstoffmengen, die sonst von der Ruhr hätten herangeschafft werden müssen, versorgen zu können.

Eine nicht minder gefestigte neue Produktionsgrundlage, wenn auch in verhältnismäßig kleinerem Maßstabe als die Rheinelbe-Union, hat sich auch der Klöckner-Konzern zu schaffen gewußt, dessen Stammfirma, der Lothringer Hütten- und Bergwerks-Verein A.-G., auf den wiederum die A.-G. Lothringer Hüttenverein Aumetz-Friede zu Kneuttingen (Lothringen) ihr Vermögen im Jahre 1917 übereignet hatte, ihre gesamten lothringischen Besitzungen an die Société Métallurgique de Knutange abtreten mußte. Im Jahre 1923 fusionierte der Lothringer Hütten- und Bergwerks-Verein die schon vorher mit ihm durch Interessengemeinschaft verbunden gewesenen Firmen Georgs-Marien-Bergwerks- und Hütten-Verein A.-G., Georgsmarienhütte, Hasper Eisen- und Stahlwerk, Haspe, „Königsborn" A.-G. für Bergbau, Salinen- und Soolbadbetrieb, Unna-Königsborn, Façoneisen-Walzwerk L. Mannstaedt & Co. A.-G., Troisdorf, und Düsseldorfer

Eisen- und Draht-Industrie A.-G., Düsseldorf. Außerdem wurden noch die Steinkohlengewerkschaften Victor, Ickern (sämtlich in Rauxel), General (Weitmar) und die Eisenhütten-Gewerkschaft Quint, Quint b. Trier, deren Kuxe bereits sämtlich im Besitz von Klöckner waren, aufgelöst und mit ihrem Vermögen übernommen. Der Lothringer Hütten- und Bergwerks-Verein A.-G. änderte auf Grund dieser Transaktion seinen Firmennamen in Klöckner-Werke A.-G., Rauxel-Berlin. Von der Konsortialbeteiligung mit Thyssen bei den Geisweider Eisenwerken A.-G. ist weiter oben schon gesprochen worden.

Schließlich ist noch auf die Entwicklung des saarländischen Stumm-Konzerns einzugehen, dessen Besitzungen bis Kriegsende hauptsächlich im Saargebiet und in Lothringen lagen, und der nach dem Kriege seine Expansionsbestrebungen vorwiegend nach West- und Norddeutschland gelenkt hat. Stumm verlor sein Hochofenwerk in Ückingen bei Diedenhofen und seine Eisenerzgruben in Lothringen und in Luxemburg. Ferner mußte er im Jahre 1920 bei seinem Haupt- und Stammwerksbesitz in Neunkirchen eine namhafte französische Kapitalbeteiligung hereinlassen. An einer neugegründeten Neunkircher Eisenwerk A.-G. vorm. Gebr. Stumm, Neunkirchen (Saar), und ebenso bei dem im gleichen Jahre errichteten Homburger Eisenwerk A.-G. vorm. Gebr. Stumm, Homburg (Saar), beteiligte sich die von der Société des Mines de Lens kontrollierte französische Gesellschaft Forges et Aciéries du Nord et de l'Est, die wiederum für das Stummsche Hochofenwerk in Ückingen eine besondere Übernahmegesellschaft gebildet hatte, nämlich die Forges et Aciéries de Nord et Lorraine. Diese in Paris domizilierende Gruppe übernahm von Neunkirchen 60 Prozent und von Homburg 40 Prozent des Kapitals. Allerdings hat dann zu Anfang des Jahres 1926 in dieser französischen Kapitalbeteiligung bei den Stummschen Saarwerken eine Umgruppierung in der Weise stattgefunden, daß von der bisherigen 60prozentigen Beteiligung der französischen Gruppe bei Neunkirchen 40 Prozent an ein holländisch-deutsches

(Otto Wolff, Köln) Interessentenkonsortium unter Führung des Amsterdamer Bankhauses Gebr. Teixeira de Mattos übergingen und bei Homburg sogar die volle 40 prozentige französische Beteiligung veräußert wurde. Mithin sind jetzt an den Stummschen Saarwerken beteiligt die französische Gruppe bei Neunkirchen nur noch mit 20 Prozent, die genannte holländisch-deutsche Gruppe mit 40 Prozent und Stumm selbst gleichfalls mit 40 Prozent[1]). Das Homburger Eisenwerk ist, wie gesagt, sogar gänzlich von französischem Einfluß befreit worden; das Homburg-Kapital liegt je zur Hälfte bei Stumm und bei der Gruppe Teixeira de Mattos, die gleichzeitig mit dem französischen Desinteressement an Homburg 10 Prozent der bislang im Stummschen Besitz ruhenden 60 prozentigen Kapitalmajorität erwarb. Recht wenig lukrativ haben sich nun aber die erworbenen west- und norddeutschen Beteiligungen des in einer besonderen Konzern-Spitzengesellschaft, der im Jahre 1921 errichteten Stumm-Konzern G. m. b. H., Düsseldorf, zusammengefaßten neuen Stumm-Konzerns entwickelt. Ja infolge schwerer finanzieller Schwierigkeiten des Stumm-Konzerns mußte im Jahre 1926 sogar ein beträchtlicher Teil von diesen Beteiligungen wieder veräußert werden, und zwar an die Vereinigten Stahlwerke A.-G., Düsseldorf, die wir ja schon bei den Rombacher Hüttenwerken als Erwerber von aus Sanierungsbedürfnissen abgestoßenen Werksbesitzungen kennengelernt haben. Es waren dies maßgebende Aktienbeteiligungen bei dem Eisenwerk Kraft in Duisburg (Abt. Niederrheinische Hütte in Duisburg-Hochfeld), bei den Westfälischen Eisen- und Drahtwerken A.-G., Langendreer, bei der Eisenindustrie zu Menden und Schwerte A.-G., Schwerte b. Dortmund, die von den Vereinigten Stahlwerken A.-G. gepachtet worden sind und für deren Rechnung geführt werden[2]), ferner

[1]) Eine Meldung, wonach Ende des Jahres 1926 weitere $7^1/_2$ Prozent der französischen Kapitalbeteiligung an das holländisch-deutsche Konsortium übergegangen seien, ist von der Verwaltung des Neunkircher Eisenwerks dementiert worden.

[2]) Die gesamten Anlagen und Betriebseinrichtungen des Eisenwerks Kraft in Duisburg, der Westfälischen Eisen- und Drahtwerke

bei dem Gußstahlwerk Witten in Witten a. d. Ruhr und bei der Norddeutschen Hütte A.-G., Bremen-Oslebshausen. Es verblieben dem Stumm-Konzern im wesentlichen die Gelsenkirchener Gußstahl- und Eisenwerke A.-G., Gelsenkirchen, die ihrerseits wiederum eine Reihe von Eisen- und Stahlerzeugnisse verfeinernden Unternehmungen sich angegliedert hatten (u. a. das Annener Gußstahlwerk A.-G., Annen i. W., die Fabrik für Eisenbahnbedarf Brenne, Hangarter u. Co. A.-G., Haspe), ferner die Deutsche Last-Automobil-Fabrik A.-G., Ratingen b. Düsseldorf, die Schiffswerft J. Frerichs & Co. A.-G., Einswarden (Oldenburg)[1]), sowie vor allem der alte Kohlenzechenbesitz im Ruhrgebiet, also die Steinkohlengewerkschaft Minister Achenbach (Brambauer, Kr. Dortmund) und der Aplerbecker Aktien-Verein für Bergbau (Zeche Ver. Margarethe), Sölde i. W., dessen Aktienmehrheit die Gebr. Stumm G. m. b. H., Neunkirchen (Saar), im Jahre 1919 übernommen hatte. Dieser Kohlenbesitz hatte noch eine bedeutende Erweiterung durch einen Betriebs- und Interessengemeinschaftsvertrag erfahren, den die Gewerkschaft Minister Achenbach Ende des Jahres 1920 mit dem Essener Bergwerks-Verein König Wilhelm abschloß. Die Gelsenkirchener Gußstahl- und Eisenwerke A.-G. wechselten später allerdings ebenfalls ihren Besitzer, und zwar gingen sie an den ehemaligen Stahlgroßhändler Paul Rohde über, der seine Handelsfirma Otto Mansfeld u. Co., Berlin, an die Sächsischen Gußstahlwerke Döhlen A.-G., Dresden, zuvor veräußert hatte. Die Firma von Gelsenkirchener Gußstahl wurde dann im Dezember 1926 umgeändert in Rheinisch-Westfälische Stahl- und Walzwerke A.-G., Düsseldorf.

Besonderer Erwähnung bedarf von den großen Nachkriegs-Konzentrationsvorgängen innerhalb der deutschen

---

A.-G., Werne b. Langendreer, und der Eisenindustrie zu Menden und Schwerte A.-G. sind, mit der Möglichkeit einer käuflichen Übernahme seitens der Vereinigten Stahlwerke A.-G., mit Wirkung vom 1. Juli 1926 bis 30. Juni 1956 gepachtet worden.

[1]) Jetzige Firma: Frerichswerft A.-G., Einswarden.

Schwerindustrie auch noch die Zusammenschweißung des nach der Teilung Oberschlesiens in Deutschland verbliebenen Restbesitzes der Oberschlesischen Eisen-Industrie A.-G. für Bergbau und Hüttenbetrieb, Gleiwitz (abgek. Obereisen), und der Oberschlesischen Eisenbahn-Bedarfs-A.-G., Gleiwitz (abgek. Oberbedarf), zu den Vereinigten Oberschlesischen Hüttenwerken A.-G., Gleiwitz. Die erstgenannte Gesellschaft hatte einen ganz bedeutenden Teil ihrer Verfeinerungsbetriebe, die Baildonhütte in Domb b. Kattowitz und die Eisenhütte Silesia in Paruschowitz b. Rybnik, verloren und ihr großes Hochofen- und Stahlwerk Julienhütte behalten, Oberbedarf dagegen seine Hochofen- und Stahlwerksanlagen, die Friedenshütte nebst den Kohlenfeldern der Friedensgrube, abgetreten und seine Weiterverarbeitungsbetriebe behalten [1]). In die neugegründeten Vereinigten Oberschlesischen Hüttenwerke A.-G. brachten die beiden genannten Gesellschaften nunmehr die ihnen auf deutschem Boden verbliebenen Betriebe ein, und zwar Obereisen das Hochofen-, Stahl- und Walzwerk Julienhütte (Bobrek), das Walzwerk Herminenhütte (Laband) und die Draht- und Nagelwerke Gleiwitz, andererseits Oberbedarf die Werksanlagen Gleiwitz einschließlich der Blechwarenfabrik, das Stahlröhrenwerk Gleiwitz-Stadtwald, das Walzwerk und die Werkstätten Zawadzki und die Eisengießerei Colonnowska. Außerdem wurden noch aus dem Besitz der Donnersmarckhütte, Oberschlesische Eisen- und Kohlenwerke A.-G., Hindenburg O.-S., das Hochofenwerk nebst Koksanstalt, die Eisen- und Röhrengießerei, Eisenkonstruktionswerkstätten, Kesselschmiede und Maschinenfabrik sowie die Concordiagrube zwecks Sicherung einer ausreichenden eigenen Brennstoffversorgung des neuen oberschlesischen Montanunternehmens übernommen. Die Oberschlesische Eisen-Industrie

[1]) Die Baildonhütte, die Eisenhütte Silesia sowie die Friedenshütte in Nowy-Bytom sind seit Bestehen der neuen Grenze in Oberschlesien selbständige Aktiengesellschaften polnischen Rechts, deren Aktienkapitalien jedoch die betreffenden deutsch-oberschlesischen Gesellschaften ganz oder größtenteils in ihrem Besitz haben. — Die Eisenhütte Silesia ist neuerdings auf die Bismarckhütte übergegangen.

A.-G. wurde im übrigen mit der an Obereisen bereits vorher schon stark interessierten Linke-Hofmann-Lauchhammer A.-G., Berlin-Breslau, fusioniert[1]), die auch die Hälfte des Kapitals der Vereinigten Oberschlesischen Hüttenwerke A.-G. in ihren Besitz nahm. Von der restlichen Hälfte entfielen je 25 Prozent auf Oberbedarf und auf die wiederum von Oberbedarf auf Grund überwiegender Kapitalbeteiligung beherrschte Donnersmarckhütte, die beide im Dezember 1926 gleichfalls zu einer Gesellschaft verschmolzen worden sind, indem die Donnersmarckhütte ihr gesamtes Vermögen auf Oberbedarf übertrug. Durch jene Aufsaugung der Oberschlesischen Eisen-Industrie A.-G. gingen gleichzeitig die nicht auf die Vereinigten Oberschlesischen Hüttenwerke A.-G. übertragenen Werksbesitzungen von Obereisen an die Linke-Hofmann-Lauchhammer A.-G. über, nämlich in erster Linie die Stahl- und Eisenwarenfabrik Königshuld (Kr. Oppeln) sowie die Eisenerzgruben bei Brotterode (Thüringen) und Elbingerode (Harz).

Die durch mancherlei widrige Umstände immer wieder verzögerte und deshalb verhältnismäßig spät erfolgte Gründung der Vereinigten Oberschlesischen Hüttenwerke A.-G. — offiziell im Juli 1926 mit Rückwirkung vom 1. Oktober 1925 ab — fällt jedoch bereits in die Epoche derjenigen Konzentrationsbewegung der deutschen Montanindustrie, die unter dem Schlagwort „Rationalisierung" nach der Stabilisierung der deutschen Währung eingesetzt hat und, wie schon früher kurz angedeutet, aus der zwingenden Notwendigkeit hat einsetzen müssen, um die industriellen Produktionsbedingungen den grundlegend veränderten Wirtschaftsverhältnissen der Deflationszeit anzupassen. Denn nach der Einführung der Rentenmark im Herbst des Jahres 1923 fand auch die bisherige Inflations-Haussekonjunktur ihr Ende, was seinen besonderen Ausdruck in einem erheblichen Leerlauf des gesamten deutschen Produktionsapparates als Folge einer nunmehr anbrechenden überaus starken Absatzkrisis

---

[1]) Zwischen den beiden Gesellschaften war im November 1923 ein Interessengemeinschaftsvertrag abgeschlossen worden.

fand. Hinzu kam, daß die durch einen seit Frühjahr 1924 erneuten, anhaltenden Verfall des französischen Frankens unterstützte beträchtliche Vergrößerung der Exporttätigkeit der französischen und auch der belgischen Eisen- und Stahlindustrie den deutschen Werken auf ihrem eigenen Markt (insbesondere in Süd- und Mitteldeutschland) eine erfolgreiche Dumping-Konkurrenz zu bereiten vermochte[1]). Gegen diese Dumping-Konkurrenz konnte sogar die provisorische Wiedereinführung der deutschen Eisenzölle in ihrer alten Höhe nach Ablauf des 10. Januar 1925, an welchem Tage im übrigen auch die bisherigen zollfreien Eiseneinfuhrkontingente aus Lothringen und Luxemburg in Fortfall kamen, einen nur wenig zulänglichen Schutz bieten, da die deutschen Zollsätze ja von den Inflationsländern mit Leichtigkeit zu überspringen waren. Aber nicht allein auf dem deutschen Binnenmarkt, sondern auch am Welteisenmarkt machte sich die Konkurrenz der französisch-belgischen Schwerindustrie unangenehm bemerkbar und verursachte mittels der ihr durch die Frankenentwertung ermöglichten niedrigen Angebote schließlich einen Preistiefstand, gegen den die mit höheren Selbstkosten als die westeuropäische arbeitende, weil in Goldwert rechnende deutsche Eisen- und Stahlindustrie nur sehr schwer ankommen konnte. Man darf sich hierbei nicht von dem scheinbar günstigen Bild der Entwicklung des deutschen Außenhandels mit Eisen- und Stahlerzeugnissen täuschen lassen, der im Jahre 1925 und besonders im Jahre 1926 infolge der Lahmlegung der britischen Eisenausfuhr durch den Anfang Mai 1926 ausgebrochenen monatelangen englischen Kohlenarbeiterstreik wieder ein erfreuliches Aktivsaldo aufweist, trotzdem die deutsche Eiseneinfuhr in den genannten beiden Jahren noch immer ein Vielfaches des Vorkriegsimportes beträgt. Es belief sich näm-

---

[1]) Aus Frankreich (einschl. des Saargebietes) und aus dem belgisch-luxemburgischen Zollgebiet wurden im Jahre 1925 allein 877 451 Tonnen Großeisenerzeugnisse nach Deutschland ausgeführt, das waren rund 75,6 Prozent der 1,16 Millionen Tonnen betragenden deutschen Gesamteinfuhr an diesen Erzeugnissen.

lich die deutsche Ein- und Ausfuhr an Eisenerzeugnissen in den Jahren 1913, 1925 und 1926 wie folgt:

Jahr	Einfuhr	Ausfuhr
1913	0,618 Millionen Tonnen	6,497 Millionen Tonnen
1925	1,449 „ „	3,549 „ „
1926	1,261 „ „	5,348 „ „

Der große Ausfuhrüberschuß ist vornehmlich die Folgeerscheinung eines forcierten Eisenexportes, der wiederum aus den schlechten Absatzverhältnissen resultierte, die seit dem Jahre 1924 in zunehmender Verschärfung am deutschen Binnenmarkt bestanden und erst in der zweiten Hälfte des Jahres 1926 eine fühlbare Wendung zur Besserung erfuhren, und weil mithin die Werke sich im Interesse der Aufrechterhaltung ihres Betriebes zu vermehrten Ausfuhrgeschäften als Ersatz für das recht mangelhafte Inlandsgeschäft genötigt sahen, selbst wenn die hierbei erzielten Erlöse infolge der schlechten Weltmarktpreise wenig gewinnbringend waren.

Ein verstärktes Ausfuhrbedürfnis als Folge unzureichender Aufnahmefähigkeit der inländischen Märkte war aber andererseits auch bei Frankreich und Belgien vorhanden, allerdings aus einem ganz anderen Motiv als nur dem einer zeitweiligen binnenländischen Konjunkturflaute. Die sowieso relativ beschränkten Inlandsmärkte jener beiden Länder sind nicht im entferntesten in der Lage, die in den Nachkriegsjahren ganz bedeutend gesteigerte Eisen- und Stahlproduktion einschließlich der von Luxemburg und des Saargebietes zu absorbieren, und die westeuropäischen Werke sind dazu gezwungen, den hauptsächlichsten Teil ihrer Erzeugung am Weltmarkt abzusetzen. In Deutschland hingegen mit seiner stark entwickelten Eisen verarbeitenden Industrie ruht das Schwergewicht der Eisen- und Stahlgewinnung unter normalen Umständen noch immer in vorwiegendem Maße auf der Versorgung des einheimischen Verbrauches, obwohl der deutschen Schwerindustrie durch das Ausscheiden eines erheblichen Teils ihrer früheren Abnehmerschaft (Heer und Marine und auch der Eisenbahn[1])) jetzt entsprechend engere

[1]) An nennenswerten Auftragsobjekten erhielt der Stahlwerksverband im Frühjahr 1926 einen Schienen-Lieferungsauftrag von 400000

Absatzmöglichkeiten im Inland gezogen sind. Dennoch hat auch die deutsche Eisen- und Stahlindustrie in den Jahren der tiefen Wirtschaftsdepression aus den oben gekennzeichneten Gründen heraus dem Auslandsgeschäft eine stärkere Beachtung schenken müssen, wobei sie aber auf den geschilderten übermächtigen Wettbewerb der westeuropäischen Eisenproduktionsländer gestoßen ist, und bei dem sie, wie schon gesagt, von vornherein insofern sehr benachteiligt war, als sie ja mit höheren Selbstkosten zu rechnen hatte als die Schwerindustrien der Inflationsländer Frankreich und Belgien. Ganz abgesehen davon, daß die überall in der Welt aufgerichteten hohen Zollmauern ohnehin schon den internationalen Eisenabsatz wesentlich erschweren und ferner aus der Reihe der hauptsächlichsten Eisen- und Stahlerzeugnisse importierenden Länder eine Anzahl von Abnehmern fortgefallen sind, die sich während der Kriegsjahre eine eigene Schwerindustrie hochgezüchtet haben (z. B. Japan und Indien) und daher heute in nur sehr beschränktem Umfang für die Eiseneinfuhr noch in Betracht kommen.

Die unverhältnismäßig große Selbstkostenbelastung der deutschen Eisen- und Stahlindustrie ergibt sich, neben den in der letzten Zeit allerdings etwas gemilderten Steuern und den sonstigen nicht unerheblichen Abgaben, vor allem aus den hohen Eisenbahnfrachten, die namentlich für den Versand der Fertigfabrikate zu den Ausfuhrhäfen eine bedeutende Rolle spielen, und die in Deutschland trotz Einführung verschiedener Ausnahmetarife und mehrfacher genereller Frachtsenkungen wesentlich höher liegen als in den schwerindustriellen Konkurrenzländern Frankreich und Belgien[1]). Hierbei ist noch zu berücksichtigen, daß der deutschen Montanindustrie bezüglich der Verfrachtung ihrer

---

Tonnen und im Herbst 1926 einen solchen über 960 000 Tonnen für die Reichseisenbahn.

[1]) Nach einer Aufstellung, die J. W. Reichert Anfang Juni 1926 gelegentlich der Mitgliederversammlung des Vereins Deutscher Eisen- und Stahl-Industrieller in Hamburg gab, lagen z. B. die deutschen Eisenbahnfrachten für Eisenerz bis zu 60 Prozent höher als die französischen und bis weit über 300 Prozent höher als die belgischen, für

fürs Ausland bestimmten Eisenerzeugnisse sowie auch ihrer zu exportierenden Brennstoffe der für derartige Massen-Schwergüter-Transporte weit billigere Wasserweg noch nicht in dem Umfang zur Verfügung steht, wie er an sich unbedingt erforderlich wäre[1]). Der gerade von eisenindustrieller Seite viel bemängelte hohe Eisenbahnfrachtenstand wird aber auf absehbare Zeit hinaus schwerlich die zu wünschende erhebliche Senkung erfahren können, solange nämlich die deutsche Reichsbahn nach den Bestimmungen des Dawes-Planes als eine der wichtigsten Quellen der deutschen Reparationszahlungen fungieren muß.

Welche Maßnahmen hat nun die deutsche Eisen- und Stahlindustrie von sich aus zur Milderung ihrer soeben skizzierten Notlage ergriffen? Ganz allgemein gesprochen: in produktionspolitischer Beziehung durch einen Wiederzusammenschluß in Kartellen, in produktionstechnischer durch eine weitgreifende Betriebsrationalisierung.

Wir haben bereits gesagt, daß mit der Stabilisierungskrisis der deutschen Wirtschaft, die man mit Recht als eine Reinigungs- oder Sanierungskrisis des von der Währungsinflation aufs schwerste infizierten deutschen Wirtschaftsorganismus bezeichnet hat, auch der industrielle Konzentrationsprozeß notgedrungen andere Formen hat annehmen müssen. Denn der in der Inflationszeit stark entwickelte vertikale Konzernaufbau auf der Basis enger und engster Verflechtung zwischen den Gruppen der Eisen schaffenden und der Eisen verfeinernden Industrie mußte sich bei dem scharfen Kon-

---

Kohle bis über 100 Prozent bzw. 200 Prozent und für Stabeisen bis zu 80 Prozent bzw. 190 Prozent höher.

[1]) In dieser Hinsicht soll ja der projektierte Hansa-Kanal als direkte Großwasserstraßenverbindung zwischen dem rheinisch-westfälischen Industrierevier und den deutschen Hauptseehäfen Hamburg und Bremen Wandel schaffen. Nach Berechnungen von sachverständiger Seite würden sich durch den Hansa-Kanal beispielsweise folgende Frachten einschließlich Nebenkosten pro Tonne ergeben: Von Gelsenkirchen nach Hamburg mit der Eisenbahn für Bunkerkohle 8,20 RM., dagegen auf dem Hansa-Kanal 4,90 RM., für Stab- und Formeisen 20,10 RM. bzw. 9,27 RM., dto. zur Ausfuhr über See (Seehafen-Ausnahmetarif) 12,10 RM. bzw. 7,21 RM.

junkturniedergang eine harte Belastungsprobe auf seine Rentabilität hin gefallen lassen, die sogar in den Fällen, wo der vertikale Konzentrationsgedanke fehlgegangen war, eine rücksichtslose Abstoßung der die Rentabilität des Gesamtkonzerns gefährdenden Besitzobjekte erforderlich machte. An die Stelle der bisherigen vertikalen Konzentrationsbewegung trat nunmehr wieder eine Revision der schwerindustriellen Unternehmungsorganisation in der Richtung einer betont horizontalen Konzentrationsgrundlage, wobei wir den ja in sich bereits vertikal gegliederten modernen montanindustriellen Betriebstyp mit seiner Kombination der einschlägigen Produktionsstufenfolge von der Kohlenzeche bis zum Walzwerk als das konstante Horizontalkonzentrations-Fundament betrachten. Der Leitgedanke dieses neuerlichen horizontalen Konzentrationsprozesses innerhalb der deutschen Montanindustrie war aber der einer Wiedergewinnung der echten Rentabilität, nachdem die Schein-Hochkonjunktur der Inflationsjahre die Grenzen zwischen falscher und wahrer Rentabilität arg verwischt hatte. Und ihre Ouvertüre hat die horizontale Zusammenschlußbewegung der deutschen Eisen- und Stahlindustrie in der im Herbst des Jahres 1924 erfolgten Errichtung der Rohstahlgemeinschaft gefunden, des Generalkartells der deutschen Walzwerkserzeugung, auf dem sich dann im Laufe des Jahres 1925 in schneller Folge auch die geplanten Spezialwerksverbände für die einzelnen Walzwerksprodukte — mit Ausnahme der noch immer nicht geglückten Syndizierung der Mittel- und Feinblecherzeugung — gebildet haben[1]). Hierdurch ist die deutsche Schwerindustrie sowohl hinsichtlich ihrer Rohstoffgewinnung als auch ihrer Weiterverarbeitung heute so gut wie restlos in Produktion und Vertrieb regelnden Verbandsorganisationen zusammengeschlossen, deren Träger das Rheinisch-Westfälische Kohlensyndikat, Essen, der Ende Juni 1926 mit

[1]) Hugo Stinnes (sen.) hat einmal gesagt: „Horizontale und vertikale Vereinigungen sind Kinder der Zeit. In Zeiten großen Absatzmangels werden die ersteren, in solchen großer Rohstoff- und Materialknappheit werden die letzteren überwiegen."

Wirkung vom 1. Januar 1927 ab bis zum 31. Dezember 1931 erneut um fünf Jahre verlängerte Roheisen-Verband und insonderheit die im Rahmen der vorliegenden Abhandlung zu schildernde Rohstahlgemeinschaft nebst den auf ihr fußenden Sonderverbänden für die den Rohstahl weiterverarbeitende Walzwerksproduktion sind.

Über den Roheisen-Verband, Essen, sei an dieser Stelle eingeschaltet, daß die Erneuerung dieses einzigen aus der Vorkriegszeit erhalten gebliebenen Eisen-Syndikates diesmal besonders große Schwierigkeiten bereitet hat, weil die alte Beteiligungsgrundlage infolge der großen Umwälzungen innerhalb der Schwerindustrie völlig überholt war und der Verband daher auf einer ganz neuen Quotengrundlage aufgebaut werden mußte. Abweichend von den Bestimmungen des früheren Verbandsvertrages ist jetzt erstmalig auch eine teilweise Kontingentierung des Roheisen-Selbstverbrauches vorgenommen worden. Die Versand-Beteiligung ist von bisher etwa 3 Millionen Tonnen auf rund 2 Millionen Tonnen herabgesetzt worden als Folge der Umwandlung von Verkaufs- in Verbrauchsbeteiligungen.

Jedoch mit der Wiederaufrichtung einer straffen Kartellorganisation für die Walzwerkserzeugung war noch keineswegs ganze Arbeit geleistet worden und konnte auch bei der den Kartellen eigentümlichen Struktur nicht geleistet werden. Eine wirkliche betriebstechnische Rationalisierung mit dem Ziel des Herabdrückens der allzu hohen Gestehungskosten auf das möglichste Mindestmaß und damit der Schaffung einer gesunden Produktionsgrundlage und folglich einer starken Wettbewerbsfähigkeit ist zumal bei den jetzigen, gegen die Vorkriegszeit so erheblich umgestalteten Verhältnissen in den meisten Fällen nur in der Unternehmungsform des Trusts zu erreichen, also durch die Verschmelzung von bisher rechtlich sowie in ihrer Verwaltung selbständigen, wenn auch vielfach bereits konzernmäßig liierten Werken zu einer einzigen neuen Betriebs-, Eigentums- und Kapitalgemeinschaft. Diese ja sehr aktuell gewordenen Vertrustungstendenzen zu dem Endzweck billigster Massenerzeugung mittels Stillegung unrentabler oder nur wenig rentabler Betriebsstätten und Konzentrierung der Produktion auf die am rentabelsten arbeitenden Werksanlagen, wobei besonders auch die im Hinblick auf die hohen Eisenbahnfrachten sich bietende Ausnützung von Frachtvorteilen bei der Heranschaffung der Rohmaterialien sowie beim Versand der Fertigfabrikate mitspricht, haben sich im übrigen nicht allein in der deutschen Montanindustrie geltend gemacht, wo sie ja schon vor dem Kriege sehr rege zutage getreten waren in Form der gekennzeichneten vertikalen Betriebskombination, sondern neuerdings auch bei anderen Industriezweigen. Die häufigste Vorstufe des Trusts ist aber wiederum der Konzern (Interessengemeinschaft), wie es beispielsweise die Entstehung des gewaltigen Trustgebildes auf dem Gebiete der deutschen chemischen Industrie lehrt, wo aus den in der früheren Interessengemeinschaft der deutschen Teerfarben-Industrie (Anilin-Konzern) zusammengefaßten Unternehmungen der sogen. Farbentrust unter der Firma I. G. Farbenindustrie A.-G., Frankfurt a. M., entstanden ist. Des weiteren aber auch das Kartell, das mit Hilfe der ihm zu Gebot stehenden produktions- und absatzpolitischen Mittel gleich dem Konzern die Rentabilität seiner Mitgliedswerke erstrebt, allerdings im Gegensatz zum Konzern oder gar zum Trust keinen Einfluß in rein produktionstechnisch zu lösenden Rentabilitätsfragen auszuüben vermag.

Der markanteste Vorgang in dieser horizontalen Konzentrationsbewegung der deutschen Montanindustrie mit dem Endzweck produktionstechnischer Rationalisierung ist die Gründung der uns schon dem Namen nach bekannten Vereinigten Stahlwerke A.-G., Düsseldorf, in denen führende Konzerne der deutschen Schwerindustrie ihre Werksanlagen zu einem neuen Unternehmen mit zentraler technischer und kaufmännischer Leitung zusammengefaßt haben. Die Errichtung dieses trustartigen Unternehmens, das nach dem amerikanischen Stahltrust der United States Steel Corporation die gewaltigste Werksvereinigung in der neuzeitlichen internationalen Kohlen-, Eisen- und Stahlindustrie darstellt, beweist aber gleichzeitig auch, wie sehr die moderne industriewirtschaftliche Entwicklungstendenz über den Konzern und auch über das Kartell hinausweist. Über die Motive zur Gründung der Vereinigten Stahlwerke A.-G. lassen wir am besten die Ausführungen der Gesellschaft selbst aus ihrem Bericht über das erste Geschäftsjahr (vom 14. Januar bis 30. September 1926) folgen. Es heißt hier u. a.:

„Der wirtschaftliche Druck, der nach der Scheinblüte der Inflationsjahre das deutsche Wirtschaftsleben belastete, wirkte sich mit besonderer Wucht bei der Kohlen- und Eisenindustrie aus. Durch die mehr und mehr zunehmende Kredit- und Geldnot ging die Aufnahmefähigkeit des verkleinerten und verarmten Inlandsmarktes, auf den sich die deutsche Montanindustrie seit ihrem Bestehen in erster Linie stützt, immer weiter zurück. Der Auslandsmarkt bot für diesen Ausfall keinen Ersatz; gegenüber dem Export der westlichen und östlichen Inflationsländer und der sich auf staatliche Subventionen stützenden englischen Ausfuhr war es vielfach nicht möglich, ausreichende Ausfuhrpreise zu erzielen. Dazu waren die deutschen Produktionskosten schon an sich gegenüber denen des Auslandes durch die Verpflichtungen aus dem Friedensvertrag und dem Dawesabkommen sowie durch erhöhte steuerliche und soziale Abgaben erheblich vorbelastet. Alle diese Erschwerungen hatten im Laufe der Zeit dazu geführt, daß die Betriebe der deutschen Eisen- und Stahlindustrie im allgemeinen nicht mehr als bis zur Hälfte ihrer Leistungsfähigkeit beschäftigt werden konnten. Das für die deutsche Industrie besonders Bedrohliche war, daß mit diesen Produktions- und Absatzerschwerungen für eine lange Reihe von Jahren gerechnet werden mußte. War es vor dem Weltkriege möglich gewesen, die von Jahr zu Jahr zunehmende Produktionsfähigkeit in Einklang zu halten mit dem mehr und mehr steigenden Verbrauch von Eisen- und Stahlerzeugnissen aller Art, so überstieg jetzt die Produktionskraft die Aufnahmefähigkeit der Weltmärkte um ein bedeutendes. Während des Krieges hatten nicht nur die kriegführenden Staaten die

Leistungsfähigkeit ihrer Werke steigern müssen, sondern es waren auch sonst vielfach umfangreiche Neuanlagen erstellt worden. Die in Frankreich und Belgien zugrunde gegangenen Werksanlagen waren in den ersten Friedensjahren größtenteils mit vermehrter Leistungsfähigkeit wieder aufgebaut, und auch in Deuschland selbst waren für die im Südwesten verloren gegangenen Werke vielfach im Rhein-Ruhr-Gebiet Neuanlagen und Erweiterungsbauten geschaffen worden. Dieser beträchtlich gestiegenen Produktionsfähigkeit gegenüber hatte sich die Aufnahmefähigkeit des Weltmarktes insgesamt nur unwesentlich über den Vorkriegsstand erhöht. ... Gegenüber diesen ständig zunehmenden Schwierigkeiten konnten die verschiedenen Verkaufsverbände der deutschen Montanindustrie nur bis zu einem gewissen Grade helfen. Letzten Endes waren die Verbände nur imstande, den infolge der geschilderten Verhältnisse überaus starken Konkurrenzkampf der Werke untereinander zu mildern und die inländische Preisgestaltung regulierend und stabilisierend zu beeinflussen. Es fehlte ihnen aber ihrem Wesen nach jede Möglichkeit, auf eine betriebliche Rationalisierung einzuwirken. So reifte im Sommer und Herbst 1925 der Gedanke, durch Zusammenschluß einer Reihe führender Gesellschaften ein unter einheitlicher Leitung stehendes Unternehmen zu schaffen, innerhalb dessen es möglich sein würde, die jeweils besten Werksanlagen mit voller Wirtschaftlichkeit auszunützen. An diesen Verhandlungen beteiligten sich die Rheinelbe-Union, die Thyssen- und die Phoenix-Gruppe sowie die Rheinischen Stahlwerke. Diese Gruppen boten mit der breiten Basis ihrer Betriebsanlagen eine ausreichende Gewähr für die volle Durchführung der beabsichtigten Maßnahmen."

Ursprünglich war an diesen Verhandlungen auch noch die Fried. Krupp A.-G., Essen, beteiligt, die sich aber hiervon wieder zurückzog. Das Ausscheiden von Krupp aus den Beratungen war, wie Generaldirektor Jakob Haßlacher auf einer Januar 1926 stattgefundenen Generalversammlung der Rheinischen Stahlwerke, Duisburg-Meiderich [1]) (abgek. Rhein-

[1]) Jetziger Gesellschaftssitz Essen.

stahl), mitteilte, auf die Erkenntnis zurückzuführen, daß die Tradition der Fried. Krupp A.-G. eine völlige Eigentumsübertragung nicht zulasse, nachdem die beratenden Konzerne sich anstelle einer anfänglich zur Debatte stehenden reinen Betriebsgemeinschaft schließlich doch dahin entschlossen hatten, ihr Eigentum aufzugeben, weil die technischen Fragen, wie z. B. die Vereinigung der einzelnen Stahlsorten usw., derartige einschneidende Maßnahmen erforderten, die lediglich von einem autorisierten Werkseigentümer vorgenommen werden konnten.

Nach Bildung einer gleichnamigen Studiengesellschaft zur Erledigung der für die Durchführung der geplanten Transaktion sich ergebenden Fragen (am 14. Januar 1926) ist dann mit Wirkung vom 1. April 1926 ab das Unternehmen der Vereinigten Stahlwerke A.-G., Düsseldorf, in Kraft getreten. Es haben eingebracht die in der Rheinelbe-Union vereinigten drei Gesellschaften (Deutsch-Luxemburgische Bergwerks- und Hütten-A.-G. — Gelsenkirchener Bergwerks-A.-G. — Bochumer Verein für Bergbau und Gußstahlfabrikation) ihre gesamten Kohlenbergwerke und Eisenwerksanlagen mit Ausnahme der der Gelsenkirchener Bergwerks-A.-G. gehörigen Zechengruppe Monopol (einschließlich der benachbarten, teilweise noch unverritzten Grubenfelder Prinz Schönaich und Aachen), der Thyssen-Konzern einen erheblichen Teil seiner Kohlenbergwerke und Eisenwerksbetriebe, die Gruppe Phoenix A.-G. für Bergbau und Hüttenbetrieb, Düsseldorf — Vereinigte Stahlwerke van der Zypen u. Wissener Eisenhütten A.-G., Köln-Deutz, ebenfalls ihren gesamten Kohlenzechen- und Eisenwerksbesitz mit Ausnahme des van der Zypen gehörigen Braunkohlenbergwerks Hürtherberg und die Rheinischen Stahlwerke ihre Eisenwerke mit Ausnahme ihres gesamten Kohlengrubenbesitzes (Zechengruppen Arenberg-Prosper, Brassert, Centrum-Morgensonne-Admiral und Braunkohlengrube Schallmauer in Bachem bei Köln), den die Gesellschaft mit Rücksicht auf ihr Brennstoffbelieferungsverhältnis mit der I. G. Farbenindustrie A.-G. in eigener Verwaltung behalten hat. Die mit den in die Vereinigten Stahlwerke A.-G. eingebrachten Werksanlagen verbundenen Nebenbetriebe, wie Erzgruben, Zementfabriken usw., sind ebenfalls von der neuen Gesellschaft übernommen worden, die gleichzeitig auch eine stattliche Reihe von einschlägigen Beteiligungen aus dem Besitz ihrer Gründergesellschaften zu eigen erhalten hat, von denen wir hier nur die Beteiligung an der Österreichisch-Alpinen Montan-Gesellschaft, Wien, dem bedeutendsten montanindustriellen Unternehmen Deutsch-Österreichs, erwähnen wollen. Die Gründergesellschaften der Vereinigten Stahlwerke A.-G. sind, soweit sie nicht mehr über eigene Werksanlagen, wie z. B. Gelsenkirchen und Rheinstahl, verfügen, reine Finanzgesellschaften geworden[1]). Das bisherige Interessengemeinschaftsverhältnis zwischen den im Elektro-Montan-Konzern der Siemens-Rheinelbe-Schuckert-Union vereinigten Gesellschaften ist durch ein „freundschaftliches Verhältnis" der Elektrogruppe dieses Konzerns zu den Vereinigten Stahlwerken A.-G., die ja die Werksbesitzungen der Montangruppe mit Ausnahme der Zeche Monopol in sich aufgenommen haben, ersetzt worden. Der Interessengemeinschaftsvertrag an sich ist aber, unter Abstandnahme von dem vertragsmäßig vorgesehenen Gewinnausgleich, zwischen der Gelsenkirchener Bergwerks-A.-G. und den betreffenden Elektrogesellschaften aufrecht erhalten worden, allerdings mit der Voraussetzung, daß eine Verständigung über eine dem veränderten Zustand entsprechende Umgestaltung der Vertragsbeziehungen innerhalb einer bestimmten Frist erreicht wird, andernfalls die Firmen der Elektrogruppe berechtigt sind, mit Ablauf dieser Frist aus dem Interessengemeinschaftsvertrag auszuscheiden. Die drei Rheinelbe-Union-Konzern-

---

[1]) Da die Vereinigten Stahlwerke A.-G. keinen Trust im eigentlichen Sinne darstellen, weil die genannten Gründer-Konzerne nach wie vor ihre völlige Selbständigkeit behalten und lediglich ihre Werksbesitzungen und sonstige Vermögensgegenstände auf das neue Unternehmen übertragen haben, ist die Bezeichnung „Montantrust" unrichtig. Die Vereinigten Stahlwerke A.-G. werden deshalb in der Öffentlichkeit mit der abgekürzten, treffenderen Bezeichnung „Stahlverein" oder „Stahlunion" angesprochen.

Kohlenbergwerke	Eisenwerke
Ver. Rheinelbe u. Alma Ver. Stein u. Hardenberg Erin Hansa Zollern Ver. Germania Westhausen Ver. Bonifazius Ver. Hamburg u. Franziska Pluto	Schalke, Gelsenkirchen Hütte Vulkan, Duisburg Röhrenwerke Düsseldorf Weiß- und Feinblechwalzwerke in Hüsten, Bruchhausen u. Soest
Dannenbaum Prinzregent Friedlicher Nachbar Bruchstraße Wiendahlsbank Glückauf Tiefbau Adolf v. Hansemann Carl Friedr. Erbstolln Kaiser Friedrich Tremonia	Dortmunder Union einschl. Rothe Erde u. Horst Friedrich Wilhelms-Hütte, Mülheim-Ruhr Stahl- und Walzwerke Weber, Brandenburg a. H. (vgl. Mitteldeutsche Stahlwerke A.-G.) Meggener Walzwerk, Meggen und Langenei Gebr. Knipping, Altena Wilhelm Heinrichswerk, Düsseldorf Carl Schlieper, Grüne Nordseewerke, Emden
Ver. Carolinenglück Ver. Engelsburg Teutoburgia	Gußstahlfabrik, Bochum Stahlindustrie, Bochum (vgl. Deutsche Edelstahlwerke A.-G.) Werk Höntrop, Bochum
Friedrich Thyssen Lohberg Rhein I	August Thyssen-Hütte, Gewerkschaft, Hamborn A.-G. für Hüttenbetrieb, Duisburg-Meiderich Thyssen & Co. A.-G., Mülheim-Ruhr (vgl. Demag)
Holland Holstein Nordstern Graf Moltke Schleswig Westende Zollverein	Hörder Verein einschl. Dortmunder Hochofenwerk Werk Ruhrort Westfälische Union, Hamm, Lippstadt u. Belecke Westfälische Union, Nachrodt Düsseldorfer Röhren- und Eisenwalzwerke Hochofenwerk Bergeborbeck
	Stahlwerke v. d. Zypen, Köln-Deutz Wissener Eisenhütten, Wissen und Aue
	Hütte Meiderich, Werke in Duisburg u. Wanheim Röhrenwerke Hilden und Benrath Fittingswerke Immigrath Wurag, Hohenlimburg und Wickede
	Werk Niederschelden Werk Eichen Werk Attendorn Werk Siegen Werk Eisern Werk Weidenau (Spateisensteinbergwerk Wernsberg, Brachbach)

Erz-, Kalksteingruben und sonstige Rohstoffbetriebe

Unmittelbarer Besitz oder maßgebende Beteiligungen an Erz-, Kalkstein-, Quarzit- und Tongruben in Rheinland, Westfalen, Lahn- und Dill-Gebiet, Mitteldeutschland, Bayern, Spanien, Schweden und Brasilien. Von besonderer Wichtigkeit der Erzbesitz im Siegerland (s. u. Beteiligungen)

Seite 32/33.

ntstehung
tur der Vereinigten
A.-G., Düsseldorf
l 1926 bis 31. Mai 1927)

er
Bergwerks-A.-G.

mburgische
u. Hütten-A.-G.

ein für Bergbau
hlfabrikation

Ehem. Rheinelbe-Union — Jetzt Gelsenkirchener Bergwerks-A.-G.

pe

. für Bergbau u. Hütten-

ahlwerke van der Zypen
er Eisenhütten A.-G.

ahlwerke

enhütte —
nbahnbedarf A.-G.

REINIGTE
LWERKE A.-G.

ufsorganisation

Eisenhandel:

INLAND:
hulte Eisen-A.-G., Dortmund
- und Stahl-A.-G., Berlin
stahl-A.-G., Frankfurt a. M.
der Vereinigten Stahlwerke
Hamm—Mülheim (Ruhr)—
Köln

AUSLAND:
ort G. m. b. H., Düsseldorf
. Eisenausfuhr Otto Wolff
seldorf, nebst „Nedeximpo"
he Export- en Import-My.,
, und den sonstigen Handels-
Auslande.

Kohlenhandel:

G. m. b. H., Karlsruhe
-Thyssen G. m. b. H., Ham-

Thyssen G. m. b. H., Mann-

trieb Raab Karcher-Thyssen
H., München
G. m. b. H., Frankfurt a. M.

Beteiligungen

Österreichisch-Alpine Montan-Gesellschaft, Wien
Friedrich Thomée A.-G., Werdohl
Stahlwerke Brüninghaus A.-G., Werdohl (vgl. Deutsche Edelstahlwerke A.-G.)
Werkzeugmaschinenfabrik Wagner & Co., G. m. b. H., Dortmund

Fittingswerke Gebr. Inden A.-G., Düsseldorf
Gewerkschaft Emscher-Lippe, Datteln i. W.
Gewerkschaft Bautenberg, Neunkirchen, Bez. Arnsberg
Gewerkschaft Heinrichsglück, Neunkirchen, Bez. Arnsberg
Gewerkschaft Freier Grunder Bergwerksverein, Neunkirchen, Bez. Arnsberg

Th. Wuppermann G. m. b. H., Schlebusch-Manfort

Gewerkschaft Brüderbund, Siegen
Gewerkschaft Eisernhardter Tiefbau, Eisern
Gewerkschaft Knappschaftsglück, Neunkirchen, Bez. Arnsberg
Gewerkschaft Neue Haardt, Weidenau
Ax, Schleifenbaum & Mattner G. m. b. H., Siegen

Ehem. Stumm-Konzernbeteiligungen:
Eisenwerk Kraft, Abt. Niederrheinische Hütte
Westfäl. Eisen- u. Drahtwerke A.-G., Langendreer
Eisenindustrie zu Menden und Schwerte A.-G.
Gußstahlwerk Witten (Konsortial-Beteiligung mit Krupp, Klöckner und Hoesch)
Norddeutsche Hütte A.-G., Bremen-Oslebshausen (dto.)

Ehem. Rombacher Hüttenwerke A.-G.:
Westfälische Stahlwerke, Bochum
Concordiahütte, Bendorf
Eisenhütte Holstein A.-G., Rendsburg
Concordia Bergbau-A.-G., Oberhausen (Konsortial-Beteiligung mit Kokswerke und Chemische Fabriken A.-G., Berlin)

Mitteldeutsche Stahlwerke A.-G., Berlin (hat Abt. Weber-Brandenburg übernommen), besitzt Hälfte des Kapitals der Vereinigten Oberschlesischen Hüttenwerke A.-G., Gleiwitz. (Konsortial-Beteiligung mit Linke-Hofmann-Werke A.-G., Berlin)

Bergische Stahl-Industrie, Kommanditges., Remscheid (vgl. Deutsche Edelstahlwerke A.-G.)

Deutsche Edelstahlwerke A.-G., Bochum (entstanden durch Übernahme der Edelstahl-Betriebe der Bochumer Stahlindustrie, der Bergischen Stahl-Industrie, des Krefelder Stahlwerks, der Glockenstahlwerke A.-G. vorm. Rich. Lindenberg, der Gußstahlfabrik Felix Bischoff, der Stahlwerke Brüninghaus und des Stahlwerks Haslach)

Demag A.-G., Duisburg (entstanden durch Zusammenschluß der Maschinenfabrik Thyssen mit der Deutschen Maschinenfabrik A.-G., Berlin-Duisburg)

Vereinigter Rohrleitungsbau (Phoenix-Märkische) G. m. b. H., Berlin
Bismarckhütte (Polnisch-Oberschlesien)

gesellschaften selbst sind Dezember 1926 im Fusionswege in der Gelsenkirchener Bergwerks-A.-G., Essen, zusammengeschlossen worden [1]).

Kurze Zeit nach ihrer offiziellen Gründung haben die Vereinigten Stahlwerke A.-G. dann noch die Betriebsanlagen der A.-G. Charlottenhütte, Niederschelden, im Siegerland übernommen (mit Wirkung vom 1. Juli 1926), ferner im Zusammengehen mit einem aus der Fried. Krupp A.-G., den Klöckner-Werken A.-G. und dem Eisen- und Stahlwerk Hoesch A.-G., Dortmund, gebildeten Konsortium die bereits bei früherer Gelegenheit erwähnten Werksbeteiligungen des Stumm-Konzerns und Betriebe der Rombacher Hüttenwerke, an welchem Konsortium sich später auch noch die zum saarländischen Röchling-Konzern gehörige Eisenwerk-Gesellschaft Maximilianshütte A.-G., Rosenberg (Oberpfalz), bezüglich der Stummschen Beteiligungen interessiert hat. Das Konsortium hat sich nach einiger Zeit bis auf die gemeinsame Verwaltung und Verwertung der Aktien des Gußstahlwerks Witten und der Norddeutschen Hütte A.-G. wieder aufgelöst. Die Beteiligungen der übrigen Stumm- und der Rombach-Betriebe bei den Eisenverbänden wurden anteilgemäß mit Wirkung vom 1. September 1926 auf alle Konsorten übertragen. Die Betriebe der ehemaligen Rombacher Hüttenwerke und die genannten Werke des Stumm-Konzerns wurden zum Teil stillgelegt, zum Teil mit eigenen benachbarten Werken der Vereinigten Stahlwerke A.-G. in Betriebsgemeinschaft verbunden.

Anliegend veröffentlichen wir noch eine schematische Darstellung der Struktur der Vereinigten Stahlwerke A.-G., um

---

[1]) Die Gelsenkirchener Bergwerks-A.-G. besitzt jetzt außer der genannten hochwertigen Fettkohlenzeche Monopol bei Kamen sowie der aus dem Besitz des fusionierten Bochumer Vereins übernommenen Artilleriegeschoßfabrik in Bochum (von der Interalliierten Militär-Kontroll-Kommission zugelassen) insbesondere eine Reihe wertvoller Beteiligungen, darunter bei den Vereinigten Boehlerstahlwerken A.-G., Zürich, der Dachgesellschaft für die verschiedenen in Deutschland, Österreich und im übrigen Ausland gelegenen, Qualitätsstahl erzeugenden Boehler-Werke.

einen Überblick über den Aufbau dieses Unternehmens in seinen hauptsächlichsten Einzelheiten zu geben[1]).

Die Zusammenballung der Kohlen-, Eisen- und Stahlerzeugung jener bereits vorher innerhalb der deutschen Montanindustrie mit an erster Stelle stehenden Konzerne in den Vereinigten Stahlwerken A.-G. hat erklärlicherweise der Produktionskapazität dieses neuen Unternehmens ein gewaltiges Ausmaß[2]) und ihnen damit auch eine weit überragende Machtposition nicht nur den anderen Montankonzernen gegenüber verliehen, sondern auch in der gesamten deutschen Industriewirtschaft überhaupt. Hierbei ist noch in Betracht zu ziehen, daß die Interessensphäre der Vereinigten Stahlwerke A.-G. auch in die polnisch-oberschlesische Montanindustrie hinübergreift, wo die Österreichisch-Alpine Montan-Gesellschaft ihren Aktienbesitz bei der Bismarckhütte A.-G., die ja vor der Teilung Oberschlesiens ein deutsches Unternehmen gewesen ist, an die Vereinigten Stahlwerke A.-G. abgetreten hat. Insbesondere aber laufen zu den Vereinigten Oberschlesischen Hüttenwerken A.-G., Gleiwitz, sehr enge Verbindungsfäden über die Mitteldeutschen Stahlwerke A.-G., Berlin.

In diese gegen Ende des Jahres 1926 neugegründete Gesellschaft haben einerseits die Vereinigten Stahlwerke A.-G. die Werksanlagen ihrer Abteilung Weber in Brandenburg a. H. eingebracht, andererseits die zur Gruppe Friedrich Flick (A.-G. Charlottenhütte) gehörende Linke-Hofmann-Lauchhammer A.-G. (jetzige Firma: Linke-Hofmann-Werke A.-G., Berlin) ihre Betriebe in Riesa, Gröditz, Lauchhammer, Wittenau bei Berlin und Burghammer sowie ihren Eisenerz-

---

[1]) Diese schematische Darstellung ist mit einigen Abänderungen nach einer gleichartigen Veröffentlichung des Verfassers im Hamburger Fremdenblatt (Nr. 238 vom 29. August 1926) angefertigt.

[2]) Die jährliche Gesamtleistungsfähigkeit der in den Vereinigten Stahlwerken A.-G. vereinigten Konzerngruppen Rheinelbe-Union, Thyssen, Phoenix-van der Zypen, Rheinstahl wird in einem Börsenprospekt wie folgt angegeben: 37,188 Millionen Tonnen Kohle, 9,189 Millionen Tonnen Koks, 9,038 Millionen Tonnen Roheisen und 7,936 Millionen Tonnen Rohstahl.

Bergwerksbesitz bei Elbingerode und Brotterode, des weiteren ihren die Hälfte des Kapitals betragenden Aktienbesitz bei den Vereinigten Oberschlesischen Hüttenwerken A.-G. und ihre maßgebende Kapitalbeteiligung an dem Stahl- und Walzwerk Hennigsdorf A.-G., Hennigsdorf bei Berlin[1]). Die mit der Errichtung der Mitteldeutschen Stahlwerke A.-G. geschlagene Verbindungsbrücke zwischen der rheinisch-westfälischen und der schlesischen Montanindustrie erhält jedoch noch durch die führende Stellung, die das Unternehmen am mittel- und ostdeutschen Blechmarkt einnimmt, einen ganz besonders hohen Wert. Diese beruht in erster Linie darauf, daß die Mitteldeutschen Stahlwerke A.-G., abgesehen vom Borsigwerk A.-G., nach der Stillegung der Eisenhütte Holstein A.-G., Rendsburg (früher Rombach, jetzt den Vereinigten Stahlwerken A.-G. gehörig), die vornehmlich Schiffsbleche herstellte, der einzige Grobblecherzeuger außerhalb Rheinland-Westfalens sind. Die Leistungsfähigkeit der Mitteldeutschen Stahlwerke A.-G. an Grob- und Mittelblechen beläuft sich auf ungefähr 200 000 Tonnen jährlich, wobei die Feinblecherzeugung des Stahl- und Walzwerks Hennigsdorf A.-G., dessen Aktienmehrheit jetzt bei den Mitteldeutschen Stahlwerken A.-G. liegt, nicht berücksichtigt ist. Die Beteiligungszahlen der Mitteldeutschen Stahlwerke A.-G. bei den verschiedenen Eisenverbänden, in denen sich die Leistungsfähigkeit des Unternehmens am ehesten widerspiegelt, sind folgende:

Rohstahlgemeinschaft	646 431	To. =	3,8	Proz. d. Gesamtquote
Stabeisen-Verband	178 020	„ =	4,3	„ „ „
Grobblech-Verband	174 368	„ =	10,8	„ „ „
A-Produkte-Verband (Abt. Formeisen)	50 000	„ =	1,1	„ „ „
Röhren-Verband	84 720	„ =	5,5	„ „ „
Deutscher Gußrohr-Verband			4,451	„ „ „
Deutsche Radreifen-Gemeinschaft			9,4	„ „ „
Deutsche Radsatz-Gemeinschaft			9,6	„ „ „
Fittingsverband			10	„ „ „

[1]) Der Rest des Kapitals des Stahl- und Walzwerks Hennigsdorf A.-G. ist im Besitz der AEG (Allgemeine Elektricitäts-Gesellschaft, Berlin). — Die Mitteldeutschen Stahlwerke A.-G. besitzen

Eine andere bemerkenswerte, ebenfalls unter dem Gesichtspunkt der Rationalisierung erfolgte Transaktion ist die Gründung der Deutschen Edelstahlwerke A.-G., Bochum, im Januar 1927. In diese neue Gesellschaft sind übergegangen die Edelstahl-Anlagen der Vereinigten Stahlwerke A.-G. in Bochum und deren Magnetfabrik in Dortmund, ferner die Edelstahl-Betriebe der Bergischen Stahl-Industrie, Kommanditgesellschaft in Remscheid, bei der sich die Vereinigten Stahlwerke A.-G. alsbald nach ihrer Konstituierung interessiert hatten, des Krefelder Stahlwerks A.-G. (Konsortialbesitz Thyssen-Klöckner), des dem Bochumer Verein für Bergbau und Gußstahlfabrikation gehörigen Stahlwerks Haslach vorm. Wilhelm Haiß, der mit den Vereinigten Stahlwerken A.-G. in Interessengemeinschaft stehenden Stahlwerke Brüninghaus A.-G.[1]), der Gußstahlfabrik Felix Bischoff G. m. b. H., Duisburg, und der Glockenstahlwerke A.-G. vorm. Rich. Lindenberg, Remscheid-Hasten. Die Deutschen Edelstahlwerke A.-G. sind im Januar 1927 als selbständiges Mitglied in die Rohstahlgemeinschaft aufgenommen worden, haben jedoch ihre Beteiligung mit derjenigen der Vereinigten Stahlwerke A.-G. mit Wirkung vom 1. Januar 1927 ab zusammengelegt.

Von besonderem Interesse ist das prozentuale Verhältnis der Beteiligung der Vereinigten Stahlwerke A.-G. zur Gesamtbeteiligung aller Gesellschafter innerhalb der einzelnen Eisen- und Stahlverbände, bei denen ja die Vereinigten Stahlwerke A.-G. die Beteiligungen ihrer Gründerwerke mit Wirkung vom 1. April 1926 an übernommen haben. Unter Einbeziehung der Quoten der angegliederten Werke, der Quotenanteile an den Stumm- und Rombach-Betrieben usw. stellte sich am 30. September 1926 die Gesamtbeteiligung

---

übrigens auch noch die Hälfte des Aktienkapitals der Schrottgroßhandelsgesellschaft Schweitzer u. Oppler A.-G., Berlin, welche die mitteldeutschen sowie schlesischen Werke mit Schrott versorgt.

[1]) Der frühere Interessengemeinschaftsvertrag der Deutsch-Luxemburgischen Bergwerks- und Hütten-A.-G. mit den Stahlwerken Brüninghaus A.-G. sowie mit der Friedrich Thomée A.-G. wird von den Vereinigten Stahlwerken A.-G. fortgesetzt.

der Vereinigten Stahlwerke A.-G. bei den wichtigsten Eisenverbänden wie folgt:

Verband	Gesamt-Jahresbeteiligung aller Gesellschafter To.	Jahres-beteiligung d. Vereinigten Stahlwerke A.-G. To.	Beteiligung d.V.St. in Proz.
Roheisen-Verband	2 268 852	978 802	43,141
Rohstahlgemeinschaft	16 635 365 R.G.	6 834 101 R.G.[1]	41,082
A-Produkte-Verband:			
a) Halbzeug	843 105 "	427 550 "	50,711
b) Eisenbahnoberbau	2 282 641 "	1 082 322 "	47,416
c) Formeisen	1 193 909 "	259 272 "	21,715
d) Gesamt-A-Produkte	4 319 655 "	1 769 144 "	40,956
Stabeisen-Verband	3 895 829 F.G	1 339 087 F.G.	34,372
Bandeisen-Vereinigung	953 829 "	462 074 "	48,444
Grobblech-Verband	1 619 788 "	721 640 "	44,551
Walzdraht-Verband	1 540 896 "	460 357 "	29,877
Draht-Verband	826 606 "	194 820 "	23,569
Röhren-Verband	—	—	50,198

R.G. = Rohstahlgewicht F.G. = Fertiggewicht

Von der Gesamtbeteiligung des Rheinisch-Westfälischen Kohlensyndikates mit 162 823 715 Tonnen Kohle besaßen die Vereinigten Stahlwerke A.-G. am 1. Oktober 1926: 35 617 820 Tonnen gleich 21,88 Prozent, und zwar ohne Hinzurechnung der halben Syndikatsbeteiligung der Zeche Emscher-Lippe[2]).

Diese vorstehenden Beteiligungsquoten lassen die überragende Stellung der Vereinigten Stahlwerke A.-G. innerhalb der deutschen Eisenverbände deutlich erkennen. Hiermit drängt sich wiederum die Frage auf, einmal wie sich das Verhältnis zwischen den Vereinigten Stahlwerken A.-G. und

[1]) Die Quotenzahl hat sich infolge des Übergangs der Abt. Weber, Brandenburg a. H., auf die Mitteldeutschen Stahlwerke A.-G. am 1. Oktober 1926 auf 6 779 018 Tonnen ermäßigt.

[2]) Die Kuxe der Gewerkschaft Emscher-Lippe sind je zur Hälfte im Besitz der Vereinigten Stahlwerke A.-G. und der Fried. Krupp A.-G.

den anderen Konzerngruppen in diesen Verbänden entwickeln wird, und ferner wie sich die Zukunft der in der Zeit schwerster Wirtschaftsstagnation in den Jahren 1924—25 gegründeten Verbände überhaupt gestalten wird, d. h. welche Haltung die in gewisser Hinsicht bereits über die Kartelle und deren tiefere Gründungszwecke hinausgewachsenen Vereinigten Stahlwerke A.-G. bei den oft heiklen Problemen der Verbandspolitik einnehmen werden. Immerhin kann von irgendeiner in absehbarer Zeit bevorstehenden Sprengung der Eisenverbände durch die Vereinigten Stahlwerke A.-G. nicht so leichthin gesprochen werden; im übrigen haben die Vereinigten Stahlwerke A.-G. derartigen Mutmaßungen gegenüber sogleich erklärt, daß sie auf die Aufrechterhaltung der Eisenverbände Wert legten und nicht an eine Sprengung derselben dächten. Schließlich darf auch die Tatsache nicht übersehen werden, daß die deutsche Rohstahlgemeinschaft ein integrierender Bestandteil der im Jahre 1926 zwischen Deutschland und der westeuropäischen Stahlindustrie geschlossenen Internationalen Rohstahlgemeinschaft ist, die errichtet worden ist, um den bisherigen erbitterten Konkurrenzkampf zwischen den hauptsächlichsten Eisenproduktionsländern des europäischen Festlandes auf das Maß friedlichen Wettbewerbs zu reduzieren. Solange nicht der mit der Rohstahlgemeinschaft verfolgte Zweck infolge einer völlig neuen allgemeinwirtschaftlichen Konstellation hinfällig wird, werden die deutschen Eisenverbände als „Kinder der Not" bestehen bleiben müssen.

Der Gründungszweck der im Herbst des Jahres 1924 errichteten deutschen Rohstahlgemeinschaft war aber die Schaffung eines rationellen Verhältnisses zwischen der infolge der krisenhaften Allgemeinwirtschaftslage verminderten Aufnahmefähigkeit des Marktes und der hierdurch bedingten Überproduktion an Stahlerzeugnissen. Auf dem Wege einer Anpassung der aus einer in den Kriegs- und Nachkriegsjahren übersteigerten Produktionskapazität resultierenden unverhältnismäßig großen Stahlgewinnung an den jeweiligen tatsächlichen Marktbedarf sollte also dem zügellosen Konkurrenzkampf, der bei der schweren Absatzstockung um fast jedes Auftragsobjekt unter den einzelnen Werken entbrannte, ein Ende bereitet werden. Daß jedoch das Ziel einer Rückgewinnung rentabler Produktionsmöglichkeiten mit dem Instrument einer straffen Kartellorganisation nicht allein erreicht zu werden vermochte, sondern daß außerdem auch noch besondere einschneidende produktionstechnische Rationalisierungsmaßnahmen innerhalb der einzelnen Werksgruppen selbst, ohne unmittelbaren Eingriff seitens der Verbände, in die Wege geleitet werden mußten, haben wir bereits dargelegt. Für die innere und äußere reibungslose Tätigkeit der neugegründeten Verbände bieten aber die Betriebsrationalisierungen andererseits eine nicht zu unterschätzende Hilfe, zumal der den Kartellen oft und auch mit Recht zum Vorwurf gemachte volkswirtschaftlich ungesunde Zustand, daß auf Kosten der Allgemeinheit bei der Verbandspreispolitik weitgehende Rücksichten auf die mit höheren Gestehungskosten, da unwirtschaftlicher als die übrigen Werke produzierenden Verbandsmitglieder genommen werden müssen, fortan in recht erheblichem Maße beseitigt sein dürfte.

II. Die nationale Kartellorganisation der deutschen Stahlindustrie.

A. Die Rohstahlgemeinschaft.

Der Grundriß der modernen Kartellorganisation der deutschen Stahlindustrie ist folgender: Auf der Basis einer Kontingentierung der gesamten inländischen Rohstahlerzeugung, die je nach der Aufnahmefähigkeit des Marktes einer Einschränkung unterworfen oder im Bedarfsfalle auch freigegeben wird[1]), bauen sich im Rahmen dieses Rohstahl-Generalkartells die Unterverbände für die aus dem Rohstahl hergestellten einzelnen Walzwerkserzeugnisse (Schienen, Formeisen, Stabeisen, Bleche, Röhren, Walzdraht u. dgl.) auf. Diese Spezialverbände sind, im Gegensatz zur lediglich die Produktion regelnden und infolgedessen ein reines Produktionskartell darstellenden Rohstahlgemeinschaft, ausgesprochene Syndikate, die also sowohl die Erzeugung als solche als auch den Vertrieb der Erzeugung ihrer Mitglieder zu festgesetzten Preisen und Konditionen umfassen. Von diesen Syndikaten ausgehend erfolgt wiederum eine Kartellierung des deutschen Eisenhandels, der, in besonderen Händlerorganisationen zusammengeschlossen, von jenen Verkaufsverbänden die betreffenden Erzeugnisse der Stahl- und Walzwerke bezieht und hinsichtlich seiner Weiterverkaufspreise sowie der sonstigen Verkaufsbedingungen an festgesetzte, bei Konventionalstrafe einzuhaltende Abmachungen gebunden ist. Mit Hilfe einer derartig weitgreifenden Organi-

[1]) Die jeweilige Produktionshöhe wird jetzt allerdings von der Internationalen Rohstahlgemeinschaft bestimmt, wie später dargelegt ist.

sation erlangen daher die Syndikate eine Kontrollaufsicht über die einzelnen Etappen, die das betreffende Fabrikat von seiner Herstellung an über den Vertriebsapparat bis zum Konsumenten durchläuft, und eine monopolistische Position insbesondere der Verbraucherschaft gegenüber.

Gleichzeitig mit dieser straffen Kartellorganisation der inländischen Stahlindustrie wurde nun aber auch eine solche der gesamten europäischen Stahlproduktion angestrebt, um im ureigensten Interesse der mit Bildung der deutschen Eisenverbände gesteckten Ziele den starken Konkurrenzdruck auszuschalten, der durch die im Vergleich zu den Absatzmöglichkeiten herrschende Überproduktion der Rohstahlgewinnungsländer besonders Westeuropas auf dem internationalen Eisenmarkt lastete, und der eine stete Gefährdung des innerdeutschen Verbandsgefüges bedeutete. Auch hier sollte eine genau nach dem Vorbilde der deutschen errichtete europäische Rohstahlgemeinschaft wieder das Fundament für zwischenstaatliche Spezial-Kartellbildungen in den einzelnen Walzwerksprodukten abgeben. Diese geplante europäische Rohstahlgemeinschaft hat dann gleichfalls ins Leben gerufen werden können, allerdings erst zwei Jahre später als die deutsche Rohstahlgemeinschaft. Hierdurch erhielt die deutsche Stahl-Kartellorganisation nunmehr endlich die zumal für ihre uneingeschränkte Beherrschung des innerdeutschen Eisenmarktes erwünschte Rückendeckung gegen einen schrankenlosen ausländischen Wettbewerb.

Im übrigen ist dieser Gedanke einer Kontingentierung der inner- sowie auch der außerdeutschen Rohstahlgewinnung und im Anschluß hieran einer Syndizierung der Walzwerksproduktion durchaus nicht neu, sondern hat bei der Wiederaufnahme der deutschen Stahlwerkskartellierung nur eine Modifizierung entsprechend den besonderen Nachkriegsverhältnissen erfahren. So hatte beispielsweise Anfang des Jahres 1915 bereits der damalige Generaldirektor der Gebr. Stumm G. m. b. H., Th. Müller (jetzt Direktor des Drahtverbandes G. m. b. H., Düsseldorf), einen Vorschlag unterbreitet, der in der Errichtung eines Rohstahlverbandes gipfelte, und der auf diese Weise die großen Schwierigkeiten beseitigen wollte, die der in den Vorkriegsjahren so oft und immer wieder erfolglos unternommenen Syndizierung der sogen. B-Produkte (insonderheit von Stabeisen)[1]) entgegenstanden. Dieser Vorschlag stellte als wesentliche Vorbedingung für die Bildung von Verbänden für die einzelnen B-Produkte die Regelung der so überaus schwierigen Frage der Beteiligungsquoten durch eine Festlegung der Rohstahlerzeugung auf. Diese wichtigste Aufgabe sollte ein für allemal einem besonderen Rohstahlverbande anvertraut werden. Hingegen sollte der Bildung eines einzigen Verbandes für alle Produkte die einer Reihe von Einzelverbänden vorgezogen werden. (Im alten Stahlwerksverband waren nämlich bei seiner Gründung im Jahre 1904 die die A-Produkte syndiziert, die B-Produkte aber lediglich kontingentiert worden und daher bezüglich ihres Vertriebs den Werken überlassen geblieben; im Jahre 1912 war auch diese letzte Verbandsfessel der Kontingentierung der B-Produktion gefallen, und man hatte dann von neuem, jedoch stets ergebnislos versucht, über eine reine Kontingentierung hinaus sogar eine Syndizierung der B-Produkte herbeizuführen durch entsprechenden Ausbau des nur noch die A-Produkte umfassenden Stahlwerksverbandes.) Die Errichtung von Einzelverbänden aber sei deshalb empfehlenswert, weil die Erzeugnisse der Stahlwerke so mannigfacher Natur seien, daß sie eine sorgsame, ins Einzelne gehende Behandlung verlangten und das Ganze von einer Stelle aus nicht übersehen und bewältigt werden könne. Es sei also ein Verband

---

[1]) Man bezeichnet als A-Produkte die schweren Walzfabrikate Halbzeug (rohe und vorgewalzte Blöcke und Brammen, Knüppel und Platinen, Breiteisen und Puddelluppen), Eisenbahnoberbaumaterial (Schienen, Schwellen, Laschen, Unterlagsplatten usw.) und Formeisen (T- und U-Eisen, von 80 mm Steghöhe und mehr, sowie Zores-Eisen), als B-Produkte die leichten Walzfabrikate der Stabeisen-Gruppe (Universal- und Flacheisen, Rund- und Quadrateisen, Bandeisen u. dgl.), ferner Walzdraht, Bleche (Grob-, Mittel- und Feinbleche, Riffelbleche, Warzenbleche usw.), Röhren und schließlich Guß- und Schmiedestücke (Eisenbahnachsen, Räder und Radreifen, Stahlwalzen u. dgl.).

anzustreben, dem nur die Regelung der Rohstahlerzeugung und die Förderung des Rohstahlabsatzes, insbesondere auch im Auslande, obliege, der es jedoch weiteren Kartellverträgen überlassen müsse, die notwendigen Verkaufsorganisationen für die einzelnen Walzwerksprodukte zu bilden [1]).

Wie bei allen Kartellverhandlungen, so lag auch beim Werdegang der deutschen Rohstahlgemeinschaft die schwerste Krise wieder in einem erbitterten Quotenkampf, der vornehmlich zwischen den großen Werksgruppen Krupp, Phoenix, Rheinelbe-Union und Thyssen geführt wurde. Nachdem eine Einigung über die Quotenfrage auf der Basis, daß diese vier großen Montankonzerne die gleiche Quotenzahl von 1 580 640 Tonnen erhielten, sowie auch über sämtliche Einzelbestimmungen des Rohstahlgemeinschaftsvertrages erzielt war, konnten die Verhandlungen am 3. November 1924 zum definitiven Abschluß gebracht werden, und am 10. November 1924 fand dann die Gründungsversammlung der deutschen Rohstahlgemeinschaft statt. Es verdient festgehalten zu werden, daß bereits damals der Gedanke eines festeren Zusammenschlusses jener nahezu die Hälfte der deutschen Stahlerzeugung darstellenden vier Konzerne erörtert und von den „Vereinigten Stahlwerken“ gesprochen wurde, jedoch in einer von der später durchgeführten etwas abweichenden Form und von einer Seite, die schließlich dieser Werksvereinigung ferngeblieben ist (bekanntlich die Firma Fried. Krupp A.-G.) [2]).

Der Wortlaut der hauptsächlichsten Bestimmungen des unter den in der Rohstahlgemeinschaft vereinigten Werken einerseits und des mit der Stahlwerks-Verband A.-G., Düssel-

---

[1]) Wilhelm Adler, Die Organisationsbestrebungen in Stabeisen-Fabrikation und Stabeisen-Handel (Bonn 1920) S. 62 u. 63 — vgl. auch den hier im Wortlaut veröffentlichten, gleichfalls von einer Erfassung der Rohstahlerzeugung ausgehenden Vorschlag von Generaldirektor Eich (Mannesmannröhren-Werke A.-G.) für die Syndizierung der B-Produkte (S. 142 ff.).

[2]) Bruno Bruhn (Ehem. Aufsichtsratsmitglied der Fried. Krupp A.-G.), Entstehung und Bedeutung der westeuropäischen Eisenverträge; Kölnische Zeitung Nr. 793 vom 24. Oktober 1926.

dorf, der nach Ablauf des alten Stahlwerksverbandsvertrages im Jahre 1920 bestehen gebliebenen Rahmengesellschaft, andererseits geschlossenen Gesellschaftsvertrages ist folgender:

Zweck des Vertrages ist: a) Die Förderung des Stahlgewerbes durch Zusammenfassung und einträchtige Zusammenarbeit der beteiligten wirtschaftlichen Kräfte, b) Anpassung der Rohstahlerzeugung der Gesellschafter an den jeweiligen Bedarf, c) Verfolgung der gemeinsamen wirtschaftlichen Ziele im In- und Auslande.

Die Organe des Vertrages sind: 1. Die Hauptversammlung, 2. die Ausschüsse, 3. die Geschäftsstelle.

Die Beschlüsse der Gesellschaft werden in Hauptversammlungen gefaßt. Die Hauptversammlungen, welche in der Regel allmonatlich stattfinden sollen, werden nach Anweisung des Vorsitzenden durch die Geschäftsstelle berufen. Außerdem hat die Geschäftsstelle eine Hauptversammlung sofort zu berufen, wenn Gesellschafter, deren Rohstahl-Beteiligungsziffer zusammen mindestens 1 Million Tonnen beträgt, die Berufung einer Hauptversammlung unter Angabe des Zweckes bei der Geschäftsstelle schriftlich beantragen. In den Hauptversammlungen hat jeder Gesellschafter für jede angefangene 50 000 Tonnen seiner Rohstahl-Beteiligungsziffer eine Stimme. Die Hauptversammlungen sind beschlußfähig, wenn mehr als die Hälfte aller Stimmen vertreten ist. Erweist sich eine Hauptversammlung als nicht beschlußfähig, so ist sofort eine neue Hauptversammlung zu berufen. Diese ist für die Tagesordnung der nicht beschlußfähig gewesenen Hauptversammlung ohne Rücksicht auf die Zahl der vertretenen Stimmen beschlußfähig; dies muß jedoch in der neuen Einladung ausdrücklich angegeben sein. Die Beschlüsse der Hauptversammlung werden mit der Mehrheit der abgegebenen Stimmen gefaßt, soweit in diesem Vertrage nichts anderes bestimmt ist. Beschlüsse, die den Gesellschaftern Verpflichtungen auferlegen, die in dem Vertrage nicht ausdrücklich festgelegt sind, müssen einstimmig gefaßt werden.

Die erste Hauptversammlung jedes Vertragsjahres wählt die folgenden drei ständigen Ausschüsse:

a) den Absatz-Ausschuß,

b) den Verbands-Ausschuß,

c) den Auslands-Ausschuß.

Jedem Ausschuß, der sich selbst seine Geschäftsordnung gibt, sollen die Geschäftsstelle, der Vorsitzende und mindestens vier aus den Vertretern der Gesellschafter zu wählende Mitglieder angehören. Die Aufgaben des Ausschusses sind: a) des Absatz-Ausschusses: Die ständige Beobachtung der Marktlage im In- und Auslande, die Prüfung der Aufnahmefähigkeit des Marktes in aus Rohstahl hergestellten Stahlerzeugnissen und die Vorbereitung von Vorschlägen an die Hauptversammlung zwecks Anpassung der Rohstahlerzeugung an die Aufnahmefähigkeit des Marktes durch gleichmäßige Verminderung oder gleichmäßige Erhöhung der Rohstahlbeteiligungsziffern der Gesellschafter. Über seine Beobachtungen hat der Absatz-Ausschuß der Hauptversammlung Bericht zu erstatten, welche daraufhin ihre Beschlüsse faßt. b) des Verbands-Ausschusses: Die Vorbereitung zur Bildung von Verbänden. c) des Auslands-Ausschusses: Die Vertretung der Gesellschaft bei allen Abmachungen internationaler Art.

Die Geschäftsstelle der Gesellschaft ist der Stahlwerks-Verband, A.-G. zu Düsseldorf. Er ist zur gerichtlichen und außergerichtlichen Vertretung der Gesellschaft im eigenen Namen gegenüber den Gesellschaftern und Dritten berechtigt und verpflichtet.

Unter Rohstahlerzeugung wird verstanden: Sämtlicher von den Gesellschaftern im Zollinlande nach dem Thomas-, Bessemer-, Siemens-Martin-, Tiegel-, Elektro- oder irgendeinem anderen Verfahren hergestellter Rohstahl.

Zwecks Erreichung der dem Vertrage gesteckten Ziele erhält jeder Gesellschafter eine Jahresbeteiligungsziffer in Rohstahl (Grundbeteiligung) in Höhe des 12fachen der Rohstahlerzeugung in einem beliebigen Monat aus der Zeit vom 1. Januar 1922 bis 31. Oktober 1924. Im Wege der Vereinbarung sind beim Abschluß dieses Vertrages Zusatzbeteiligungen in besonderen Fällen gewährt worden. Als Zusatzbeteiligung gilt der Unterschied, der sich ergibt aus der einzelnen Gesellschaftern zugebilligten Gesamtrohstahlbeteiligung gegenüber der Ziffer, die sich aus dem 12fachen der Rohstahlerzeugung in einem beliebigen Monat aus der Zeit vom 1. Januar 1922 bis 31. Oktober 1924 = Grundbeteiligung ergeben haben würde. Diese Rohstahl-Beteiligung (Grundbeteiligung und Zusatzbeteiligung) vermindert oder erhöht sich jeweils um denjenigen Prozentsatz, welcher von der Hauptversammlung für den betreffenden Monat beschlossen worden ist. Wenn für einen Zeitraum von mindestens drei aufeinanderfolgenden Monaten die Hauptversammlung die Rohstahlerzeugung freigegeben hat, tritt an Stelle der im Vertrag festgesetzten Beteiligungsziffer (Grundbeteiligung und Zusatzbeteiligung) das Vierfache der in drei aufeinanderfolgenden Monaten während der Zeit der Freigabe von den einzelnen Gesellschaftern erzeugten Rohstahlmenge als neue Jahresbeteiligungsziffer. Über das Vorliegen höherer Gewalt im Falle von Erzeugungsbehinderung entscheidet die Hauptversammlung.

Beschlußfassungen der Hauptversammlung über Verminderungen der Monats-Rohstahlerzeugung haben möglichst bis zum Ablauf eines Monats für den übernächsten Monat zu erfolgen.

Die Hauptversammlung kann von Fall zu Fall beschließen, daß eine Einschränkung sich auf bestimmte Erzeugnisse nicht beziehen soll.

Einschränkungen der Rohstahlerzeugung, welche von der Hauptversammlung beschlossen werden sollten, treffen sämtliche Gesellschafter gleichmäßig bis zur Höhe von 25 Prozent ihrer Beteiligung (Grundbeteiligung + Zusatzbeteiligung). Bei einer 25 Prozent überschreitenden Einschränkung wird der jeweilige Eigenbedarf und der Konzernbedarf bei Berechnung des monatlichen Erzeugungsanspruches der Zahl, die sich nach der beschlossenen Einschränkung ergibt, insoweit zugesetzt, als der Eigen- und Konzernbedarf mit eingeschränkt worden ist. Die so ermittelte Zahl ergibt den endgültigen Erzeugungsanspruch. Die endgültige Einschränkung soll indes mindestens 25 Prozent betragen.

Der eigene Bedarf und der Konzernbedarf umfassen folgende Erzeugnisse: Halbzeug, Eisenbahn-Oberbaumaterial, Formeisen, Stabeisen, Walzdraht, Bleche, Röhren, Guß- und Schmiedestücke, die auf Rohstahl zurückzurechnen sind und nicht in unter die genannten Gruppen fallenden, weiterverarbeiteten Erzeugnissen von den eigenen und den Konzernbetrieben auf den Markt gebracht werden.

Beispiel:

a) Bei 25 Proz. Einschränkung und 100 000 To. monatlicher Beteiligungsziffer beträgt der Erzeugungsanspruch	100 000 To.
	— 25 000 To.
	= 75 000 To.

b) Bei einer Einschränkung von 40 Proz.:	
monatliche Beteiligungsziffer	100 000 To.
40 Proz. Einschränkung	40 000 To.
	= 60 000 To.
+ 40 Proz. des Eigen- und Konzernbedarfs von 10 000 To.	4 000 To.
endgültiger Erzeugungsanspruch	64 000 To.

Zu einem Konzern zählen solche Betriebe, bei denen ein Gesellschafter mit mindestens 50 Prozent beteiligt ist.

Jeder Gesellschafter ist berechtigt, seine Grundbeteiligung zeitweise oder dauernd mit einem oder mehreren der anderen Gesellschafter zusammenzulegen. Er hat dies jeweils bei Bekanntgabe seiner Monatserzeugung der Geschäftsstelle mitzuteilen, die alsdann bei der Ermittlung der Mehr- oder Mindererzeugung die zusammengelegten Beteiligungsziffern gegenüberstellt.

Jeder Gesellschafter ist verpflichtet, der Geschäftsstelle bis zum 10. eines jeden Monats die Erzeugung an Rohstahl für den vergangenen Monat mitzuteilen. Die Geschäftsstelle übermittelt bis zum 20. jeden Monats jedem Gesellschafter eine Zusammenfassung der gemeldeten Rohstahlerzeugungsmengen des Vormonats. Hat ein Gesellschafter sein Kontingent in zwei aufeinanderfolgenden Monaten, diese zusammengerechnet, überschritten, so ist er nach Aufforderung durch die Geschäftsstelle zur sofortigen Zahlung eines Betrages von 25 Reichsmark die

Tonne Rohstahl-Mehrerzeugung an die Kasse der Geschäftsstelle verpflichtet. Erkennt der Gesellschafter seine Verpflichtung zur Bezahlung der von der Geschäftsstelle errechneten Summe nicht an, so hat er innerhalb einer Woche nach Zugang der Zahlungsaufforderung die Entscheidung eines Schiedsgerichts anzurufen, andernfalls gilt die Verpflichtung als anerkannt. Demjenigen Gesellschafter, welcher seine Grundbeteiligung in zwei aufeinanderfolgenden Monaten, diese zusammengerechnet, nicht ausgenützt hat, wird der Unterschied zwischen der zusammengerechneten Zweimonats-Erzeugung gegenüber seiner Zweimonats-Grundbeteiligung gutgeschrieben. Die Vergütung für die so gutgeschriebenen Mengen erfolgt am Schluß eines jeden Vertragsjahres nach Maßgabe der aus Mehrerzeugungen eingegangenen Beträge bis zur Höhe von 25 RM. je Tonne.

Die Gesellschafter sind verpflichtet, bei gänzlichem oder teilweisem Verkauf ihrer Anlagen, in denen Rohstahl erzeugt wird, dem Käufer oder Pächter die Verpflichtung aufzuerlegen, diesen Vertrag an ihrer Stelle für den verkauften oder verpachteten Teil fortzusetzen. Der Veräußerer oder Verpächter steht der Rohstahlgemeinschaft gegenüber dafür ein, daß der Erwerber die sich aus dem Vertrag ergebenden Verpflichtungen erfüllt. Von derartigen Verkäufen oder Verpachtungen hat der betreffende Gesellschafter jeweils unverzüglich der Geschäftsstelle zwecks Weitergabe an die Hauptversammlung Mitteilung zu machen.

Die Kosten, die der Geschäftsstelle durch ihre Tätigkeit aus diesem Vertrage erwachsen, werden von den Gesellschaftern nach Maßgabe ihrer Beteiligungsziffer erhoben. Hierüber hat die Geschäftsstelle der Hauptversammlung Rechenschaft abzulegen. Die Geschäftsstelle soll aus ihrer Geschäftsführung keinerlei Nutzen haben. Über die Verwendung der bei dem Ablauf des Vertrages etwa vorhandenen Gelder beschließt die Hauptversammlung.

Die Gesellschafter sind verpflichtet, der Geschäftsstelle und deren Beauftragten auf deren Verlangen Einsicht in die Bücher zu gewähren und alle Unterlagen zu geben, welche diese zur Ausführung des Vertrages und zur Überwachung der Gesellschafter in Bezug auf die Erfüllung und

Einhaltung der Bestimmungen dieses Vertrages benötigt.

Dieser Vertrag tritt am 1. November 1924 in Kraft und wird auf fünf Jahre geschlossen mit der Maßgabe, daß er nach einer Probezeit von 11 Monaten zum Ablauf des zwölften Monats von jedem Gesellschafter bei der Geschäftsstelle gekündigt werden kann. Kündigt ein Gesellschafter, so haben die anderen Gesellschafter nach Bekanntgabe der Kündigung mit 14tägiger Frist zu erklären, ob sie sich der Kündigung anschließen oder nicht. Schließen sich die übrigen Gesellschafter der Kündigung nicht an, so läuft der Vertrag unter letzteren weiter. Erfolgt auf den Ablauf der Probezeit keine Kündigung, so läuft der Vertrag erst nach weiteren vier Jahren ab. Die vorzeitige Auflösung der Gesellschaft kann mit einfacher Mehrheit beschlossen werden, wenn die Rohstahlerzeugung durch drei aufeinanderfolgende Monate hindurch um mindestens 40 Prozent eingeschränkt worden ist. Ist die Rohstahlerzeugung durch fünf aufeinanderfolgende Monate hindurch um mindestens 50 Prozent eingeschränkt worden, so kann jeder Gesellschafter den Vertrag unter Einhaltung einer Kündigungsfrist von einem Monat auf den Schluß eines Kalendermonats kündigen.

Die Aufnahme neuer Mitglieder erfolgt durch Beschluß der Hauptversammlung.

Beteiligungsziffern:
(in Rohstahlgewicht)

Gesellschafter	Grundbeteiligung Tonnen	Zusatzbeteiligung Tonnen	Jahresbeteiligungsziffer Tonnen
Bochumer Verein	470 000	—	470 000
Deutsch-Luxemburg	1 006 640	—	1 006 640
Gelsenkirchener Bergwerk	104 000	—	104 000
Eisen- und Stahlwerk Hoesch	746 916	—	746 916
Gutehoffnungshütte	911 892	—	911 892
Klöckner-Werke	787 808	—	787 808
Fried. Krupp	1 580 640	—	1 580 640
Phoenix	1 580 640	—	1 580 640
Rheinische Stahlwerke	940 800	—	940 800
	8 129 336	—	8 129 336

Gesellschafter	Grundbeteiligung Tonnen	Zusatzbeteiligung Tonnen	Jahresbeteiligungsziffer Tonnen
Übertrag:	**8 129 336**	—	**8 129 336**
August Thyssen-Hütte, Gewerkschaft, Thyssen & Co. A.-G. und Preß- und Walzwerk A.-G., Abt. Oberbilker Stahlwerk	1 580 640	—	**1 580 640**
Mannesmannröhren-Werke	337 980	—	337 980
Eisenwerk Kraft, Abt. Niederrheinische Hütte	193 200	34 800	228 000 a)
Gußstahlwerk Witten	141 360	32 640	174 000 a)
Eisenindustrie zu Menden und Schwerte A.-G.	67 200	—	67 200 a)
Westfälische Eisen- u. Drahtwerke	64 104	6 696	70 800 a)
Ver. Stahlwerke van der Zypen und Wissener Eisenhütten	221 916	—	221 916
Rombacher Hüttenwerke	230 208	—	230 208
Eisenhütte Holstein	60 720	—	60 720
Henschel & Sohn, G. m. b. H., Abt. Henrichshütte	207 912	—	207 912
Rheinische Metallwaren- u. Maschinenfabrik	82 212	—	82 212
Ilseder Hütte, Abt. Walzwerk Peine	470 928	72 000	542 928 b)
Charlottenhütte	100 260	—	100 260 c)
Geisweider Eisenwerke	143 616	—	143 616
Storch & Schöneberg, Abt. Bremerhütte	67 140	18 860	86 000 d)
Bergbau- und Hütten-A.-G. „Friedrichshütte", Abt. C. Stein	74 907	5 093	80 000 e)
Maximilianshütte	317 532	36 000	353 532 f)
Linke-Hofmann-Lauchhammer (Einschl. Stahlwerk Torgau)	362 268	2 904	365 172 g)
Eisenhüttenwerk Thale	99 388	—	99 388
Borsigwerk	98 160	—	98 160 h)
Oberschlesische Eisen-Industrie A.-G.	324 324	—	324 324
Oberschlesische Eisenbahn-Bedarfs-A.-G.	57 600	—	57 600 i)
zusammen	13 432 911	208 993	13 641 904

a) Siehe Sondervereinbarung 1, b) siehe 2, c) siehe 3, d) siehe 4, e) siehe 5, f) siehe 6, g) siehe 7, h) siehe 8, i) siehe 9.

Sondervereinbarungen:

1. Eisenwerk Kraft, Abt. Niederrheinische Hütte, Gußstahlwerk Witten, Eisenindustrie zu Menden und Schwerte, Westfälische Eisen- und Drahtwerke, Langendreer und Aplerbeck (Stumm-Konzern): Diese Werke erhalten zusammen eine Jahresbeteiligung von 540 000 To. Rohstahl. Diese zerfällt in eine Grundbeteiligung (Wahlmonat mal 12) und Zusatzbeteiligung (Unterschied zwischen Wahlmonat mal 12 und 540 000 To.).

2. Ilseder Hütte, Abt. Walzwerk Peine: Dieses Werk erhält eine Zusatzbeteiligung von 72 000 To. Rohstahl für das Jahr.

3. A.-G. Charlottenhütte, Niederschelden: Der Charlottenhütte wird das Recht eingeräumt, den Vertrag nach Ablauf von 4 Monaten mit sofortiger Wirkung zu kündigen, wenn bis dahin die Zukaufsfrage nicht geregelt ist.

4. Storch & Schöneberg A.-G. für Bergbau und Hüttenbetrieb, Abt. Bremerhütte, Geisweid: Die Bremerhütte erhält eine Jahresbeteiligung von 86 000 To. Rohstahl. Diese zerfällt in eine Grundbeteiligung (Wahlmonat mal 12) und Zusatzbeteiligung (Unterschied zwischen Wahlmonat mal 12 und 86 000 To.).

5. Bergbau- und Hütten-A.-G. „Friedrichshütte", Abt. Carl Stein, Wehbach: Die Friedrichshütte erhält eine Jahresbeteiligung von 80 000 To. Rohstahl. Diese zerfällt in eine Grundbeteiligung (Wahlmonat mal 12) und Zusatzbeteiligung (Unterschied zwischen Wahlmonat mal 12 und 80 000 To.).

6. Eisenwerk-Gesellschaft Maximilianshütte, Haidhof: Die Maximilianshütte erhält eine Zusatzbeteiligung von 36 000 To. Rohstahl für das Jahr.

7. Linke-Hofmann-Lauchhammer A.-G.: Dieses Werk erhält für das Stahlwerk Torgau eine Rohstahlbeteiligung von 36 000 To. je Jahr. Diese zerfällt in eine Grundbeteiligung (Wahlmonat mal 12) und Zusatzbeteiligung (Unterschied zwischen Wahlmonat mal 12 und 36 000 To.).

8. Borsigwerk A.-G., Borsigwerk (Oberschlesien): Das Borsigwerk erhält ab 1. Juli 1925 eine Zusatzbeteiligung von 9840 To. Rohstahl für das Jahr.

9. Oberschlesische Eisenbahn-Bedarfs-A.-G., Gleiwitz: Die Oberschlesische Eisenbahn-Bedarfs-A.-G. ist berechtigt, von anderen Werken der Rohstahlgemeinschaft Halbzeug bis zur Höhe von 12 000 To. Rohstahl monatlich zu beziehen; derartige Lieferungen werden zur Hälfte auf die Rohstahlbeteiligung der liefernden Werke angerechnet. Zukaufsmengen, welche über die 12 000 To. hinausgehen, werden voll angerechnet. Die Halbzeugbestellungen à conto der 12 000 To. sind seitens der Oberschlesischen Eisenbahn-Bedarfs-A.-G. der Geschäftsstelle jeweils sofort anzugeben, ebenso sind die Halbzeuglieferungen der Geschäftsstelle monatlich zu melden. Die Höhe der Anrechnung à conto der 12 000 To. liegt in jedem einzelnen Falle in der Hand der Oberschlesischen Eisenbahn-Bedarfs-A.-G., nur ist insgesamt nicht mehr als die Hälfte der jeweiligen Lieferungen, höchstens also 6000 To., von der Anrechnung befreit. Die Oberschlesische Eisenbahn-Bedarfs-A.-G. hat das Recht, ihre Rohstahlbasis durch Errichtung eigener Stahlwerke wieder herzustellen, und zwar im Umfange der Gleiwitzer und Friedenshütter Rohstahlerzeugung in einem Monat des Jahres 1923 mal 12. Die neu herzustellenden Mengen werden auf die Zukaufsmenge voll angerechnet.

Einsatzgewichte:

Warenbezeichnung	Es wird angenommen, daß: aus 1000 To. Rohstahl ein Fertig-Versand-Gewicht hervorgeht von: Tonnen	1000 To. Fertig-Versand-Gewicht an Rohstahl erfordern: Tonnen
Gruppe Halbzeug:		
Rohblöcke	1000	1000,00
Vorgewalzte Blöcke und Brammen	910	1098,90
Knüppel, quadr.	885	1129,94
Flachknüppel	875	1142,86
Platinen	875	1142,86
Breiteisen	865	1156,07

Warenbezeichnung	Es wird angenommen, daß: aus 1000 To. Rohstahl ein Fertig-Versand-Gewicht hervorgeht von: Tonnen	1000 To. Fertig-Versand-Gewicht an Rohstahl erfordern: Tonnen
Gruppe Eisenbahn-Oberbaumaterial:		
Schienen von 15 kg Metergew. u. darüb.	840	1190,48
Schwellen v. 15 kg Metergew. u. darüb.	835	1197,60
Schienen unter 15 kg Metergewicht	830	1204,82
Schwellen unter 15 kg Metergewicht	800	1250,00
Radlenker	785	1273,89
Laschen, Profil 10 a	750	1333,33
Unterlagsplatten	795	1257,86
Hakenplatten für Holzschwellen	710	1408,45
Hakenplatten für Eisenschwellen	600	1666,67
Rillenschienenlaschen (alle Sorten)	795	1257,86
Gruppe Formeisen:		
T-, U- (von 80 mm Höhe und mehr) und Zores-Eisen unter 20 kg Metergewicht	805	1242,24
T-, U- (von 80 mm Höhe und mehr) und Zores-Eisen v. 20—100 kg Metergew.	865	1156,07
T-, U- (von 80 mm Höhe und mehr) und Zores-Eisen über 100 kg Metergewicht	795	1257,86
Gruppe Stabeisen:		
Universal- und Flacheisen, auch Röhrenstreifen und Weichenplatten, Rund- und Quadrateisen, sonstiges Stab- u. Stabformeisen, Bandeisen sowie Klemmplatteneisen und Streckdraht	860	1162,79
Gruppe Walzdraht	870	1149,42
Gruppe Bleche:		
Grobbleche, schwarz	760	1315,79
Feinbleche, schwarz	700	1428,57
Die Gruppe Bleche umfaßt: Grobbleche, 5 mm und dicker, Feinbleche jeder Art, unt. 5 mm dick, Riffelbleche, Warzenbleche und Bleche mit sonstigem Walzenmuster.		
Gruppe Röhren:		
Geschweißte Röhren	800	1250,00
Nahtlose Röhren	865	1156,07

Warenbezeichnung	Es wird angenommen, daß: aus 1000 To. Rohstahl ein Fertig-Versand-Gewicht hervorgeht von: Tonnen	1000 To. Fertig-Versand-Gewicht an Rohstahl erfordern: Tonnen
Gruppe Guß- und Schmiedestücke:		
Eisenbahnachsen aller Art, roh geschmiedet	810	1234,57
Radsterne für Eisenbahnwagen, roh oder fertig bearbeitet	650	1538,46
Radscheiben	750	1333,33
Eisenbahnradreifen aller Art, roh gewalzt	930	1075,27
Stahlformguß einschl. Radkörper für Lokomotiven und Tender, geputzt, ohne Trichter und verlorene Köpfe	750	1333,33
Schmiedestücke aller Art in rohem Zustande	800	1250,00
Stahlwalzen, gegossen (geputzt und ohne Trichter) oder geschmiedet	800	1250,00

Alsbald nach Inkrafttreten der Rohstahlgemeinschaft am 1. November 1924 traten jedoch Schwierigkeiten auf, die zwar an sich keine besonders ernste Gefahr für die Existenz des Verbandes bedeuteten, immerhin aber zeigten, daß die Sonderwünsche einzelner Verbandsmitglieder noch keineswegs gänzlich beseitigt waren. So machte die zum Haniel-Konzern gehörende Gutehoffnungshütte A.-G. ihren Beitritt zu den Spezialverbänden, insbesondere zum Halbzeug-Verband, von einer Erhöhung ihrer Beteiligungsquote bei der Rohstahlgemeinschaft abhängig. Tatsächlich konnte die Gutehoffnungshütte auch eine Erhöhung ihrer 911 892 Tonnen Rohstahlgewicht betragenden Quote durchsetzen. Überhaupt stellte sich kurze Zeit nach Bestehen der Rohstahlgemeinschaft bereits eine Neueinschätzung der Erzeugungskapazität der Mitgliedswerke als notwendig heraus und dementsprechend auch eine Neufestsetzung der Beteiligungszahlen der meisten Werke. Ferner ergaben sich besondere Schwierigkeiten bei dem Antrage, die im Vertrage vorgesehene vorzeitige Kündigungsmöglichkeit zu Ende Oktober 1925, also nach Ablauf der einjährigen Probezeit, aufzuheben. Auf den im März 1925 stattgefundenen Mitgliederversammlungen der Rohstahlgemeinschaft war eine Einigung über diese Frage noch nicht zu erzielen, vielmehr konnte nur ein Kompromiß in der Form zustande gebracht werden, daß der Verbandsvertrag zunächst bis zum 31. Dezember 1926 als unkündbar hingestellt wurde. In der Zwischenzeit sollte eine Sonderkommission die Schwierigkeiten beseitigen, die vornehmlich von den mitteldeutschen und schlesischen Werken ausgingen. Diese Werke hatten ihre Zustimmung zu der beabsichtigten fünfjährigen Vertragsdauer an die Bewilligung bestimmter Sonderforderungen auf Grund ihrer im Vergleich zu den rheinisch-westfälischen Werken anders gearteten Produktions- und Absatzverhältnisse geknüpft. Eine vertraglich von vornherein gesicherte mehrjährige Kontingentierung der Rohstahlerzeugung durch Aufhebung des Kündigungsrechtes beim Ablauf der 11 Probemonate war aber gerade bezüglich der im Rahmen der Rohstahlgemeinschaft mit ebenfalls mehrjähriger Vertragsdauer zu errichtenden Spezialverbände für die einzelnen Walzwerkserzeugnisse unumgänglich. Als erster von den projektierten B-Produkten-Verbänden war nämlich am 5. März 1925 der Vertrag für ein neues Röhren-Syndikat fertiggestellt worden; einem sofortigen Inkraftsetzen dieses Vertrages stand aber noch der Vorbehalt der Rheinischen Stahlwerke im Wege, daß vorerst der Beschluß einer längeren Vertragsdauer der Rohstahlgemeinschaft vorliegen müßte. Und erst am 14. März 1925 konnte dann die definitive Gründung des Röhrenverbandes vollzogen werden, nachdem am 12. und 13. März die erwähnte provisorische Verlängerung des Rohstahlgemeinschaftsvertrages bis Ende des Jahres 1926 beschlossen worden war. Die endliche Sicherheit des fünfjährigen Bestehens der Rohstahlgemeinschaft vom 1. November 1924 bis 31. Oktober 1929 wurde jedoch erst durch Beschluß der Hauptversammlung vom 1. Juli 1925 gegeben.

Zum Schluß noch die Prozentzahlen der monatlichen Produktionseinschränkungssätze der Rohstahlgemeinschaft während der Jahre 1925 und 1926, in denen sich die Auswirkungen der schweren allgemeinen Wirtschaftskrisis auf die deutsche Rohstahlerzeugung und die allmähliche Wiederbelebung des Absatzes in der zweiten Hälfte des Jahres 1926 besonders als Folge des englischen Bergarbeiterstreiks mit seiner Drosselung der britischen Eisen- und Stahlerzeugung deutlich widerspiegeln: In den Monaten Januar und Februar 1925 betrug der Einschränkungssatz nur 10 Prozent, dann von März bis Mai 15 Prozent, im Juni 20 Prozent, im Juli 25 Prozent und wurde dann im August 1925 auf sogar 35 Prozent erhöht, auf welcher Höhe er sich unverändert bis zum Juni 1926 gehalten hat. Im Juli 1926 erst konnte wieder eine Steigerung der offiziellen Monats-Rohstahlgewinnung und also eine Ermäßigung des Einschränkungssatzes eintreten, und zwar auf 32½ Prozent. In den Monaten August bis Oktober wurde der Satz weiter auf 30 Prozent und für November bis Dezember 1926 sowie für Januar 1927 schließlich auf 20 Prozent gesenkt. Insbesondere in den letzten beiden Monaten des Jahres 1926 war die tatsächliche Produktionseinschränkung aber noch geringer als 20 Prozent, welcher offizielle Satz vorwiegend zu Verrechnungszwecken beibehalten wurde. Im Dezember 1926 haben fast alle führenden Ruhr-Montankonzerne ihre Rohstahlerzeugungsquote sogar überschritten; die Fried. Krupp A.-G. z. B. hatte laut Mitteilung der Verwaltung in jenem Monat die höchste monatliche Stahlproduktion seit Bestehen der Gesellschaft aufzuweisen. Ab September 1925 war übrigens die monatliche Produktionseinschränkung auch auf Halbzeug und Feinbleche ausgedehnt worden, die bis dahin von der allgemeinen Einschränkung befreit waren, um den Bedarf an diesen Erzeugnissen sicherzustellen.

B. Die Spezial-Walzwerksverbände.

Verhältnismäßig noch am leichtesten war, abgesehen von den üblichen Quotenkämpfen, die Errichtung der Rohstahlgemeinschaft zu bewerkstelligen. Und es verdient hierbei besondere Erwähnung, daß an dem Zustandekommen der deutschen Rohstahlgemeinschaft mit an erster Stelle Fritz

Thyssen beteiligt war, der älteste Sohn des großen deutschen Wirtschaftsführers August Thyssen, dessen innerliche starke Antipathie gegen alle schwerindustriellen Verbandsbildungen aus der Vorkriegszeit her bekannt ist. August Thyssen sah nämlich die Kartelle lediglich als Notbehelf der wirtschaftlich Schwachen an, und als Wirtschaftsideal schwebte ihm bereits der damals noch scharf bekämpfte Trust vor, dessen schnelle Verwirklichung ihm aber gerade durch die Kartelle mit ihrer künstlichen Ernährung von mit geringer Produktivität sowie großenteils auch Rentabilität arbeitenden Unternehmungen verzögert zu werden schien. Daß trotzdem der Thyssen-Konzern dem Kohlensyndikat und dem Stahlwerksverband angehörte, änderte an diesen grundsätzlichen Anschauungen seines Leiters nichts. Die Kartellmitgliedschaft seiner Werke wurde August Thyssen nur dadurch etwas sympathischer gemacht, daß die Entwicklungstendenzen in den schwerindustriellen Unternehmerverbänden immer stärker auf eine Machtstellung des gemischten Montangroßbetriebes gegenüber den reinen Mittel- und Kleinbetrieben hinausliefen, zum Nachteil der letzteren.

Im Rheinisch-Westfälischen Kohlensyndikat waren es die vertraglich festgelegten Vergünstigungen, welche die sogen. Hüttenzechen, d. h. die Betriebskombinationen von Kohlenzeche und Hüttenwerk, bezüglich des Brennstoffselbstverbrauches ihrer Eisen- und Stahlwerke genossen und deshalb den allein schon in rein produktionstechnischer Hinsicht hohe wirtschaftliche Vorteile bietenden Zusammenschluß von Zechen und Eisenwerken förderten. Die im Laufe der Zeit getätigten zahlreichen Transaktionen zwischen Kohlenzechen und Hüttenwerken mit dem Zweck, in den Besitz der den Hüttenzechen eingeräumten Sonderrechte zu kommen, haben ja auch zur Folge gehabt, daß das im Jahre 1893 gegründete Rheinisch-Westfälische Kohlensyndikat heute im wesentlichen mehr ein Syndikat von großen Hüttenzechen-Unternehmungen geworden ist, deren Interessen vorwiegend zur Versorgung ihres eigenen Brennstoffbedarfes ohne Anrechnung auf die Verkaufsbeteiligungsquote hinneigen, als von reinen Zechen, die fast ausschließlich auf den Absatz ihrer erzeugten Brennstoffmengen am offenen Markt mittels des Syndikates angewiesen sind. Die große technische und mithin auch wirtschaftliche Überlegenheit, welche die ja besonders von August Thyssen erstrebte Betriebsvereinigung der Fabrikationsstadien vom Rohprodukt bis zum Fertigwalzwerkserzeugnis gewährte, bedeutete jedoch beim Stahlwerksverband eine erhebliche Untergrabung dieser Kartellorganisation der deutschen Stahlwerksindustrie.

Wie schon früher erwähnt, hatte man bei der Errichtung des Stahlwerksverbandes im Jahre 1904 nur eine Kontingentierung der B-Produkte zu erreichen vermocht, weil die reinen Walzwerke sowie vor allem die Siemens-Martin-Stahlwerke dem Verband nicht beitraten und die Verbandswerke sich infolgedessen in ihrer B-Produktion nicht so fest kartellieren lassen wollten wie in der A-Produktion. Dieser Zustand einer straffen Syndizierung der A-Produkte und demgegenüber einer losen Kartellierung der B-Produkte führte aber alsbald zu einer wahren „Flucht aus den A-Produkten in die B-Produkte". Die immer stärkere Verlegung des Schwergewichts des Fabrikationsprogramms der im Stahlwerksverband zusammengeschlossenen gemischten Werke auf das Gebiet der B-Produktion hatte dann schließlich bewirkt, daß bei der Verbandsverlängerung im Jahre 1912 jene letzte Verbandsfessel für die B-Produkte zerschlagen wurde, da die außergewöhnlich hohen Quotenforderungen nicht bewilligt werden konnten, die sowohl die Verbandswerke auf Grund ihrer beträchtlich erweiterten B-Produktion als auch insonderheit die Siemens-Martin-Stahlwerke für ihren evtl. Verbandsbeitritt erhoben. Ohne eine Syndizierung auch der B-Produkte war aber ein wirklicher Stahlwerksverband nicht zu erreichen; die Kontingentierung der B-Produkte war deshalb auch lediglich als Provisorium für eine lückenlose Stahlwerksverbandsbildung gedacht. Die Aufhebung der B-Produktionskontingentierung hat erklärlicherweise die Entwicklung zum modernen gemischten Großeisenbetrieb in ganz besonders hohem Grade unterstützt und andererseits die Zahl der mittleren und kleinen reinen Werke in der Folgezeit auf ein Minimum herabgedrückt. Denn die reinen Walzwerke, die ja ihr Halbzeug und auch ihren Brennstoff von den kartellierten großen Werken beziehen mußten, wurden infolge des übermächtigen Wettbewerbs dieser gemischten Werke noch stärker als bisher zum Anschluß an die Halbfabrikatehersteller gedrängt, die dank ihrer gemischten Betriebsorganisation den reinen Werken in den B-Produkten eine erfolgreiche Konkurrenz bereiteten, weil sie sich mit den benötigten Roh- und Halbfabrikaten zu Gestehungskosten versorgen und mithin die reinen Werke mit Leichtigkeit unterbieten konnten. Dagegen erhielten die reinen Walzwerke diese Fabrikate zu den höher liegenden Verbandspreisen, und ihre zwischen dem Rohmaterial-Einkaufspreis und dem Fertigwaren-Verkaufspreis liegende Verdienstspanne war daher mitunter recht gering, zumal es an entsprechenden Fertigwaren-Verkaufsverbänden fehlte, die den reinen Werken eine stabile, rentable Preisgestaltung für Stabeisen u. dgl. ermöglicht hätten. Die Bildung von B-Produkten-Verbänden, in erster Linie für Stabeisen, gelang jedoch trotz aller ernsthaften Versuche nach dem verhängnisvollen Jahre 1912 nunmehr noch viel weniger als vorher.

Doch kehren wir zu unseren eigentlichen Betrachtungen zurück! Die Intensität, die gerade Fritz Thyssen, sicherlich im vollsten Einverständnis mit seinem Vater, bei der Nachkriegs-Verbandsbildung in der deutschen Stahlindustrie entwickelt hat, beweist die große Notlage, die zum ersten Male wieder den von der Inflationskonjunktur eingeschläferten Gedanken des Zusammenschlusses in Verbänden Wirklichkeit werden ließ und somit die frühere Parole „Ausschwärmen" durch das neue Losungswort „Sammeln" ersetzte. „Die deutsche und besonders die rheinisch-westfälische Eisenindustrie hatte," so heißt es im Bericht der Stahlwerks-Verband A.-G. für das Geschäftsjahr 1924/25, „nicht nur durch den Krieg und die nachfolgenden gewaltsamen Eingriffe in das Wirtschaftsleben schwere Erschütterungen erfahren, sondern auch durch den Ruhrwiderstand mit seiner monatelangen Stillegung der Betriebe, durch die Beschlagnahmen, die

Micumverträge usw. sowie durch die Inflation außerordentliche Verluste erlitten. Nach der Stärkung unserer Währung durch die Stabilisierung der Mark und mit dem Eintritt stetigerer Wirtschaftsverhältnisse durch Annahme des Dawesplanes stand die deutsche Wirtschaft vor einer schweren Gesundungskrise, zu deren Überwindung die Notwendigkeit des gemeinsamen Zusammenschlusses mehr und mehr in die Erscheinung trat. Man begann mit der Bildung der Rohstahlgemeinschaft. Die damit zunächst ins Auge gefaßten Ziele waren einerseits eine Kontingentierung der stark gewachsenen Gesamtrohstahlerzeugung zwecks Anpassung an die Aufnahmefähigkeit des Marktes und zum anderen die Pflege des Exportes durch gemeinsam zu treffende Maßnahmen mit der Eisen verarbeitenden Industrie, die in ihrer Wettbewerbsfähigkeit gleichfalls stark zurückgedrängt worden ist. Mit der Rohstahlgemeinschaft wurde zugleich eine Grundlage geschaffen, auf welcher zur Bildung von Einzelverbänden langsam weitergearbeitet werden konnte."

Wir sagten bereits, daß die Errichtung der Rohstahlgemeinschaft verhältnismäßig am leichtesten zu bewerkstelligen war, weil es sich hier um eine reine Produktionskartellierung handelte. Dagegen war die Bildung der Spezialverbände für die einzelnen Walzwerkserzeugnisse schon aus dem Grunde komplizierter, als mit dem Zusammenschluß zu Verkaufsverbänden die betreffenden Werke auch ihre bisherige Freiheit in der Handhabung des Absatzgeschäftes aufgeben mußten. Denn die allermeisten Werke verfügen über einen eigenen großen Vertriebsapparat sowohl für ihre Brennstofferzeugnisse (in den sogen. Zechenhandelsgesellschaften) als auch besonders für ihre Eisenprodukte, dessen Einengung zugunsten der Syndikatstätigkeit nur ungern gesehen wurde. In dieser Beziehung hatte der bei den Verhandlungen zur Erneuerung des Rheinisch-Westfälischen Kohlensyndikates in den Jahren 1923 bis 1925 zutage getretene scharfe Kontrast zwischen Zechenhandel und Syndikatshandel bereits ein warnendes Beispiel gegeben. Bei den Eisenverbänden wurde einer derartigen Konfliktmöglichkeit in der Handelsfrage sehr einfach dadurch aus dem Wege gegangen, daß die Verbände auf die Schaffung eigener Syndikatshandelsgesellschaften etwa nach dem Muster des Kohlensyndikates von vornherein verzichteten [1]) und mithin die sogen. Werkshandelsfirmen, also die von den Eisenwerken abhängigen Verkaufsunternehmungen, auch weiterhin ihre Tätigkeit ausüben durften, allerdings unter gewisser Kontrolle seitens der Verbände, sonst aber ohne jegliche Beeinträchtigung durch besondere Syndikatsvertriebsgesellschaften. Als nach der inneren Konsolidierung der Syndikate dann eine Kartellierung auch des Eisenhandels selbst vorgenommen werden konnte, wurden die Werkshandelsfirmen durchweg als sogen. Verbandshändler, die allein zum unmittelbaren Geschäftsverkehr mit den Verbänden berechtigt sind, zugelassen, unter Bevorzugung gegen den werksunabhängigen, freien Eisenhandel. Doch davon soll noch bei späterer Gelegenheit ausführlicher die Rede sein.

Bevor wir nun zu den einzelnen Spezial-Walzwerkssyndikaten übergehen, wollen wir noch einen kurzen Rückblick auf das Nachkriegsschicksal des alten Stahlwerksverbandes werfen, der sich, im Gegensatz zu den beiden anderen großen schwerindustriellen Unternehmerverbänden, dem Kohlensyndikat und dem Roheisen-Verband, nicht bis in die Gegenwart hinein ununterbrochen zu behaupten vermocht hat, sondern im Jahre 1925 erst wieder hat ins Leben gerufen werden müssen. Durch den unglücklichen Ausgang des Krieges und seine die deutsche Montanindustrie schwer treffenden Folgen waren auch die Grundlagen des Stahlwerksverbandes erschüttert worden. Nach dem Ausscheiden der lothringischen und luxemburgischen Verbandswerke wurde im April 1919 der Verbandsvertrag zunächst bis zum 30. September 1919 verlängert. Als dann Ende Juli 1919 auch die Saarwerke ausschieden und des weiteren die fernere

[1]) Eine gewisse, unter speziellen Verhältnissen zu betrachtende Ausnahme stellt die Anfang Mai 1927 zwecks rationeller Bewirtschaftung des Stückblechentfalls erfolgte Gründung der Stückblech-Handel G. m. b. H., Essen, dar, an der sich neben mehreren Werkshandelsfirmen des rheinisch-westfälischen sowie Siegerländer Bezirks auch der Grobblech-Verband (Düsseldorf) unmittelbar beteiligt hat.

Zugehörigkeit der oberschlesischen Werke in Frage gestellt wurde, mußte die Hoffnung auf einen Zusammenhalt bzw. auf eine Fortsetzung des Verbandsvertrages mehr und mehr aufgegeben werden. Und als schließlich einige Verbandswerke sich einer Weiterverlängerung des Verbandsvertrages sogar widersetzten, verfügte die Regierung, die bis zur endgültigen Regelung der Eisenwirtschaft durch die noch in Vorbereitung befindliche behördliche Institution des Eisenwirtschaftsbundes auf das Bestehen des Stahlwerksverbandes Wert legte, im Verordnungswege viermal eine zwangsweise Verlängerung des Vertrages[1]), zuletzt bis zum 1. Juli 1920. Nachdem dann am 1. April 1920 der Eisenwirtschaftsbund mit dem Sitz in Düsseldorf ins Leben getreten war[2]), verzichtete die Regierung auf eine weitere zwangsweise Verlängerung, und der Vertrag zwischen der Stahlwerks-Verband A.-G. und den Verbandswerken erreichte am 30. Juni 1920 sein Ende.

Nach dem Erlöschen des Stahlwerksverbandsvertrages hatte selbstverständlich auch die allgemeine Verkaufstätigkeit für die im Stahlwerksverband syndizierten A-Produkte Halbzeug, Eisenbahnoberbaumaterial und Formeisen (Träger) eingestellt werden müssen. Jedoch wurde zur Sicherstellung des inländischen Bedarfes an Eisenbahnoberbaustoffen, insbesondere für die Eisenbahnen und Straßenbahnen, dann eine Eisenbahnbedarfs-Gemeinschaft gegründet und dem ja

---

[1]) Die entsprechende Verordnung des Reichswirtschaftsministers motivierte die Verlängerung des Stahlwerksverbandes mit der „Sicherung des Inlandsbedarfes und Beseitigung der Mißstände auf dem Gebiete des Absatzes in den Erzeugnissen des Stahlwerksverbandes".

[2]) Der Zweck des durch die Verordnung zur Regelung der Eisenwirtschaft vom 1. April 1920 gebildeten Selbstverwaltungskörpers, dem Rechtsfähigkeit verliehen wurde, und der die Bezeichnung „Eisenwirtschaftsbund" erhielt, war die Sicherstellung des Inlandsbedarfes, insbesondere die Regelung der Preise und Verkaufsbedingungen (Höchstpreise), der Ein- und Ausfuhr sowie der Schrottwirtschaft nach gemeinwirtschaftlichen Grundsätzen. Dem Eisenwirtschaftsbund gehörten Vertreter der Erzeuger, Händler und Verbraucher an. In den einzelnen Organen des Eisenwirtschaftsbundes waren Arbeitgeber und Arbeitnehmer aus diesen drei Interessen-

noch in seiner Firma erhalten gebliebenen Stahlwerksverband angegliedert. Für diese Eisenbahnbedarfs-Gemeinschaft vermittelte die Stahlwerks-Verband A.-G., Düsseldorf, den Verkauf des Bedarfes der Staats- und Kleinbahnen und anderer Bahnen des öffentlichen Verkehrs und ferner, soweit über diesen Bedarf hinaus Mengen zur Verfügung standen, auch des Bedarfes von Privatabnehmern. Die Stahlwerks-Verband A.-G. verteilte die Aufträge an die einzelnen Werke, überließ hingegen den förmlichen Abschluß sowie die Berechnung der vermittelten Geschäfte und den Erlös daraus den Lieferwerken selbst. Für Auslandsgeschäfte in Eisenbahnoberbaumaterial behielten die Werke völlig freie Hand, wenn auch in dieser Beziehung die Eisenbahnbedarfs-Gemeinschaft einen gewissen Zusammenhang der betreffenden Werke hinsichtlich der gemeinsamen Behandlung an den Markt kommender Geschäfte bildete.

Bei der Wiedererrichtung des Stahlwerksverbandes im Jahre 1925 sind zwei Etappen zu unterscheiden. Zunächst kam es zur Bildung eines Halbzeug-Verbandes mit dreijähriger Vertragsdauer vom 1. Januar 1925 ab, der gleichzeitig auch der erste der geplanten Unterverbände der Rohstahlgemeinschaft war. Wir geben im folgenden die wichtigsten Bestimmungen dieses Halbzeug-Verbandsvertrages wieder, der zwar nur noch Anspruch auf historischen Wert hat, weil der Verband praktisch nicht in volle Wirksamkeit gesetzt worden ist, immerhin aber einen Einblick in das Wesen der modernen Syndikatsorganisation der deutschen Stahlindustrie gestattet[1]:

---

gruppen paritätisch vertreten. Die Tätigkeit des Eisenwirtschaftsbundes bestand zuletzt im wesentlichen nur noch in der Festsetzung von Höchstpreisen, und auch diese wurde mit der Stabilisierung der deutschen Währung im Jahre 1923 praktisch außer Kraft gesetzt. Formell besteht der Eisenwirtschaftsbund heute noch, obwohl die ihm zugewiesenen Aufgaben bei den heutigen Verhältnissen der deutschen Eisenwirtschaft hinfällig geworden sind.

[1]) Meines Wissens ist der Wortlaut des Halbzeug-Verbandsvertrages auch der einzige, der neben dem des Rohstahlgemeinschaftsvertrages in voller Ausführlichkeit der Öffentlichkeit übergeben worden ist. Die übrigen Syndikatsverträge werden aber in den

Gegenstand dieses Vertrages sind nachfolgende Erzeugnisse, soweit sie zum Verkauf an Dritte bestimmt sind: Rohblöcke und Rohbrammen, vorgewalzte Blöcke und Brammen, Knüppel, Platinen, Breiteisen. Dem Vertrage unterliegen sowohl die gute Ware, wie auch Schönheitsfehlerware und Ausschußware und die reingeschnittenen Enden. Sämtliche genannten Erzeugnisse, gleichviel, ob der hierfür benötigte Rohstahl nach dem Thomas-, Bessemer-, Siemens-Martin-, Tiegel-, Elektro- oder irgendeinem anderen Verfahren hergestellt wird, fallen unter diesen Vertrag, soweit sie von den Gesellschaftern in ihren eigenen oder zu ihren Konzernen gehörenden Betrieben im Zollinlande erzeugt und in dieser Form, ohne weitere Verarbeitung, auf den Markt gebracht werden.

Organe dieses Vertrages sind: die Hauptversammlung und die von ihr zu wählenden Ausschüsse, die Geschäftsstelle. Wenn Gesellschafter, deren Beteiligung zusammen mindestens 50 000 Tonnen beträgt, die Berufung einer Hauptversammlung unter Angabe des Zweckes bei der Geschäftsstelle schriftlich beantragen, muß einem solchen Antrage stattgegeben werden. In den Hauptversammlungen hat jeder Gesellschafter für jede angefangene 10 000 Tonnen seiner Halbzeugbeteiligung eine Stimme.

Die Gesellschafter verkaufen ihre gesamte Erzeugung in den Vertragserzeugnissen, soweit sie diese nicht selbst oder in ihren Konzernbetrieben weiterverarbeiten, an die Geschäftsstelle, die zu deren Weiterverkauf verpflichtet ist. Ausgenommen ist dasjenige Halbzeug, welches wegen seiner besonderen Eigenschaften zu einem Preise verkauft wird, der bei Rohblöcken und Rohbrammen mindestens 10 RM. und bei gewalztem Material mindestens 15 RM. höher ist als der Inlandgrundpreis für das entsprechende Thomasfluß-

---

hauptsächlichsten Einzelheiten sich nicht sonderlich voneinander unterscheiden, so daß unter Berücksichtigung der jeweiligen Eigenarten der betreffenden Syndikatsobjekte der obige Vertragswortlaut auch für die anderen Syndikate als Schema gelten dürfte.

eisenmaterial. Derartige Mengen werden quantitativ auf die Beteiligung angerechnet und nehmen an der Deckung der Geschäftskosten teil. Die Geschäftsstelle kauft und verkauft die Vertragserzeugnisse für eigene Rechnung. Kaufpreise und Verkaufspreise werden durch die Bestimmungen dieses Vertrages geregelt. Die Gesellschafter sind verpflichtet, sich während der Dauer dieses Vertrages, auch für Lieferungen nach Ablauf des Vertrages, jeden Verkaufs von Vertragserzeugnissen an Dritte zu enthalten. Wenn die Erneuerung oder Verlängerung des Vertrages zwei Monate vor Ablauf des Vertrages nicht erfolgt ist, dürfen die Gesellschafter den Verkauf für Lieferung nach Ablauf des Vertrages aufnehmen, während die Geschäftsstelle ihre Verkaufstätigkeit für Lieferung nach Ablauf des Vertrages einstellt. Die Gesellschafter sind verpflichtet, jeden bei ihnen einlaufenden Auftrag sowie jede Anfrage nach Vertragserzeugnissen sofort der Geschäftsstelle zu überweisen und dieser die Erledigung zu überlassen. Die Geschäftsstelle hat das Recht, die Mitwirkung eines jeden Gesellschafters zum Abschlusse eines Vertrages oder zur Beilegung von Streitigkeiten in Anspruch zu nehmen. Die Geschäftsstelle ist mit Genehmigung der Hauptversammlung oder eines von dieser gewählten Ausschusses befugt, in besonderen Fällen die Behandlung eines einzelnen Geschäftes, besonders von Sondermaterial, einem Gesellschafter zu überlassen unter Festsetzung des Preises, welche dem Halbzeug-Verbande verbleiben soll. Die vor Beginn dieses Vertrages bzw. bei später eintretenden Gesellschaftern vor dem Tage des Eintritts seitens der Gesellschafter eingegangenen Lieferungsverpflichtungen sind von den Gesellschaftern selbst abzuwickeln. Die Gesellschafter haben alle derartigen Lieferungsverpflichtungen bei Abschluß dieses Vertrages der Geschäftsstelle aufzugeben. Über die Abwicklung haben sie der Geschäftsstelle und diese der Hauptversammlung laufend zu berichten. Die auf Grund solcher Lieferungsverpflichtungen gelieferten Mengen werden auf die Halbzeugbeteiligung angerechnet. Jeder Gesellschafter ist verpflichtet, die ihm von der Geschäftsstelle zugewiesenen Aufträge anzunehmen und auszuführen, sofern ihm die Ausführung nach der Natur seiner Betriebs-Anlagen möglich ist. Die Geschäftsstelle darf mit Genehmigung der Hauptversammlung bis zum Ablauf dieses Vertrages auch Kauf- und Lieferungsverträge für die Zeit nach Ablauf dieses Vertrages tätigen. Die Gesellschafter sind zur Ausführung solcher Lieferungsverpflichtungen auf Grund der Vertragsbedingungen verpflichtet.

Die Geschäftsstelle darf mit Genehmigung der Hauptversammlung Vertragserzeugnisse von fremden Werken kaufen und weiterverkaufen. Über derartige Käufe und Verkäufe hat die Geschäftsstelle eine getrennte Abrechnung aufzustellen. Gewinne oder Verluste aus solchen Geschäften trägt vereinbarungsgemäß die Rohstahl-Gemeinschaft.

Die Hauptversammlung stellt bezüglich der Verkaufspreise und Verkaufsbedingungen Richtlinien auf, welche die Geschäftsstelle bei ihren Verkaufsmaßnahmen zu beachten hat.

Jeder Gesellschafter erhält beim Abschluß dieses Vertrages eine Halbzeug-Beteiligung. Die Liste der Halbzeug-Beteiligungen der einzelnen Gesellschafter bildet einen Bestandteil dieses Vertrages. An dem Gesamt-Absatz des Halbzeug-Verbandes ist jeder Gesellschafter in dem gleichen Verhältnis zu beteiligen, in dem seine Halbzeug-Beteiligung zur gesamten Halbzeug-Beteiligung steht. Eine Verpflichtung, über eine absolute Beteiligung hinaus Aufträge zu übernehmen, besteht für die Gesellschafter nicht. Falls neue Beteiligungsziffern der Gesellschafter der Rohstahl-Gemeinschaft festgesetzt werden, so ist jedem Gesellschafter auf seinen Antrag eine Änderung seiner Beteiligungsziffer in dem Verhältnis zu gewähren, in dem seine Beteiligungsziffer in der Rohstahl-Gemeinschaft sich geändert hat. Die Halbzeug-Beteiligung der einzelnen Gesellschafter ist in Rohstahlgewicht ausgedrückt. Das Rohstahlgewicht bedeutet die für die Herstellung des Fertigerzeugnisses erforderliche Menge Rohstahl. Die Umrechnung auf Rohstahl erfolgt unter Zugrundelegung folgender Sätze, welche „Einsatzgewichte“ genannt werden:

Es wird angenommen, daß:

	aus 1000 To. Rohstahl ein Fertig-Versand-Gewicht hervorgeht von:	1000 To. Fertig-Versand-Gewicht an Rohstahl erfordern:
	Tonnen	Tonnen
Rohblöcke	1000	1000,00
Vorgewalzte Blöcke und Brammen	910	1098,90
Knüppel, quadr.	885	1129,94
Flachknüppel	875	1142,86
Platinen	875	1142,86
Breiteisen	865	1156,07

Die Geschäftsstelle hat darauf zu achten, daß jeder Gesellschafter von den eingehenden Aufträgen möglichst seine volle verhältnismäßige Beteiligung erhält. Ebenso wie die Beteiligung sich in Rohstahlgewicht versteht, werden die Lieferungen der Gesellschafter in Rohstahlgewichten auf die Beteiligung angerechnet.

Die Geschäftsstelle hat bis zum 15. jeden Monats jedem Gesellschafter eine Aufstellung über die in dem vergangenen Monat von den einzelnen Gesellschaftern bewirkten Lieferungen unter Gegenüberstellung ihrer verhältnismäßigen Beteiligung an den Gesamtlieferungen zuzusenden. Eine Überschreitung der verhältnismäßigen Beteiligung wird mit „Pflicht“, ein Zurückbleiben mit „Anspruch“ bezeichnet. Ferner ist in diesen Aufstellungen die am Ende des Monats vorhanden gewesene rückständige Menge der den einzelnen Gesellschaftern zugewiesenen Aufträge anzugeben. Wenn und soweit ein Gesellschafter eine Auftragszuweisung zurückweist, zu deren Annahme er nach den Bestimmungen dieses Vertrages und nach Maßgabe des „Anspruchs“ — ermittelt aus Lieferungen und Zuweisungen — verpflichtet ist, so wird ihm die zugewiesene Menge vorläufig belastet. Die Belastung wird endgültig, wenn der Gesellschafter am Ende des Monats, für welchen die Belastung erfolgte, auf

Grund der Lieferungen in „Anspruch" geblieben ist; andernfalls wird die vorläufige Belastung wieder aufgehoben. Wenn ein Gesellschafter aus Gründen, die nicht in der Auftragszuweisung oder in den Verfügungen der Geschäftsstelle, sondern in sonstigen Umständen — auch höhere Gewalt — liegen, in drei aufeinanderfolgenden Monaten um mehr als 5 Prozent des verhältnismäßigen Anteils an den Lieferungen in „Anspruch" bleibt, so wird ihm das Mehr belastet. Die Hauptversammlung kann mit einer Mehrheit von Dreivierteln der abgegebenen Stimmen beschließen, daß von der Anwendung dieser Bestimmungen ganz oder teilweise abgesehen wird, wenn dies durch besondere Umstände gerechtfertigt erscheint. Die am Schlusse eines Geschäftsjahres aus den Lieferungen und endgültigen Belastungen sich ergebenden „Pflichten" und „Ansprüche" werden gestrichen.

Die Grundlage für die Preisabrechnung zwischen der Geschäftsstelle und den Gesellschaftern für deren Lieferungen bildet die Preistabelle (Tabellenpreise). Die Tabellenpreise verstehen sich frei Werkstation des liefernden Gesellschafters. Die Tabellenpreise gelten für nach dem Thomasverfahren hergestelltes Material. Für Lieferungen von nach einem anderen Verfahren hergestelltem Material gelten dieselben Preise, soweit die Lieferung in diesen Materialarten nicht vorgeschrieben, sondern dem liefernden Werk lediglich überlassen ist. In den Fällen jedoch, in welchen die Lieferung von nach einem anderen Verfahren hergestelltem Material ausdrücklich verlangt ist, werden dafür diejenigen Mehrpreise vergütet, welche der Verband dafür durchschnittlich erzielt hat. Die Verrechnung dieser Mehrpreise erfolgt in der Weise, daß die erzielten Mehrpreise nach den einzelnen Herstellungsverfahren getrennt aufgestellt werden und der hiernach für das einzelne Herstellungsverfahren während eines und desselben Geschäftsjahres durchschnittlich und unzweifelhaft erzielte Mehrpreis den an diesen Lieferungen beteiligten Gesellschaftern vergütet wird. Die Vergütung erfolgt nach Ablauf des Geschäftsjahres alsbald nach Feststellung der diesbezüglichen Beträge. Für die Teilnahme an diesen Mehrpreisen kommt es nicht darauf an, ob für die einzelne Lieferung ein Mehrpreis tatsächlich erzielt worden ist oder nicht, sondern es genügt die Tatsache allein, daß die Lieferung in dem betreffenden Material dem Gesellschafter vorgeschrieben worden ist. Für solche Metergewichte (bzw. bei Rohblöcken Stückgewichte), für welche in der Preistabelle Preise nicht angegeben sind, werden diese Preise von der Hauptversammlung festgesetzt unter Berücksichtigung des Preisverhältnisses zwischen den sonstigen Erzeugnissen und Sorten. Die Tabellenpreise können von der Hauptversammlung mit einer Mehrheit von Dreivierteln der abgegebenen Stimmen abgeändert werden, jedoch kann eine solche Abänderung erst am Beginn eines neuen Geschäftsjahres in Kraft treten.

Alle von der Hauptversammlung gegenüber den Tabellenpreisen festzusetzenden Mehrpreise werden „Überpreise" genannt. Sie können während der Dauer dieses Vertrages durch die Hauptversammlung mit einer Mehrheit von Dreivierteln der abgegebenen Stimmen geändert werden. In dringenden Fällen ist die Geschäftsstelle befugt, Überpreise für bestimmte Geschäfte mit den Lieferanten zu vereinbaren, sofern eine Vorschrift hierfür noch nicht besteht. Alle von der Geschäftsstelle gegenüber den Verkaufs-Grundpreisen erzielten Mehr- und Überpreise für Güte und Abmessungen sind den liefernden Gesellschaftern in voller Höhe zu vergüten.

Die Gesellschafter erteilen der Geschäftsstelle laufend Rechnungen über ihre Lieferungen für die Geschäftsstelle. Die Geschäftsstelle hat die Rechnungen der Gesellschafter bis zum 20. des der Lieferung folgenden Monats zu begleichen, wenn die Unterlagen bis zum 6. des der Lieferung folgenden Monats eingegangen sind; andernfalls ist die Geschäftsstelle berechtigt, die Rechnungen der Gesellschafter erst am 20. des zweitfolgenden Monats nach der Lieferung zu begleichen.

Die Geschäftsstelle stellt alljährlich für das Geschäftsjahr ihre Gesamteinnahme sowie ihre Gesamtausgabe einschließlich Geschäftskosten fest. Der danach sich ergebende Überschuß oder Fehlbetrag wird auf die an den Lieferungen des betreffenden Geschäftsjahres beteiligten Gesellschafter verteilt in der Weise, daß den Gesellschaftern für deren Lieferungen in dem betreffenden Geschäftsjahre ein gleichmäßiger Satz für die Tonne Rohstahlgewicht vergütet oder von ihnen zurückgezahlt wird. Eine vorläufige Abrechnung des Überschusses oder Fehlbetrages erfolgt bereits im Laufe des Geschäftsjahres. Die Hauptversammlung setzt vierteljährlich den Satz für die Tonne fest, welcher den Gesellschaftern für ihre Lieferungen in dem betreffenden Vierteljahr als Aufschlag auf die Tabellenpreise vergütet bzw. als Abzug von den Tabellenpreisen belastet werden soll. Diejenigen Beträge, welche die Gesellschafter auf diese Weise gegenüber dem Ergebnis der Jahresabrechnung des betreffenden Geschäftsjahres zuviel erhalten haben, haben sie an die Geschäftsstelle zurückzuzahlen, während diejenigen Beträge, welche sie zu wenig erhalten haben, ihnen nachvergütet werden. Die Geschäftsstelle soll aus ihrer Tätigkeit keinen Nutzen haben.

Für besondere Zwecke und im Interesse der Gesamtheit der Gesellschafter kann eine Rücklage gebildet werden, über deren Verwendung die Hauptversammlung beschließt. Zur Bildung dieser Rücklage wird auf Beschluß der Hauptversammlung eine Abgabe auf die von den Gesellschaftern bewirkten Lieferungen in eine besondere Kasse vereinnahmt, die von der Geschäftsstelle getrennt verwaltet wird. Etwa bei Ablauf und nach Abwicklung dieses Vertrages in dieser Kasse noch vorhandene Gelder werden unter die dann noch vorhandenen Gesellschafter im Verhältnis ihrer Einzahlungen zu dem Bestande verteilt.

Die Gesellschafter sind verpflichtet, bei gänzlichem oder teilweisem Verkauf oder Verpachtung ihrer Anlagen, in denen Halbzeug erzeugt wird, dem Käufer oder Pächter die Verpflichtung aufzuerlegen, diesen Vertrag an ihrer Stelle für den verkauften oder verpachteten Teil fortzusetzen. Der

Veräußerer oder Verpächter steht dem Halbzeug-Verbande gegenüber dafür ein, daß der Erwerber die sich aus dem Vertrage ergebenden Verpflichtungen erfüllt. Von derartigen Verkäufen oder Verpachtungen hat der betreffende Gesellschafter jeweils unverzüglich der Geschäftsstelle zwecks Weitergabe an die Hauptversammlung Mitteilung zu machen. Es ist den Gesellschaftern nicht gestattet, Anlagen, welche einem Nicht-Gesellschafter des Halbzeug-Verbandes gehören, und in welchen Halbzeug für den Verkauf hergestellt wird, zu kaufen oder unter eigenem oder fremdem Namen zu betreiben, sofern und soweit für solche Anlagen nicht schon eine Beteiligung in dem Halbzeug-Verbande zugebilligt worden ist.

Wenn ein Gesellschafter entgegen den Bestimmungen dieses Vertrages unter Umgehung der Geschäftsstelle Halbzeug selbst verkauft, hat er für jede Tonne Fertiggewicht eine Vertragsstrafe von 100 RM. an die Geschäftsstelle zu entrichten. Wenn ein Gesellschafter seinen Lieferungsverpflichtungen durch eigene Schuld nicht nachkommt, kann er zu einer Geldstrafe herangezogen werden. Die Höhe der Strafe für jede nicht gelieferte Tonne wird für jedes Geschäftsjahr im voraus von der Hauptversammlung beschlossen. Eine Strafe kann auch für die Mengen erhoben werden, die einem Gesellschafter von der Geschäftsstelle zugewiesen, von letzterem aber zurückgewiesen worden sind. Das gleiche ist der Fall, wenn ein Gesellschafter einen ihm von der Geschäftsstelle zur Ausführung zugewiesenen und von ihm angenommenen Auftrag durch eigene Schuld nicht rechtzeitig ausführt. Jeder Gesellschafter ist verpflichtet, wegen sonstiger Übertretungen der Bestimmungen dieses Vertrages durch ihn eine Vertragsstrafe von 1000 RM. für jeden Fall des Zuwiderhandelns an die Geschäftsstelle zu zahlen. Alle Strafen werden auf Antrag der Geschäftsstelle von der Hauptversammlung verhängt. Die Hauptversammlung ist berechtigt, eine Strafe unter besonderen Umständen herabzusetzen oder zu streichen. Die Zahlung einer verhängten Vertragsstrafe hat sofort nach Aufforderung zu erfolgen; im anderen Falle ist die Geschäftsstelle berechtigt, die Strafbeträge an den Rechnungsbeträgen des betreffenden Gesellschafters zu kürzen. Neben der Vertragsstrafe kann die Geschäftsstelle in allen Fällen Ersatz des entstandenen Schadens dem Gesellschafter gegenüber geltend machen.

Dieser Vertrag tritt am 1. Januar 1925 in Kraft und wird auf drei Jahre geschlossen. Wenn während der Dauer dieses Vertrages ein Gesellschafter durch Konkurs ausscheidet oder einen Grund zur rechtmäßigen Kündigung dieses Vertrages mit Erfolg geltend macht, so wird der Vertrag unter den übrigen Gesellschaftern fortgesetzt.

Die bei Ablauf des Vertrages noch nicht abgewickelten, von der Geschäftsstelle abgeschlossenen Geschäfte und diejenigen Aufträge, die auf Grund von Angeboten noch eingehen, welche vor Ablauf des Vertrages von der Geschäftsstelle gemacht waren, werden von den Gesellschaftern nach den Bestimmungen des Vertrages ausgeführt. Sie sollen möglichst so verteilt werden, daß das „Pflicht"- und „Anspruch"-Verhältnis dadurch ausgeglichen wird.

Die Aufnahme neuer Mitglieder erfolgt durch Beschluß der Hauptversammlung.

Sondervereinbarungen:

Den Werken Geisweider Eisenwerke, Bremerhütte, Friedrichshütte-Wehbach ist zugestanden worden, daß die Erlöse für ihre durch die Verkaufsstelle zu verkaufenden Halbzeug-Mengen ihnen voll zufließen. Diese Mengen scheiden damit aus der allgemeinen Geldabrechnung aus, tragen aber zur Deckung der Geschäftskosten ratierlich bei.

Die Klöckner-Werke A.-G., Rombacher Hüttenwerke, Gelsenkirchener Bergwerks-A.-G. und die Linke-Hofmann-Lauchhammer A.-G. haben sich verpflichtet, während der Dauer des Halbzeug-Verbandes im freien Markt nicht zu verkaufen.

Beteiligungsziffern:

	Tonnen
Bochumer Verein für Bergbau und Gußstahlfabrikation	50 000
Deutsch-Luxemburgische Bergwerks- u. Hütten-A.-G.	300 000
Fried. Krupp A.-G.	120 000
Phoenix A.-G. für Bergbau und Hüttenbetrieb	24 000
Vereinigte Stahlwerke van der Zypen und Wissener Eisenhütten A.-G.	8 000
Rheinische Stahlwerke	104 000
August Thyssen-Hütte, Gewerkschaft	100 000
Bergbau- und Hütten-A.-G. „Friedrichshütte", Abt. Carl Stein	8 000
Eisen- u. Stahlwerk Hoesch A.-G.	96 000
Geisweider Eisenwerke A.-G.	27 000
Ilseder Hütte, Abt. Walzwerk Peine	11 000
Storch u. Schöneberg A.-G., Abt. Bremerhütte	4 000
Eisenwerk-Gesellschaft Maximilianshütte	5 000
zus.	857 000

Zu dieser Beteiligungstabelle muß bemerkt werden, daß der Bochumer Verein und Deutsch-Luxemburg berechtigt sind, ihre Beteiligungen zusammenzulegen. Die Beteiligung des Eisen- und Stahlwerks Hoesch soll ab 1. Juli 1925: 60 000 To. und ab 1. Oktober 1925: 48 000 To. betragen. Den Rheinischen Stahlwerken ist es gestattet, ihre Beteiligung nach Bedarf bis auf 24 000 To. zu ermäßigen.

* *
*

Der Gedanke, einen Halbzeug-Verband zu gründen, war jedoch wenig glücklich. Denn die Zahl der als Abnehmer der Halbzeugprodukte dieses Verbandes in Betracht kommenden Werke, in erster Linie also die reinen Walzwerke, ist ja heute verschwindend klein geworden aus den bekannten Ursachen der Konzentrationsentwicklung zum gemischten Großeisenbetrieb. Andererseits kommen die ausschlaggebenden großen Werke nur in geringem Umfange als Halbzeugverkäufer in Frage, da sie infolge ihres gemischten Betriebes ihre Halbzeugproduktion meistens selbst verbrauchen und höchstens zu Zeiten starken Halbzeugüberflusses, d. h. wenn für Fertigwalzwerkserzeugnisse schlechte Konjunktur herrscht, gewisses Interesse an einem solchen Halbzeugsyndikat haben könnten. Ähnlich liegen, nebenbei bemerkt, die Dinge bei dem noch heute existierenden Roheisen-Verband, der jetzt nicht mehr seine einstige volle Bedeutung als Roheisenvertriebszentrale hat. Auch hier gelangt nur ein mäßiger Bruchteil der gesamten Roheisengewinnung der Verbandsmitglieder zum Verkauf am freien Markt, und zwar vornehmlich von den mittleren und kleineren Roheisenerzeugern herstammend, während die großen Werke den Hauptteil ihrer Roheisenproduktion im Selbstverbrauch zu Stahl weiterverarbeiten. Kein Wunder, daß daher der Plan, einen Halbzeugverband für sich allein zu gründen, wieder fallen gelassen wurde, ganz abgesehen davon, daß dem Halbzeugverband sowieso nicht sämtliche großen Werke als Mitglieder angehörten und mit den außenstehenden Werken, wie Klöckner, Rombacher Hüttenwerke, Gelsenkirchener Bergwerks-A.-G. sowie Linke-Hofmann-Lauchhammer A.-G., sogar eine besondere Vereinbarung getroffen werden mußte, wonach diese Werke sich während der Vertragsdauer des Halbzeug-Verbandes jeglicher Halbzeugverkäufe am offenen Markt enthielten. Die Verkaufstätigkeit des also ohnehin schon auf recht schwachen Füßen stehenden Halbzeug-Verbandes wurde im übrigen unmittelbar nach Inkrafttreten des Verbandsvertrages am 1. Januar 1925 bis zum 1. April desselben Jahres suspendiert.

An die Stelle dieses Halbzeugverbandes trat dann der A-Produkte-Verband, der zusammen mit Halbzeug auch Eisenbahnoberbaumaterial und Formeisen umfaßt und infolgedessen der wirkliche Nachfolger des alten Stahlwerksverbandes in der Form, wie er seit dem Jahre 1912 bis zu seiner Auflösung im Jahre 1920 bestanden hat, geworden ist, sich auch in seiner sonstigen Struktur kaum von dem ehemaligen Stahlwerksverband unterscheidet. Die Verkaufstätigkeit des A-Produkte-Verbandes für gemeinsame Rechnung begann mit dem 1. Mai 1925; allerdings bereitete speziell die Organisation des Inlands- und Auslandsverkaufes zunächst weiterhin noch einige Schwierigkeiten. Am 1. August

1925 folgten der Stabeisen-Verband, der Grobblech-Verband und der Walzdraht-Verband und schließlich am 1. September 1925 die Bandeisen-Vereinigung für den Vertrieb von warmgewalztem Bandeisen, die von den genannten Terminen ab ihre offizielle Tätigkeit für das Inlands- und Auslandsgeschäft aufgenommen haben, wenn auch in Wirklichkeit noch für eine Übergangszeit die Werke unmittelbar, jedoch bereits für Rechnung der Verbände verkauften. Die Vertragsdauer des A-Produkte-Verbandes endet mit dem 30. April 1930, desgleichen die der Bandeisen-Vereinigung. Die Verträge des Stabeisen- und Grobblech-Verbandes laufen am 31. Juli 1930 und der des Walzdraht-Verbandes am 31. Dezember 1929 ab. Die Geschäftsstellen dieser Syndikate, mit Ausnahme des Walzdraht-Verbandes, befinden sich bei der Stahlwerks-Verband A.-G., Düsseldorf; jedoch erfolgen die Verkäufe sowie Abrechnungen seitens der Stahlwerks-Verband A.-G. für jeden der betreffenden Verbände gesondert [1]). Die Geschäftsstelle des Walzdraht-Verbandes dagegen ist die Deutsche Drahtwalzwerke A.-G., Düsseldorf, die den Verkauf von rohem Walzdraht für ihre Mitgliedswerke besorgt. Die im Februar 1925 gebildete Deutsche Radsatzgemeinschaft heißt jetzt Deutsche Stahlgemeinschaft. Sie ist ein Verkaufsverband für rollendes Eisenbahnzeug mit quotifiziertem Inlandsabsatz und hat ihren Sitz in Essen. Von der Deutschen Stahlgemeinschaft werden auch die Geschäfte der Deutschen Radreifengemeinschaft geführt, soweit es sich um Bandagen für Eisenbahnen usw. handelt.

Die Verbände vermochten allerdings nicht sofort mit Beginn ihrer Geschäftstätigkeit in dem beabsichtigten Sinne zu wirken, weil großenteils noch immer Verhandlungen mit einzelnen Werken erforderlich waren, die für ihren Beitritt Vorbehalte gemacht und deshalb nicht sogleich ihre definitive Unterschrift unter den Verbandsvertrag geleistet hatten.

---

[1]) Mit Rücksicht darauf, daß das Abrechnungsjahr der bedeutendsten Verkaufsverbände, insbesondere des A-Produkte-Verbandes und des Stabeisen-Verbandes, mit dem Kalenderjahre parallel läuft, ist auch der Schluß des Geschäftsjahres der Stahlwerks-Verband A.-G. vom 30. Juni auf den 31. Dezember verlegt worden.

Beispielsweise hatten beim Stabeisenverband die Geisweider Eisenwerke, die Stahlwerke Brüninghaus A.-G., das Stahlwerk Eicken & Co., Hagen (Hoesch-Konzern), und die Sächsischen Gußstahlwerke Döhlen A.-G., Dresden, ihre Unterschrift mit dem Vorbehalt vollzogen, daß auch die anderen Qualitätsmaterial herstellenden Stabeisenwalzwerke dem Verband sich anschlossen. Ende Oktober 1925 erst traten auch noch die Schöntaler Stahl- und Eisenwerke Peter Harkort u. Sohn G. m. b. H., Wetter (Ruhr), die Gelsenkirchener Gußstahl- und Eisenwerke A.-G. und die Eisenindustrie zu Menden und Schwerte A.-G. bei, im November 1925 schließlich das Gußstahlwerk Witten und das Borsigwerk A.-G., im Dezember 1925 das Stahlwerk Pirna Gebr. Hunger, Pirna a. d. Elbe. Ja einzelne Werke waren zuerst überhaupt nicht für den Verbandsbeitritt zu bewegen, was insbesondere für die Bandeisen-Vereinigung gilt, die noch einige Zeit eine größere Zahl von allerdings nur kleineren Außenseitern aufzuweisen hatte[1]). Ferner trugen auch die teilweise recht beträchtlichen Vorverbandsabschlüsse, die bei den Werken im Hinblick auf das sichere Zustandekommen der Syndikate von den Abnehmern getätigt waren, noch für längere Zeit ein gewisses Unruhemoment in den Markt hinein. Besonders hinderlich aber für eine ersprießliche Tätigkeit der jungen Eisenverbände war vor allem der Umstand, daß etwa ein volles Jahr hindurch seit Bestehen dieser Verbände die geringe Aufnahmefähigkeit des Marktes es nicht gestattete, genügende Auftragsmengen für die Verbandsmitglieder zu beschaffen. Ebenso wenig stand es zunächst, d. h. bis zum Abschluß internationaler Kartellvereinbarungen in einzelnen Walzwerkserzeugnissen (Schienen und Röhren) über eine Kooperation beim Weltmarkt-Ausfuhrgeschäft im Laufe des Jahres 1926, in der ausschließlichen Macht dieser Verbände, im Auslande eine Aufbesserung der Erlöse zu erzielen. In-

---

[1]) Als letztes noch außenstehendes Werk ist im Mai 1927 die Bilstein Bandeisenwalzwerks-A.-G., Altenvoerde (Konzern der Wolf Netter u. Jacobi-Werke Kommanditges. a. A., Berlin), der Bandeisen-Vereinigung beigetreten.

folgedessen mußte auch auf das Hereinholen umfangreicher Auslandsaufträge wegen der durch die Konkurrenz der valutaschwachen Eisenländer verursachten ungünstigen Preisverhältnisse recht häufig verzichtet werden, um die Verbandswerke vor Verlusten zu bewahren. Immerhin war wenigstens das eine durch die Verbände erreicht worden, nämlich daß ein Wettbewerb der ihnen angeschlossenen Werke gegeneinander unterbunden wurde.

Der Gründung insonderheit eines Stabeisensyndikates ist übrigens nicht die symptomatische Bedeutung für den Erfolg einer straffen Verbandsbildung in der deutschen Stahlindustrie zuzuschreiben, wie es seinerzeit bei der Gründung dieses Verbandes mitunter geschehen ist. Denn der schon bei früherem Anlaß geschilderte schwerindustrielle Konzentrationsprozeß hat den einstigen scharfen Interessengegensatz zwischen gemischten und reinen Walzwerken heute so gut wie beseitigt, so daß also die einst so häufig und stets erfolglos versuchte, nunmehr endlich gelungene Syndizierung auch des Eisen-Standardproduktes Stabeisen kein besonders überraschendes und bemerkenswertes Ereignis mehr darstellt. Ja es war, allerdings unter dem Zwang der kriegswirtschaftlichen Verhältnisse, sogar bereits im Jahre 1917 zwecks Regelung des Absatzes und der Verkaufspreise für Stabeisen einschließlich Universal- und Bandeisen nach dem damaligen neutralen Zollausland die Errichtung eines Stabeisen-Ausfuhr-Verbandes geglückt, der bezüglich seiner Verkaufstätigkeit als besondere Abteilung dem alten Stahlwerksverband angegliedert wurde. Dieser Ausfuhrverband für Stabeisen fand aber nach der Beendigung des Krieges, wie vorgesehen, sein Ende, und zwar am 17. Mai 1920 mit Ablauf der festgesetzten Vertragsdauer.

Des weiteren kann auch in der Gründung eines Röhrensyndikates, das, worauf wir schon hingewiesen haben, als erster von den projektierten B-Produkten-Verbänden ins Leben gerufen worden ist, kein besonders bedeutsamer Vorgang erblickt werden. Auch in der Röhrenfabrikation, für die in den Vorkriegsjahren die Verbandsbildung gleichfalls überaus schwierig und von nur vorübergehender Dauer war, hat die Konzentrationsbewegung unter den selbständigen mittleren und kleinen Röhrenwerken stark aufgeräumt. Um so leichter konnte deshalb innerhalb der wenigen in Betracht kommenden Werke, vornehmlich zwischen den Mannesmannröhren-Werken A.-G., Düsseldorf, der Rheinelbe-Union, Thyssen, Phoenix, den Rheinischen Stahlwerken und den Halleschen Röhrenwerken A.-G., Halle a. S., eine Einigung erzielt werden. Am 1. April 1925 nahm die gemeinsame Geschäftsstelle des Röhrensyndikates, die Röhren-Verband G. m. b. H., Düsseldorf, ihre Verkaufstätigkeit für das In- und Ausland auf, nachdem vorher ein Verbandsvertrag mit sogar siebenjähriger Vertragsdauer von dem genannten Tage ab geschlossen worden war. Besonders bemerkenswert ist, daß der Röhrenverband sich schon alsbald nach seiner Errichtung auf internationale Grundlage zu stellen vermocht hat, indem mit den tschechoslowakischen Röhrenproduzenten, den Mannesmannröhren-Werken A.-G. in Komotau, einer Tochtergesellschaft der Düsseldorfer Mannesmannwerke, und der der französischen Schneider-Creusot-Gruppe nahestehenden Witkowitzer Bergbau- und Eisenhütten-Gewerkschaft in Witkowitz, ein Kartellabkommen getroffen wurde, dem sich später auch noch die polnisch-oberschlesische Bismarckhütte anschloß. Dieser Röhrenverband umfaßt die Gruppe Gasröhren (geschweißte und nahtlose Gasröhren, schwarz und verzinkt) sowie Sederöhren und Flanschenröhren bis zu 318 Millimeter Außendurchmesser. Eine Ergänzung dieses Röhrensyndikates stellt das Schweißröhren-Syndikat dar, das ein Jahr später gegründet worden ist. Dieser Schweißrohr-Verband G. m. b. H., der seine Geschäftstätigkeit am 1. April 1926 begonnen hat, ist aber von dem anderen Röhrenverband unabhängig, hat seinen Sitz in Mülheim a. d. Ruhr und ist am 15. März 1926 mit einer Vertragsdauer bis zum 30. Juni 1932 von den Mannesmannröhren-Werken, der August Thyssen-Hütte, dem zum Thyssen-Konzern gehörigen Preß- und Walzwerk A.-G., Reisholz bei Düsseldorf, der Phoenix A.-G., Gelsenkirchener Bergwerks-A.-G., den Rheinischen Stahlwerken und dem Borsigwerk A.-G., Borsigwerk-Biskupitz, gebildet worden. Das Syndikat, dem fast sämtliche deutschen Schweißrohr-Erzeuger angehören mit Ausnahme der Maschinenfabrik Buckau A.-G., Buckau bei Magdeburg, betreibt den Verkauf von wassergasgeschweißten Röhren über 318 mm Außendurchmesser für das In- und Ausland.

In der soeben geschilderten Reihe der neuzeitlichen Verkaufsverbände für die hauptsächlichsten Walzwerksprodukte fehlt nun lediglich noch ein Verband mit quotifiziertem Absatz für Mittel- und Feinbleche. Aber trotz vielfacher Verhandlungen speziell mit den Siegerländer Blechwalzwerken, deren Domäne ja von alters her die Fabrikation dieser Blechsorten ist, ist es bis heute noch immer nicht gelungen, eine Syndizierung auch der Mittel- und Feinblecherzeugung herbeizuführen und damit die letzte Lücke in einer vollständigen Kartellorganisation der deutschen Walzwerksproduktion zu schließen. Alle bisherigen Verhandlungen sind infolge der Sonderwünsche der Siegerländer Werke resultatlos verlaufen, obwohl die von diesen Werken oft betonte große Notlage ihres Industriezweiges einen Kartellzusammenschluß eigentlich nicht minder hätte ratsam erscheinen lassen müssen als für die übrigen leichten Walzwerkserzeugnisse[1]). Immerhin konnten wenigstens auf dem Gebiete der Qualitätsblechfabrikation für Dynamobleche im Dezember 1925 und für Stanz- sowie Tiefziehbleche (mit Ausnahme von Falzblechen, in deren Preisstellung den Werken freie Hand geblieben ist) im April 1926 Preiskonventionen zwischen den hierfür in Betracht kommenden Werken abgeschlossen werden.

Zum Schluß veröffentlichen wir noch in einer besonderen Anlage eine Übersicht über die Beteiligungszahlen der in der Rohstahlgemeinschaft zusammengeschlossenen Werke, und zwar sowohl die Quoten in der Rohstahlgemeinschaft selbst als auch in den Verbänden für die A-Produkte, für

---

[1]) Angeblich sollen neuerdings die Verbandsverhandlungen für Feinblech günstigere Fortschritte gemacht haben und nur deshalb noch nicht zum Abschluß gekommen sein, weil man die für spätestens Anfang August 1927 zu erwartende Produktionsaufnahme eines neuen, im Bau befindlichen Walzwerkes für Spezialbleche abwarten will. Dieses im Entstehen begriffene Blechwalzwerk der zum Konzern der Bergbau-A.-G. Lothringen, Hannover, gehörenden Eisen- u. Hüttenwerke A.-G. in Bochum soll eine bedeutende Leistungsfähigkeit besitzen.

Stabeisen, Grobblech, Bandeisen und Walzdraht. Diese Übersicht ist getrennt in die Beteiligungsquoten der Werksgruppen, die ihre Stahl- und Walzwerksanlagen auf die Vereinigten Stahlwerke A.-G. übereignet haben (Rheinelbe-Union, Thyssen, Phoenix-van der Zypen, Rheinische Stahlwerke und Charlottenhütte), denen sich die ehemaligen Werke des Stumm-Konzerns und der Rombacher Hüttenwerke anschließen. (Die Rombacher Hüttenwerke, die jetzt Concordia Bergbau-A.-G. firmieren, sind, nachdem sie die Eigenschaft eines Hüttenwerks verloren haben und in ein reines Zechenunternehmen umgewandelt worden sind, aus der Rohstahlgemeinschaft usw. später ausgeschieden.) Außerdem folgen noch die Linke-Hofmann-Lauchhammer A.-G., die Oberschlesische Eisen-Industrie A.-G. und die Oberschlesische Eisenbahn-Bedarfs-A.-G., die ja ebenfalls zum Interessenkreis der Vereinigten Stahlwerke A.-G. gerechnet werden müssen, wenn auch in weiterem Sinne. Die aus der Errichtung der Vereinigten Oberschlesischen Hüttenwerke A.-G. sowie der Mitteldeutschen Stahlwerke A.-G. sich ergebenden Quotenumgruppierungen haben hierbei noch keine Berücksichtigung gefunden, zumal da die Übersicht nur den Stand am 30. Juni 1926 wiedergibt. Ebenso ist die Quote der Vereinigten Stahlwerke A.-G. als solche unberücksichtigt geblieben. (Die Beteiligungszahlen der Vereinigten Stahlwerke A.-G. einschließlich der von ihnen übernommenen Stumm- sowie Rombach-Beteiligungen haben wir bereits an früherer Stelle mitgeteilt, desgleichen diejenigen der Mitteldeutschen Stahlwerke A.-G., die erst Mitte März 1927 als Mitglied in die Rohstahlgemeinschaft usw. mit Wirkung vom 1. Oktober 1926 an aufgenommen worden sind, und zwar anstelle der mit dem gleichen Zeitpunkt ausgeschiedenen Linke-Hofmann-Lauchhammer A.-G.) Demgegenüber stehen in gesonderter Zusammenfassung die übrigen Werksgruppen, beginnend mit der Fried. Krupp A.-G., Essen [1]).

[1]) Die Quotenaufstellung ist im wesentlichen nach einer Veröffentlichung in der Deutschen Bergwerks-Zeitung (Nr. 160 vom 11. Juli 1926) angefertigt, wobei mehrere eigene Ergänzungen vorgenommen worden sind. — Leider entsprach die Stahlwerks-Verband A.-G. meiner Bitte um Mitteilung der letztgültigen Beteiligungsquoten nicht mit der Begründung, daß „diese Angaben lediglich für den internen Verkehr benutzt werden sollen."

Stand

Gesellschafter	Rohstahl-gemeinschaft Tonnen	Halbzeug Tonnen	A-Prod Form-eisen Tonnen
Bochumer Verein	493 500	58 796	4 840
Deutsch-Luxemburg	1 056 972	89 368	41 652
Gelsenkirchener Bergwerk	109 200	?	?
Thyssen	1 659 672 [4])	103 456	50 324
Phoenix	1 659 672	125 420	105 844
van der Zypen-Wissener Eisenhütten	233 012	—	—
Rheinische Stahlwerke	987 840	38 328	50 496
Charlottenhütte	180 273	—	—
Eisenwerk Kraft	300 000	1 000	100
Gußstahlwerk Witten	88 800	—	—
Eisenindustrie zu Menden und Schwerte	79 200	—	—
Westfälische Eisen- u. Drahtwerke	197 700	—	—
Rombacher Hüttenwerke	241 718	12 000	—
Eisenhütte Holstein	113 756	3 500	9 000
Linke-Hofmann-Lauchhammer	503 431	—	50 000
Oberschlesische Eisen-Industrie A.-G.	351 565	—	—
Oberschlesische Eisenbahn-Bedarfs-A.-G.	60 480	—	24 000
Fried. Krupp	1 659 672	167 460	105 560
Gutehoffnungshütte	1 080 542	60 668	57 200
Klöckner-Werke	827 198	6 404	25 128
Eisen- und Stahlwerk Hoesch	831 318	86 000	68 936
Mannesmannröhren-Werke	404 879	—	—
Storch & Schöneberg A.-G. (Mannesmann)	90 300	—	—
Bergbau- u. Hütten-A.-G. „Friedrichshütte" (Thyssen)	84 000	—	—
Geisweider Eisenwerke (Thyssen-Klöckner)	150 797	—	—
Röchlingsche Eisen- u. Stahlwerke	495 000	10 491	96 304
Eisenwerk-Gesellschaft Maximilianshütte (Röchling)	371 209	10 000	80 000
Henschel & Sohn, Abt. Henrichshütte	218 308	—	—
Rheinische Metallwaren- u. Maschinenfabrik	87 532	—	—
Ilseder Hütte-Peiner Walzwerk	570 074	2 000	262 020
Sächsische Gußstahlwerke Döhlen	150 000	—	—
Eisenhüttenwerk Thale	104 357	—	—
Borsigwerk	150 000	—	—
Hüttengesellschaft Rothe Erde (Arbed)	215 321	11 092	33 775
Burbacher Hütte (Arbed)	?	13 288	65 23(

[1]) Einschl. Stahlwerke Brüninghaus A.-G. [2]) Einschl. Friedrich Thomée A.-G. [3]) Erst ab A.-G., Reisholz, Abt. Oberbilker Stahlwerk, ist seit dem 1. April 1926 eine selbständige Beteilig August Thyssen-Hütte in Abzug gebracht ist. Diese Quotenveränderung ist in der obigen T 120 473 Tonnen. [7]) Röchling betreibt den Verkauf nach Frankreich und den französischen Kolonie die Beteiligung von 73 500 Tonnen hinausgehenden Mengen erfolgen jedoch durch den Verband eine Beteiligung von 24 000 Tonnen. [9]) Für Abt. Hostenbach.

Seite 80/81.

ni 1926

d u- l	Insgesamt Tonnen	Stabeisen-Verband Tonnen	Grobblech-Verband Tonnen	Bandeisen-Vereinigung Tonnen	Walzdraht-Verband Tonnen
	208 516	54 776	—	53 988	—
	316 440	272 397 [1])	98 300	38 787 [2])	37 574 [2])
	17 472 [3])	11 614 [3])	—	27 840	—
	483 732	297 040	132 360	227 640	96 158
	410 879	352 325 [5])	249 808	58 290 [5])	177 490
	—	—	—	—	—
	238 881	228 624	98 980	56 775 [6])	—
	—	—	75 135	—	—
	23 466	67 080	77 000	—	104 832
	—	38 000	23 488	—	46 330
	—	25 000	—	—	36 579
	—	—	—	—	76 782
	128 000	64 776	—	3 460	—
	12 500	36 500	40 000	—	—
	50 000	178 020	71 068	—	—
	—	—	—	—	81 000
	36 000	90 000	—	—	—
	605 692	437 540	68 416	—	183 993
	319 408	175 525	165 184	—	157 160
	155 556	433 024	55 196	58 065	121 701
	274 936	219 011	31 728	115 155	78 000
	—	—	146 568	—	—
	—	—	39 136	—	—
	—	—	19 130	—	—
	—	31 980	43 383	—	—
	186 930	148 344	—	26 336	73 869 [7])
	190 000	91 160	—	8 820	—
	—	—	112 324	—	—
	—	—	—	—	—
	268 740	204 959	—	7 000	—
	—	—	—	—	—
	—	—	—	—	—
	—	15 940	54 800	—	—
	82 383	86 044	—	— [8])	84 000
	147 177	79 932	17 780 [9])	—	—

igetreten. [4]) Dem nicht in die Vereinigten Stahlwerke A.-G. eingebrachten Preß- und Walzwerk 88 200 Tonnen eingeräumt worden, die der auf die Vereinigten Stahlwerke A.-G. übergegangenen rücksichtigt. [5]) Einschl. van der Zypen. [6]) Außerdem Theodor Wuppermann G. m. b. H.: nter mengenmäßiger Anrechnung auf seine Beteiligungszahl. Absatz und Verrechnung der über nteressengemeinschaft mit der Arbed stehende Eschweiler Bergwerks-Verein in Kohlscheid hat

Es bedarf noch besonderer Erwähnung, daß insonderheit innerhalb des Stabeisenverbandes gemäß Beschluß der Mitgliederversammlung vom 29. April 1926 eine auch sonst in der Kartellpraxis meistens geübte Beteiligungsübertragung unter den Mitgliedern gestattet ist. Derartige Übertragungen sind zulässig im Ganzen oder für Teilanteile, und zwar für die gesamte Vertragsdauer oder für ein oder mehrere Kalenderjahre. Voraussetzung ist hierbei, daß dem Verband selbst durch die Übertragung keinerlei Nachteile entstehen. (Infolge dieser neuen Bestimmung hat z. B. das Borsigwerk A.-G. mit Wirkung vom 1. Juli 1926 ab seine gesamte Beteiligung für die Dauer des Verbandes an Krupp übertragen.) Diese hiermit ermöglichte stärkere Belegung der eigenen Werksanlagen aus Gründen der Rentabilität, auf dem Wege des Erwerbs von Quoten anderer Verbandsmitglieder und folglich einer entsprechenden Erhöhung der bisherigen eigenen Verbandsbeteiligung, hat im übrigen bei dem bekannten Konsortialerwerb der Stummschen und Rombacher Werksbesitzungen unter Führung der Vereinigten Stahlwerke A.-G. eine ausschlaggebende Rolle gespielt. Und die aus diesem Konsortialerwerb resultierenden bedeutenden Quotenerhöhungen maßgebender Werksgruppen, nämlich außer den Vereinigten Stahlwerken A.-G. selbst auch der Fried. Krupp A.-G. sowie von Klöckner und Hoesch [1]), sind zumal im Hinblick darauf von ganz besonderem Wert, daß durch den Abschluß der Internationalen Rohstahlgemeinschaft die Be-

[1]) So hat das Eisen- und Stahlwerk Hoesch A.-G., Dortmund, seine Quote in der Rohstahlgemeinschaft auf Grund der auf diese Gesellschaft entfallenden Konsortialbeteiligung von 8,22 Prozent um 66 329 Tonnen auf rund 0,9 Millionen Tonnen erhöhen können. (Mitteilung von Generaldirektor Fritz Springorum auf einer Generalversammlung von Hoesch im November 1926.) — Die Klöckner-Werke A.-G. haben erhöhen können ihre Quoten in der Rohstahlgemeinschaft auf 893 203 Tonnen, im A-Produkte-Verband auf 169 151 Tonnen, im Stabeisen-Verband auf 549 937 Tonnen, in der Bandeisen-Vereinigung auf 67 846 Tonnen, im Grobblech-Verband auf 84 668 Tonnen und im Walzdraht-Verband auf 159 673 Tonnen. (Nach einem im Januar 1927 veröffentlichten Börsenprospekt der Klöckner-Werke A.-G.) — Die Fried. Krupp A.-G. hat ihre Quoten erhöhen können auf 1 792 085 Tonnen in der Rohstahlgemeinschaft, 632 212

teiligungsquoten in den deutschen Eisenverbänden voraussichtlich auf längere Zeit festgelegt sein werden.

Die Gesamtbeteiligungsquoten in der Rohstahlgemeinschaft, dem A-Produkte-Verband, Stabeisen-Verband, der Bandeisen-Vereinigung, dem Grobblech-Verband, Walzdraht-Verband und beim Roheisen-Verband stellten sich im Januar 1927 wie folgt[1]:

Roheisen-Verband	2 487 242	Tonnen
davon Versand-Beteiligung	1 844 722	„
und Verbrauchs-Beteiligung	642 520	„
Rohstahlgemeinschaft	16 956 320	„
A-Produkte-Verband:		
a) Halbzeug	961 533	„
b) Eisenbahnoberbaumaterial	2 282 641	„
c) Formeisen	1 205 909	„
d) Gesamt-A-Produkte	4 450 083	„
Stabeisen-Verband	4 109 727	„
Grobblech-Verband	1 619 006	„
Bandeisen-Vereinigung	1 115 829	„
Walzdraht-Verband	1 540 896	„
davon Absatz-Beteiligung	666 628	„
und Verbrauchs-Beteiligung	874 268	„

Hiernach hat sich also die Gesamtbeteiligung der Rohstahlgemeinschaftswerke von 13,6 Millionen Tonnen bei der Errichtung der Rohstahlgemeinschaft im Herbst 1924 um mehr als 3 Millionen Tonnen vergrößert. Diese Steigerung ist einmal eine Folge der im Laufe der Zeit vorgenommenen Neufestsetzungen von Quotenzahlen und ferner des Anschlusses der Saarwerke an die deutschen Eisenkartelle. (Von den relativ sehr wenigen deutschen Außenseiter-Werken trat im Frühjahr 1927 noch das früher im Besitz der Stinnes-, jetzt der Wolf Netter u. Jacobi-Gruppe befindliche Baroper Walzwerk A.-G. der Rohstahlgemeinschaft mit einer Quote von etwa 40 000 Tonnen bei[2].) Gemessen an der Rohstahl-

Tonnen im A-Produkte-Verband, 467 018 Tonnen im Stabeisen-Verband, 86 827 Tonnen im Grobblech-Verband und 218 533 Tonnen im Walzdraht-Verband. (Nach einem im Mai 1927 veröffentlichten Börsenprospekt der Fried. Krupp A.-G.)

[1]) Nach einer Aufstellung der Rheinisch-Westfälischen Zeitung Nr. 52 vom 22. Januar 1927.

[2]) Das Baroper Walzwerk A.-G. war schon einmal Mitglied der Rohstahlgemeinschaft, dann aber (anscheinend infolge seiner geschäft-

gewinnung im alten deutschen Zollgebiet, die sich im Jahresdurchschnitt 1910 bis 1913 auf rund 16,24 Millionen Tonnen belief, hat also die Produktionskapazität der in der Rohstahlgemeinschaft vereinigten Werke den ungefähren Vorkriegsstand der deutschen Rohstahlerzeugung erreicht, ja sie übertrifft ihn sogar, wenn man die Produktion der lothringischen, luxemburgischen und ost-oberschlesischen Werke in Abzug bringt, die ja in der Rohstahlgewinnung des ehemaligen deutschen Zollgebiets mitenthalten ist. Allerdings gestatten die bekannten Umstände der verringerten Absatzmöglichkeiten und mithin der mehr oder minder starken Produktionseinschränkung der Rohstahlgemeinschaft die volle Ausnutzung jener Leistungsfähigkeit, die im Hinblick auf den heutigen verkleinerten Gebietsumfang des Deutschen Reiches übergroß erscheinen muß, nicht, und die tatsächliche Rohstahlgewinnung bleibt infolgedessen noch erheblich hinter der Jahres-Gesamtbeteiligungssumme der Rohstahlgemeinschaft zurück. Dies ist aus nachstehender Übersicht über die Entwicklung der deutschen Rohstahlerzeugung seit der Beendigung des Krieges deutlich zu ersehen, bei der auch noch die Roheisengewinnung sowie die Produktionsleistung der deutschen Walz-

Jahr	Roheisen	Rohstahl	Produktionsleistung der Walzwerke
1919	6 283 873 To.	7 847 356 To.	6 415 756 To.
1920	7 043 617 „	9 277 882 „	7 635 735 „
1921	7 845 346 „	9 996 538 „	8 356 131 „
1922	9 395 670 „	11 714 302 „	9 820 836 „
1923 [1])	4 936 340 „	6 305 250 „	5 486 575 „
1924	7 812 231 „	9 835 255 „	8 174 320 „
1925	10 176 699 „	12 194 501 „	10 246 076 „
1926	9 643 519 „	12 341 636 „	10 276 082 „

lichen Schwierigkeiten) wieder ausgeschieden. — Als wesentlichere Außenseiter wären etwa noch zu nennen die Deutschen Stahl- und Walzwerke A.-G., Siegburg, und die Rhein-Lenne Eisenwerke A.-G., Mülheim-Ruhr (Stinnes-Gruppe).

[1]) Besetzung des Ruhrgebietes.

werke (einschließlich der mit ihnen verbundenen Schmiede- und Preßwerke) hinzugefügt sind.

Die vorstehenden Zahlen verstehen sich ab Januar 1921 ohne das Saargebiet und ab Juli 1922 auch ohne Ost-Oberschlesien. Im Jahre 1913 betrug die deutsche Roheisengewinnung 19 309 172 Tonnen, wovon 6 417 727 Tonnen auf Lothringen und Luxemburg entfielen und 1 370 980 Tonnen auf das Saargebiet, die Rohstahlgewinnung 18 935 089 Tonnen, davon Luxemburg 1 336 263 Tonnen, Elsaß-Lothringen 2 286 354 Tonnen und Saargebiet 2 079 825 Tonnen, die Produktionsleistung der Walzwerke 16 698 950 Tonnen, davon Luxemburg 1 097 729 Tonnen, Elsaß-Lothringen 1 935 930 Tonnen und Saargebiet 1 652 414 Tonnen[1]).

C. Die sonstige Verbandsbildung, besonders in der Kleineisen-Industrie.

Ebenso wie auf dem Gebiete der Schwerindustrie, die ja die Vorprodukte für die Eisen verfeinernden Industriezweige liefert, ist auch innerhalb der Eisen weiterverarbeitenden Industrie die große allgemeinwirtschaftliche Not die treibende Kraft für einen Verbandszusammenschluß von Fertigeisen-Industrieunternehmungen gewesen. Allerdings sind diese Verbandszusammenschlüsse infolge der Zersplitterung in zahlreiche mittlere und häufig sogar noch im handwerksmäßigen steckende Kleinbetriebe sowie bei dem hierdurch bedingten stark ausgeprägten individualistischen, konservativen Charakter der kleineisenindustriellen Unternehmerschaft oft sehr schwer zu bewerkstelligen gewesen. Wie überhaupt die Kartellbildung erfahrungsgemäß innerhalb der Fertigindustrie, im Gegensatz zur Rohstoffindustrie, überaus schwierig ist und meistens die Form loser Preiskonventionen nicht überschreitet.

Hier waren es insonderheit die überaus ungünstigen Verhältnisse am Markt der Draht verfeinernden Industrie, die zwar mit der Gründung des Walzdraht-Verbandes wenig-

---

[1]) Sämtliche Zahlen nach den statistischen Erhebungen des Vereins Deutscher Eisen- und Stahl-Industrieller, Berlin.

stens in dem Vorprodukt für die Drahtverfeinerung einen gewissen ersten Auftakt zur Sanierung erfahren hatten, in der Weiterverarbeitung selbst jedoch erst im Jahre 1926 durch die Errichtung besonderer Verbände der Drahtverfeinerungswerke durchgreifend gebessert zu werden vermochten. Als erstes dieser Draht-Sonderkartelle trat ab 1. Januar 1926 der Drahtverband G. m. b. H., Düsseldorf, mit einer Vertragsdauer von fünf Jahren in Wirksamkeit, der den Verkauf von blanken und verzinkten gezogenen Drähten aller Art, von Stacheldrähten, Drahtstiften, Springfedern und Stangendrähten umfaßt. Die zentrale Verkaufstätigkeit dieses Verbandes erstreckte sich jedoch zunächst lediglich auf das Inland, während der Vertrieb ins Ausland durch die Werke bzw. durch die von diesen belieferten Exportfirmen (freier Handel und Werkshandel) auch weiterhin unmittelbar besorgt wurde. Der Drahtverband übte beim Auslandsvertrieb eine Kontrolle nur insofern aus, als er die Preise festsetzte sowie den Verkauf an die Exporteure oder die direkte Ausfuhr der Werke kontingentierte. Dieses System bewährte sich aber nicht und konnte dann erst nach langwierigen Verhandlungen mit den Verbandsmitgliedern beseitigt werden, weil sich die betreffenden Werke erklärlicherweise nicht zu einer Übertragung ihres bisherigen selbständigen Auslandsgeschäftes auf den Verband verstehen wollten, auf der anderen Seite aber der Drahtverband es auf die Dauer nicht länger dulden konnte, daß der scharfe gegenseitige Wettbewerb der Verbandsmitglieder beim Exportgeschäft zu erheblichen Unterbietungen der Verbandspreise führte. Seit dem 5. August 1926 ist nunmehr auch das Exportgeschäft — nur vier Firmen hatten sich fürs erste noch den direkten Auslandsverkauf vorbehalten — im Drahtverband zentralisiert. Für den inländischen Absatz hat der Verband in Berlin und in Mannheim zwei besondere Verkaufsstellen errichtet, und zwar unterstehen der Berliner Stelle die Provinzen Brandenburg, Ost- und Westpreußen, Pommern, Schlesien und der Freistaat Sachsen, der Verkaufsstelle Mannheim folgendermaßen begrenzte Gebiete in Süddeutschland: Bahnlinie Saarbrücken-St. Wendel-Kirn-

Bingerbrück, hessische Landesgrenze bis Offenbach a. M., Mainlinie bis Kulmbach, Bahnlinie Kulmbach-Hof bis zur bayerischen Landesgrenze und der Platz Wiesbaden. Für das Exportgeschäft hat, entsprechend der spät erfolgten Zentralisierung auch des Auslandsvertriebes, erst Mitte Oktober 1926 eine besondere Verbandsvertretung in Hamburg geschaffen werden können. Diese Hamburger Zweigniederlassung hat gleichzeitig aus der großen Zahl der dortigen Werksvertreter eine verhältnismäßig geringe Anzahl (12) zu einem sogen. Vertreterring zusammengeschlossen, der seine Tätigkeit in enger Fühlungnahme mit der Filiale des Drahtverbandes am Hamburger Platz ausübt. Dem Vertreterring ist eine bestimmte Verkaufsquote zugeteilt worden, die prozentual auf die Mitglieder je nach der Größe der seither von ihnen vertretenen Werke verteilt ist. Die Quote derjenigen Werke, deren Vertreter nicht zu jenem Vertreterring gehören, ist gleichfalls nach einem bestimmten Verteilungsschlüssel dem Ring zugewiesen. Mit dieser Errichtung einer besonderen Stelle am Hamburger Drahtausfuhrmarkt war im übrigen gleichzeitig auch ein Gegenschachzug gegen den belgischen Drahtverband (Entente Belge des Clouteries et Tréfileries) getan, der gerade in dem wichtigen Drahtexporthandel Hamburgs bereits seit einiger Zeit festen Fuß hatte fassen können. Denn alsbald nach seiner Gründung am 1. Juli 1926 hatte der belgische Drahtverband schon eine Vertretung am Hamburger Platz eingesetzt[1]), und speziell das bisherige Fehlen einer Zweigniederlassung des deutschen Konkurrenzverbandes machte dem belgischen Verband natürlich das Spiel erheblich leichter.

Dem Drahtverband G. m. b. H., Düsseldorf, gehören jetzt ungefähr 200 Firmen mit einer Gesamtbeteiligung von 854 805

---

[1]) Als Vertreter des belgischen Drahtverbandes wurden die Hamburger Firmen Willy Harfst & Co. und Georges de Vos ernannt; letztere betreibt den Verkauf der Erzeugnisse der Usines et Aciéries Allard, Mont-sur-Marchienne, und der Usines Dercq, Fontaine-l'Evêque, im Namen und für Rechnung des belgischen Drahtverbandes (Hamburger Fremdenblatt Nr. 237 vom 28. August 1926 bzw. Nr. 241 vom 1. September 1926).

Tonnen (im März 1927) an, nachdem sich im Laufe des Jahres 1926 noch eine größere Anzahl von Werken nachträglich dem Verband angeschlossen hatte. Die Produktion der noch außenstehenden Werke dürfte etwa 4 Prozent der gesamten Verbandsbeteiligung ausmachen. Mit einigen dieser dem Verband nicht angehörenden Werke haben aber Abmachungen getroffen werden können, daß die betreffenden Werke nur noch zu den Preisen des Drahtverbandes verkaufen. Es ist erklärlich, daß bei einer derartig hohen Mitgliederzahl es nicht ganz einfach ist, allen Wünschen insbesondere hinsichtlich der Preispolitik gerecht zu werden, zumal auf dem Gebiete der Drahtverfeinerung, wie überhaupt fast in der gesamten Eisen weiterverarbeitenden Industrie, auch heute noch die gegen Konjunkturkrisen besonders empfindlichen kleinen reinen Betriebe vorherrschen, im Gegensatz zur Eisen schaffenden Industrie mit ihrem bei weitem elastischeren gemischten Großbetrieb. So haben denn auch die mehrfachen Preisheraufsetzungen des Drahtverbandes nicht allein innerhalb der Verbraucherschaft großen Unwillen erregt, sondern auch bei mehreren Verbandswerken selbst zeitweise eine starke verbandsfeindliche Stimmung hervorgerufen. Speziell aus Kreisen der mittleren Werke, von denen seinerzeit die Notwendigkeit eines Verbandszusammenschlusses zwecks Unterdrückung der Preisschleudereien am Drahtmarkt ganz besonders betont worden war, wurde schließlich sogar eine Auflösung des Drahtverbandes und somit die Wiederherstellung des freien Wettbewerbs zwecks Preisverbilligung gefordert[1]). Ein wesentlicher Grund für

[1]) „Die Inlandspreise für Draht sind", so heißt es u. a. in einer (September 1926) allgemein bekannt gegebenen Äußerung aus Kreisen der mittleren Drahtindustrie, „durch die Aufnahme der Tätigkeit des Drahtverbandes so heraufgesetzt worden, daß es den Drahtwarenfabrikanten einfach unmöglich ist, zu existieren. Soweit eine Ausfuhr möglich ist, erfolgt sie in allen Fällen auf Kosten der Inlandsverbraucher, die aber wiederum infolge der hohen Preise mit Anfragen und Bedarfsaufgaben außerordentlich zurückhaltend sind. Durch die Gründung des Verbandes ist den Drahterzeugern gleichzeitig die jahrzehntelange Geschäftsverbindung mit den Abnehmern verloren gegangen, weil ja der Verband für Rechnung der Werke verkauft."

jene Erhöhungen der Verbandspreise war aber der, den vielen kleineren reinen Drahtziehereien ihre Verdienstspanne zwischen dem verhältnismäßig hohen Rohmaterialpreis des Walzdrahtverbandes und den demgegenüber gering erscheinenden Verkaufspreisen für gezogenen Draht, Drahtstifte usw. zu vergrößern. Hingegen waren die gemischten Drahtwerke eher für eine Preisreduzierung im Hinblick auf eine Absatzerweiterung gestimmt, die sie allerdings auch um so leichter befürworten konnten, als sie ja das Rohprodukt Walzdraht im Eigenbetrieb erzeugen und infolgedessen billiger erhalten als die reinen Werke, die erst wieder von den Walzdrahtherstellern ihre Rohfabrikate beziehen müssen. Erst neuerdings besteht zwischen dem Drahtverband G. m. b. H. und dem Walzdrahtverband (Deutsche Drahtwalzwerke A.-G.) eine enge preispolitische Zusammenarbeit, die darin zum Ausdruck kommt, daß die Mitglieder des Drahtverbandes den Rohwalzdraht zu erheblich niedrigeren Preisen als die offiziellen Verbandspreise des Walzdrahtverbandes geliefert bekommen [1]).

Der soeben beim Drahtverband gekennzeichnete Gegensatz zwischen gemischten und reinen Werken in der Eisenverfeinerungsindustrie hat ferner auch bei der Verbandsbildung für Drahtseil Schwierigkeiten im Gefolge gehabt. Die Notlage im Drahtseilgewerbe, die vornehmlich durch die zahlreichen Betriebseinschränkungen und Stillegungen von Schachtanlagen im Bergbau sowie infolge der mißlichen Verhältnisse in der Schiffahrt als den beiden hauptsächlichsten Verbrauchergruppen von schweren Drahtseilen verursacht war, hatte zunächst im Januar 1925 wieder einen Zusammenschluß der Drahtseilwerke herbeigeführt, allerdings nur in der losen Form einer Konvention zur Festsetzung einheitlicher Verkaufspreise. Diese Preiskonvention verfiel aber

---

[1]) Diese enge Kooperation zum Zwecke der Beherrschung des Drahtmarktes ist im März 1927 auch nach außenhin dadurch besonders dokumentiert worden, daß der Geschäftsführer des Walzdrahtverbandes, Direktor W. Moser, in den Vorstand des Drahtverbandes G. m. b. H. als zweites Mitglied neben dem Geschäftsführer dieses Verbandes, Direktor Th. Müller, delegiert worden ist.

bereits im August 1925 wieder der Auflösung, da viele Konventionsmitglieder bei dem recht spärlichen Auftragseingang sich schließlich nicht mehr an die vorgeschriebenen Preise hielten, sondern durch gegenseitiges Unterbieten in ihren Preisforderungen die wenigen an den Markt kommenden Aufträge an sich zu reißen suchten. Nach der infolgedessen unausbleiblichen Kündigung der Drahtseilkonvention setzten die Preistreibereien am Drahtseilmarkt selbstverständlich noch bedeutend schärfer ein und bedrohten insbesondere die Existenz der reinen Drahtseilereien, so daß von diesen aus schließlich energische Bemühungen zur Wiedererrichtung eines Drahtseilsyndikates einsetzten. Die entsprechenden Verhandlungen wurden aber gerade durch die hohen Quotenansprüche der gemischten Werke besonders erschwert und mußten im Herbst des Jahres 1925 sogar gänzlich abgebrochen werden, weil vornehmlich das Eisen- und Stahlwerk Hoesch A.-G. auf seiner Quotenforderung beharrte. Im März 1926 wurden die Gründungsverhandlungen dann wieder aufgenommen, und eine besonders eingesetzte Kommission konnte schließlich auch mit Hoesch eine Verständigung erzielen. Nachdem in einer Versammlung am 30. Juni 1926 die grundsätzliche Zustimmung zur Bildung eines Drahtseilsyndikates gegeben worden und am 9. Juli 1926 auch mit fast sämtlichen noch abseits stehenden Werken eine Einigung zustande gekommen war, konnte dann am 2. August 1926 der endgültig gegründete Drahtseil-Verband G. m. b. H. mit dem Sitz in Essen in Tätigkeit treten. Zu verdanken war dieses Ergebnis in erster Linie der Initiative der reinen Drahtseilwerke, aber auch den von diesen in der Quotenfrage zugunsten der gemischten Werke gebrachten Opfern, durch die es allein gelang, auch die großen gemischten Drahtseilwerke zum restlosen Anschluß an den Verband zu bewegen. Dem muß allerdings gegenüber gehalten werden, daß sich die Lage der reinen Werke bei einem verschärften Konkurrenzkampf mit den großenteils über umfangreichere und modernere Produktionsanlagen verfügenden gemischten Werken noch mehr als bisher verschlimmert hätte. Infolgedessen hatten die reinen Drahtseilwerke das allergrößte Interesse an einem Verbandsbeitritt auch der gemischten Drahtseilereien, die ja als Selbsterzeuger der Vorprodukte (Eisen- oder Gußstahl-Draht) den auf den käuflichen Erwerb ihrer Einsatzmaterialien für die Drahtseilfabrikation angewiesenen Werken von vornherein stark überlegen gewesen wären. So zogen also die reinen Drahtseilwerke von zwei Übeln das kleinere eines Nachgebens in der Quotenbemessung vor, zumal bei den reinen Werken die Betriebseinschränkungen in den letzten Monaten vor der Verbandsgründung immer umfangreicher geworden waren und ein Nichtzustandekommen des erstrebten Verbandes fraglos zur gänzlichen Stillegung der meisten reinen Drahtseilbetriebe gezwungen hätte.

Die Verkaufstätigkeit des Drahtseilverbandes begann mit Rückwirkung vom 1. Juli 1926 ab. Der Vertrag des Drahtseilverbandes läuft, ebenso wie der des Drahtverbandes G. m. b. H., bis zum 31. Dezember 1930. Die Zahl der Mitgliedswerke beträgt etwa 80, also ungefähr dreimal soviel wie im alten Drahtseilsyndikat der Vorkriegszeit. Mit Ausnahme von sogen. Handverkäufen, die unmittelbar zwischen Produzenten und Verbrauchern bis zu einer Werthöhe von 300 RM. zugelassen sind, wofür aber die Preise vom Verband festgelegt werden, erfolgt der Vertrieb von Drahtseilen lediglich durch den Verband. Der Verbandsabsatz erstreckt sich auf Deutschland einschließlich der Freihafengebiete sowie auf die Ausfuhr nach Danzig und dem Memelgebiet und ferner nach Belgien und Holland, wogegen der Export nach dem übrigen Ausland, insbesondere nach den nordischen Staaten, die als Hauptabnehmer deutscher Drahtseile in Frage kommen, den Werken freigestellt ist. Das Ausfuhrgeschäft liegt jedoch, genau wie in den übrigen Drahtfabrikaten, auch hier hauptsächlich in den Händen der großen gemischten Werke unter Beteiligung von Exportfirmen in den Seehafenstädten, besonders da aus bekannten Gründen diese Werkskategorie im Auslande wettbewerbsfähiger ist als die reinen Werke. Nachdem im Herbst 1926 eine Vereinbarung des Drahtseil-Verbandes mit dem Seildraht-Syndikat G. m. b. H., Hagen, einem besonderen, aus 27 Mitgliedern bestehenden

Inlandsverkaufs-Verband für Seildraht (der Verband verkauft dieses Vorprodukt der Drahtseilereien ausschließlich an Verbraucher)[1]), erfolgt ist, wonach das Seildrahtsyndikat den Drahtseilherstellern Vorzugspreise für die zu exportierenden Erzeugnisse durch besondere Rabattgewährung in Höhe von 30 Prozent auf die Syndikats-Listenpreise gewährt, dürften aber auch die reinen Drahtseilwerke fortan einigermaßen vergrößerte Exportmöglichkeiten erhalten haben. Dies wäre deshalb besonders wünschenswert, um einen gewissen Ausgleich zu schaffen zwischen dem gegenüber den Vorkriegsjahren beträchtlich zurückgegangenen Inlandsbedarf an Drahtseilen und der in der Nachkriegszeit außerordentlich vermehrten Produktionskapazität der Drahtseilindustrie (vgl. die fast verdreifachte Mitgliederzahl des jetzigen Drahtseilverbandes).

Als weiteren Drahtverfeinerungsverband neben den eben genannten drei Verbänden erwähnen wir noch die Vereinigten Drahtwerke G. m. b. H., Düsseldorf, welche die Gesamterzeugung an sechseckigen Drahtgeflechten der ihnen angeschlossenen Werke vertreiben[2]), während für viereckige Drahtgeflechte die Errichtung eines festen Verbandes zwecks einheitlicher Preisregelung unter den Fabrikanten noch aussteht. Für sechseckige Drahtgeflechte konnte übrigens Anfang Juli 1926 eine Preisverständigung zwischen deutschen, französischen, belgischen und englischen Erzeugern abgeschlossen werden. Den Verkauf von Kratzendraht (schwarz und blank), Bürstendraht und Litzendraht besorgt die Stahldraht-Verkaufsstelle in Düsseldorf. Dem Versatzdraht-Verband G. m. b. H., Essen, gehören 10 Werke aus dem Ruhr-Industriebezirk an, die sich mit der Fabrikation des vom Bergbau in großen Mengen benötigten Bergeversatzgeflechtes

---

[1]) Der Ende 1926 abgelaufene Verbandsvertrag des Seildraht-Syndikates ist nach mehrmaliger provisorischer Verlängerung nunmehr endgültig bis 31. Dezember 1929 verlängert worden.

[2]) Früher war es die Verkaufsstelle des Verbandes Deutscher Drahtgeflecht-Fabrikanten G. m. b. H. in Köln, die bereits als Inlands-Syndikat vor der Gründung des Drahtverbandes G. m. b. H. bestand, nach Errichtung des letzteren aber dann gemeinsam mit der „Stahldraht-Verkaufsstelle" aus Zweckmäßigkeitsgründen von Köln nach Düsseldorf verlegt wurde.

befassen, darunter die Vereinigten Stahlwerke A.-G. mit ihrer Abteilung Westfälische Union in Hamm. Dieser Versatzdraht-Verband hat seine Tätigkeit Anfang Februar 1927 aufgenommen. Neuerdings ist noch ein Verein Deutscher Schuhnägelfabrikanten in Düsseldorf für den Verkauf von Schuhnägeln hinzugekommen, dessen Verbandsvertrag vorläufig bis Ende des Jahres 1932 läuft, und dem sämtliche maßgebenden deutschen Schuhnägelfabriken angehören.

Von der Betrachtung dieser Verbandsbildungen für verfeinerte Drähte gehen wir nunmehr auf einige der übrigen hauptsächlichsten Verbände in der Eisen verarbeitenden Industrie über. Auf dem Gebiete der Röhrenfabrikation wäre außer dem für den Verkauf von Kanalisationsröhren bestehenden Deutschen Gußrohr-Verband G. m. b. H., Köln und Zweigniederlassung Berlin, dem Abflußrohr-Syndikat G. m. b. H., Berlin, und der Deutschen Abflußrohr-Verkaufsstelle G. m. b. H. in Frankfurt a. M., die auch die Geschäfte einer Anfang Januar 1927 unter Beteiligung der Bayerischen Staatshüttenwerke, München, der Buderusschen Eisenwerke A.-G., Wetzlar, der Halberger Hütte, Brebach (Saar), gegründeten Kanalgußvereinigung für den Vertrieb von gußeisernen Kanalisationsgegenständen führt, noch der Verband für nahtloses Präzisionsrohr, Düsseldorf, besonders aufzuführen. Zwischen diesem Präzisionsrohrverband, einer Preiskonvention, und dem Röhren-Verband G. m. b. H., Düsseldorf, besteht seit Oktober 1925 ein Lieferungsabkommen, auf Grund dessen die im Präzisionsrohrverband zusammengeschlossenen Werke sich verpflichtet haben, ihren gesamten Bedarf an Rohrluppen beim Röhren-Verband zu decken, während der Röhren-Verband selbst den ihm angeschlossenen Röhrengroßhändlern die Bedingung auferlegt hat, weder Siede- noch nahtlose Gasröhren bei Abmessungen, wie Rohrluppen direkt oder indirekt an außerhalb des Verbandes stehende Rohrkaltziehereien abzugeben. In der Flanschenfabrikation ist am 1. Mai 1926 der Deutsche Flanschen-Verband, Düsseldorf, in Tätigkeit getreten, der aber nur den Vertrieb für das Inland umfaßt. Diesem Verband sind Mitte

März 1927 auch die Vereinigten Stahlwerke A.-G. als Mitglied beigetreten sowie gleichzeitig noch die Firma Woeste & Co., Düsseldorf, so daß nunmehr alle maßgebenden Flanschenerzeuger dem Verband angehören. Vordem bestand für Flanschen lediglich eine Preiskonvention mit dem Sitz in Hagen. Für Fittings wurde im September 1925 der Fittingsverband, Düsseldorf, mit dreijähriger Vertragsdauer gegründet, dem sämtliche 13 deutschen Fittingswerke angehören. Auch hier ist die Produktion der einzelnen Werke nur hinsichtlich des Inlandsabsatzes kontingentiert, wogegen beim Auslandsverkauf die Mengen völlig freigegeben sind mit der Beschränkung, daß die vom Verband herausgegebenen Exportpreise einzuhalten sind[1]). Ende Oktober 1926 sind zwecks Konsolidierung der Verhältnisse am Fittingsmarkt besondere Händlervereinigungen im Anschluß an den Verband gebildet worden, nämlich eine Norddeutsche Fittingshändler-Vereinigung in Berlin, eine Süddeutsche Fittingshändler-Vereinigung in Frankfurt a. M. und eine Westdeutsche Fittingshändler-Vereinigung in Düsseldorf.

Weiter sind zu nennen die Gründung eines Nietenverbandes, Düsseldorf, im Oktober 1925 durch Umwandlung der früheren Wirtschaftlichen Vereinigung Deutscher Nietenwerke, einer reinen Preiskonvention, in ein Verkaufssyndikat mit quotifiziertem Inlandsabsatz für Schiffskessel- und Brückennieten. Auf dem Gebiete der mit der Nietenfabrikation eng verwandten Schraubenindustrie besteht für Maschinenschrauben, Stellschrauben, Anschweißenden usw. die Handelsschrauben-Vereinigung, Düsseldorf, die Ende Dezember 1926 um ein halbes Jahr bis zum 30. Juni 1927 provisorisch verlängert worden ist. Denn infolge der überaus mißlichen Verhältnisse in der Schraubenindustrie soll diese Preiskonvention, zumal ihr einige namhafte Werke, wie z. B. das Eisen- und Stahlwerk Hoesch A.-G., die Bauer u. Schaurte, Rheinische Schrauben- und Mutternfabrik, A.-G.

[1]) Neuerdings ist eine Kommission damit betraut worden, die Vorarbeiten für eine Umwandlung dieses mehr eine Konvention darstellenden Fittingsverbandes in ein straffes Syndikat zu erledigen.

in Neuß, nicht angehören, in einen alle Werke umfassenden festen Verkaufsverband umgewandelt werden, wobei man auch für Eisenbahnoberbau-Schrauben eine Syndikatsbildung beabsichtigt. Die Verhandlungen zur Errichtung eines solchen Oberbauschraubenverbandes haben aber zunächst auf unbestimmte Zeit vertagt werden müssen, weil u. a. über die Quotierung der Reparationslieferungen keine Verständigung erzielt werden konnte und man in dieser Hinsicht den Fehler vermeiden wollte, der beim Nietenverband dadurch gemacht worden war, daß die Reparationslieferungen quotenmäßig zu hoch angesetzt wurden. Indes konnte Anfang März 1927 eine Verständigung der Oberbauschrauben-Fabrikanten wenigstens über die Preise sowohl für die behördlichen (Eisenbahnzentralamt) als auch für die privaten Besteller erzielt werden[1]). Für Holzschrauben (eiserne Holzschrauben und Messing-Holzschrauben) wurde im Frühjahr 1926 ein europäisches Holzschrauben-Kartell mit dem Sitz in Brüssel gegründet, dem alle in Betracht kommenden europäischen Länder mit Ausnahme von Schweden angehörten. Von deutscher Seite war die Verkaufsstelle Deutscher Holzschraubenfabrikanten in Köln beigetreten. Dieses internationale Holzschraubenkartell ist aber im Frühjahr 1927 vornehmlich wegen Unstimmigkeiten mit den Franzosen und Belgiern wieder auseinander gefallen. Von internationalem Einschlag ist auch der Verband deutscher Stahlflaschen-Fabrikanten, Düsseldorf, dessen Verkaufsstelle sich auf den Vertrieb für das Inland sowie für Europa erstreckt, wobei ein Abkommen mit maßgebenden französischen und italienischen Stahlflaschenproduzenten bezüglich des europäischen Absatzes getroffen ist. Die Überseegebiete werden von den Werken direkt bearbeitet.

Ein am 15. Dezember 1925 in Köln gegründeter Verzinkereiverband regelt seit Anfang März 1926 den inländischen

[1]) Die besonders im Mai 1927 verschiedentlich gebrachten Meldungen, daß der Oberbauschrauben-Verband so gut wie perfekt gelten könne, nachdem die Verhandlungen über die Quotenfrage sowie über die Stellungnahme des Eisenbahnzentralamtes, des Hauptabnehmers für Oberbauschrauben, im wesentlichen zu einem positiven Ergebnis geführt hätten, haben sich als stark verfrüht herausgestellt.

Verkauf von verzinkten Blechen und verzinktem Bandeisen. Der Sitz dieses Verbandes befindet sich in Düsseldorf, weil hier auch die Ausfuhrvereinigung der deutschen Verzinkereien ihr Domizil hat, zu der sich eine Anzahl maßgebender Werke zusammengeschlossen hat, um nach einheitlichen Grundpreisen den Exportverkauf zu betreiben. Der Verzinkereiverband muß allerdings jetzt als praktisch aufgelöst gelten infolge der empfindlichen Outsiderschaft der Mannesmann-Gruppe. In der Blankmaterialerzeugung (blankgezogenes Flußstangeneisen, blankgezogener Weichstahl, komprimierte und gedrehte Wellen kleinerer Dimensionen) war im September 1926 die Umbildung der eine reine Preiskonvention darstellenden Stabziehereien-Vereinigung, Düsseldorf, in ein Verkaufssyndikat zwar grundsätzlich beschlossen worden, ohne daß aber dieser Beschluß in die Praxis umgesetzt werden konnte, da die Gründung eines solchen Stabziehereien-Syndikates nur mit dem Vorbehalt des Beitritts der noch außenstehenden Werke gutgeheißen worden war. In dieser Beziehung ergab aber wiederum die Quotenfrage die größten Schwierigkeiten. Gleichwohl gelang es, ab 1. Juni 1927 der bisher sehr losen Stabziehereien-Vereinigung eine festere Form als Inlands-Preiskartell zu geben, dem sämtliche größeren Werke (u. a. auch die Vereinigten Stahlwerke A.-G.) sich anschlossen. Die mehrfach geführten Verhandlungen, um die Vereinigung Deutscher Kaltwalzwerke, Hagen, der etwa 140 Kaltwalzwerke angehören, gleichfalls in einen festgefügteren Verband umzugestalten, waren längere Zeit ergebnislos verlaufen. So hatte sich diese Vereinigung einst an die der Stahlwerks-Verband A.-G. angegliederte Bandeisen-Vereinigung, die das Vorprodukt warmgewalztes Bandeisen der Kaltwalzwerke herstellt, gewandt mit dem Anliegen, Mengenrabatte beim Bezug von warmgewalztem Bandeisen zu erhalten. Die Bandeisen-Vereinigung hatte aber die Zubilligung derartiger größerer Preiskonzessionen nur für den Fall in Aussicht gestellt, daß sich die Kaltwalzwerke zu einer festen Gemeinschaft für den Einkauf zusammenschließen. Alle Versuche jedoch, eine solche Einkaufsgemeinschaft im Rahmen der bestehenden Vereinigung der Kaltwalzwerke zustande zu bringen, führten zu keinem Resultat. Immerhin wurde dann im Januar 1927 die Schaffung einer neutralen Stelle beschlossen, welche die Geschäfte der Mitglieder kontrollieren sollte. Im März 1927 endlich konnte die bisher sehr lose Preiskonvention in eine festere Verbandsform gebracht werden. Mit Wirkung vom 24. März 1927 ab trat der neue Verbandsvertrag in Wirksamkeit mit einer vorläufigen Dauer bis zum 31. Dezember 1927. Der neue Verband umfaßt etwa 90 bis 92 Prozent der Gesamtproduktion. Dagegen sind die Bestrebungen, den Verein Deutscher Stahlformgießereien, Düsseldorf, von einer Preiskonvention in einen Verkaufsverband für Stahlformgußerzeugnisse umzuwandeln, bis heute ergebnislos geblieben. Abgesehen davon, daß insonderheit die Vereinigten Stahlwerke A.-G., die in sich einen erheblichen Teil der deutschen Stahlformgußproduktion vereinigen, dem Syndikatsgedanken gegenüber sich ablehnend verhalten haben, liegt eine besonders große Schwierigkeit auch in der starken Mannigfaltigkeit der Fabrikate der Stahlformgießereien.

In der Velberter Schloßindustrie war im Oktober 1926 ein Hangschloß-Syndikat, Abteilung Panzerschlösser, mit dem Sitz in Essen zustande gekommen, das den Vertrieb für das Inland sowie auch für das Ausland, auf den ja die deutsche Kleineisenindustrie in ganz besonders hohem Maße angewiesen ist, umfassen sollte. Dagegen verliefen die Bemühungen, eine Syndikatsabteilung auch noch für Zylinderschlösser und damit eine vollständige Kartellorganisation in der Hangschloßindustrie zu bilden, völlig resultatlos. Aber auch jener Verbandsvertrag für Panzerschlösser wurde Anfang Dezember 1926 schon wieder hinfällig, als nämlich die über eine große Quotenbeteiligung verfügende Firma Gebr. Voigthaus in Velbert ihre Beitrittserklärung deshalb zurücknahm, weil es nicht gelungen war, eine der größten Firmen in der Panzerschloßfabrikation (C. F. Schröder in Volmarstein) für den Verband zu gewinnen. Immerhin waren die Verbandszusammenschlußbestrebungen auf anderen Spezialgebieten der Schloßfabrikation erfolgreicher. So ist im Januar 1927 nach langen Verhandlungen ein Verband der holländischen Türschloß-Fabrikanten mit dem Sitz in Essen gegründet worden. Diesem vorläufig auf 2 Jahre abgeschlossenen Verband gehören sämtliche 13 Fabrikanten des Velberter Bezirkes an, die für den Export nach Holland und seinen Kolonien bestimmte Spezialschlösser herstellen. Mit Wirkung vom 1. März 1927 ab ist dann auch noch ein Verband der Hersteller von französischen Bandtürschlössern, ebenfalls mit dem Geschäftssitz in Essen, gebildet worden, dem ausnahmslos sämtliche 17 Erzeuger von französischen Bandtürschlössern (mit und ohne Schub) beigetreten sind. Und Anfang April 1927 kam noch ein Einstecktürschlösser-Verband in Essen hinzu, der bestimmte Schlösserarten für die Ausfuhr nach Argentinien und dem Orient umfaßt. Beachtenswert ist noch der Abschluß einer besonderen Patenttürschließer-Konvention zwischen drei deutschen Firmen (Rheinische Türschließerfabrik Boge u. Kasten G. m. b. H., Solingen; Solinger Türschließer-Fabrik Horsch u. Kasten; Deutsche Türschließer-Industrie Wilh. Müller, Leipzig) und der amerikanischen Yale & Towne Manufacturing Co., die in Hamburg und Altona Filialen unterhält.

Wir führen schließlich noch an den Deutschen Achsenverband G. m. b. H. in Hagen für den Inlands- und Auslandsverkauf von Achsen, ferner einen Verband der Schaufelfabrikanten und den Deutschen Hackenverband, beide ebenfalls mit dem Sitz in Hagen, den Deutschen Feilenbund in Remscheid, welche drei Verbände sämtlich Preiskonventionen sind, weiter die Verkaufsstelle Deutscher Stiefeleisen-Fabrikanten G. m. b. H., Düsseldorf, und eine Hufeisen-Fabrikanten-Vereinigung, die im Februar 1926 mit einer größeren Anzahl von Kleineisenhändler-Verbänden, hauptsächlich in Nord-, West- und Mitteldeutschland, ein festes Preis- und Lieferungsabkommen für Fluß- sowie Schweißhufeisen geschlossen hat. In jüngster Zeit ist zwecks Festsetzung von Mindestverkaufspreisen eine Vereinigung der Ofenrohrfabrikanten Deutschlands in Hagen gebildet worden, der 18 Firmen beigetreten sind. Der größte Teil der vordem in der Sensenverkaufsstelle G. m. b. H. zu Hagen vereinigten rheinisch-westfälischen Sensenfabriken hat sich im Dezember 1926 unter der Firma Vereinigte Sensenwerke G. m. b. H. mit dem

Sitz in Hagen in einer festeren Verbandsform zusammengeschlossen, um außer der quotenmäßigen Verteilung der Aufträge unter die einzelnen Werke vor allem auch eine rationellere Gestaltung der Fabrikation besonders durch Typisierung und Spezialisierung zu bezwecken. Dieser mit Rückwirkung vom 1. Oktober 1926 ab auf zunächst 15 Jahre gegründete Verband soll also ausdrücklich auch eine produktionstechnische Rationalisierung erzielen. Denn in dieser Hinsicht gibt es gerade in der typischen Kleineisenindustrie noch viel schwierige Arbeit zu leisten, wogegen ja innerhalb der Großeisenindustrie die Betriebsrationalisierung mit ihrer Intensivierung der Produktion im großen und ganzen bereits energisch durchgeführt worden ist. Wie dringend notwendig aber eine solche Rationalisierung für die Kleineisenindustrie ist, betont die Bergische Industrie- und Handelskammer zu Remscheid in ihrem Jahresbericht für 1926, aus dem hier folgende, die Situation der Kleineisenindustrie im Hinblick auf die Kartell- sowie Rationalisierungsfrage besonders charakterisierende Ausführungen Platz finden mögen:

„Die Klagen über gegenseitige Preisunterbietungen hören nicht auf. Auf dem Auslandsmarkt wirkt gegenseitige Preisunterbietung verhängnisvoller als die Konkurrenz Amerikas, Englands und Schwedens. Diese verhängnisvolle Lage, die ein nutzbringendes Geschäft verhindert, hat ihren Grund in der Überproduktion. Es rächt sich heute, daß die Kriegs- und Inflationsgewinne schematisch in Betriebsvergrößerungen angelegt worden sind, während die Absatzmöglichkeiten nach Abfluten der Inflationswelle gegenüber früher kaum gestiegen sind. Das Mittel, das andere Industrien angewandt haben, Preiskartelle zu gründen, ist in der Kleineisenindustrie wegen der Vielheit und Verschiedenheit der Erzeugnisse anscheinend nicht möglich. Nicht einmal die Preisvereinbarungen der Verbände sind gehalten worden. Infolge dieser Zersplitterung sieht die bergische Kleineisenindustrie mit Besorgnis auf die Zusammenschlüsse und Vertrustungen in den Schlüsselindustrien. Bei dem Überangebot ihrer Erzeugnisse sieht sie keine Möglichkeit, Preissteigerungen ihrer Rohstoffe, wie sie bereits eingetreten sind, auf die Verbraucher abzuwälzen. Um aus diesen Nöten herauszukommen, scheint nur eine Zusammenziehung bisheriger Konkurrenzfirmen zu einem einheitlichen Unternehmen möglich zu sein, in dessen Rahmen der einzelnen Firma eine gewisse Selbständigkeit bliebe. In dieser horizontalen Zusammenfassung wäre eine Vereinheitlichung und Zusammenfassung der Produktion möglich; es wäre durchführbar, was heute erst die größeren Werke einrichten können: Durchrationalisierung der Fabrikationsvorgänge, strenge Durchkalkulation der Arbeitsvorgänge, Prüfung und Kontrolle der Materialien auf wissenschaftlicher Grundlage. Damit wäre die Gewähr eines gleichwertigen, hochstehenden Erzeugnisses gegeben. Vor allem aber wäre der größte Erfolg, daß der zermürbende und zerstörende gegenseitige Preisdruck aufhörte."

D. Das Exportrückvergütungs-Abkommen zwischen der Eisen schaffenden und der Eisen verarbeitenden Industrie.

Das mit der Errichtung der Eisenverbände gesteckte Ziel war, worauf wir schon bei früherem Anlaß hingewiesen hatten, neben der Regulierung der Relation zwischen Produktion und Absatz des weiteren auch die besondere Förderung des Exportes der Eisen verarbeitenden Industrie, die ja gleichfalls infolge hoher Selbstkostenbelastung hinsichtlich ihrer Konkurrenzfähigkeit mit der fremdländischen Fertigeisenindustrie stark benachteiligt war. Eine der wesentlichsten Voraussetzungen für die Steigerung des Ausfuhrgeschäftes der deutschen Eisen verfeinernden Industriezweige (Maschinenbau usw.) war jedoch, daß diesen die für die Herstellung von Exportfabrikaten benötigten Rohmaterialien zu ungefähr den gleichen Preisen zur Verfügung gestellt wurden, wie sie jeweils im Auslande gültig waren. Es mußte also eine ideelle Gleichstellung der verhältnismäßig hohen Inlands-Eisenpreise mit den niedriger liegenden Weltmarktpreisen bei der Versorgung mit Walzeisenerzeugnissen für die Ausfuhrzwecke der Eisen weiterverarbeitenden Industrie durch ein besonderes Exportbonifikations-Verfahren erfolgen.

Daß eine solche Unterstützung der Ausfuhr inländischer Eisenfertigwaren andererseits gerade im allergrößten Interesse auch der Eisen schaffenden Industrie selbst lag, braucht wohl nicht näher erläutert zu werden.

Das Ergebnis entsprechender Verhandlungen zwischen der Arbeitsgemeinschaft der Eisen verarbeitenden Industrie im Reichsverband der Deutschen Industrie (abgek. Avi), deren Vorsitz und Geschäftsführung beim Verein Deutscher Maschinenbau-Anstalten, Berlin, liegt, und der Rohstahlgemeinschaft als Vertreterin der Eisen erzeugenden Industriegruppe war ein Abkommen, wodurch der exportierenden Fertigeisenindustrie der ausdrücklich für die Ausfuhr bestimmte Bezug von Walzeisenprodukten zu Weltmarktpreisen ermöglicht wird. Die wichtigsten Bestimmungen dieses Exportrückvergütungs-Abkommens, das im Juli 1925 mit Rückwirkung vom 1. März 1925 ab in Kraft gesetzt worden ist, geben wir nachstehend wieder[1]). Es ist noch zu bemerken, daß sich die drei oberschlesischen Werke der Rohstahlgemeinschaft, die Oberschlesische Eisen-Industrie A.-G., Oberschlesische Eisenbahn-Bedarfs-A.-G. und das Borsigwerk A.-G., erst später diesem Abkommen angeschlossen haben.

Die Rohstahlgemeinschaft erklärt sich hiernach bereit,

---

[1]) Wegen dieses Exportrückvergütungs-Abkommens hatte das amerikanische Schatzamt am 20. Mai 1926 eine Verordnung erlassen, wonach besondere Zusatzzölle auf die im übrigen recht geringfügige Einfuhr deutscher Walzwerkserzeugnisse und fertiger Waren daraus in die Vereinigten Staaten festgesetzt wurden, weil jenes Abkommen eine Dumpingmaßnahme darstelle (d. h. die Exportrückvergütung sei eine Ausfuhrprämie im Sinne des amerikanischen Zolltarifgesetzes vom Jahre 1922). Eine auf Anregung der deutschen Regierung eingesetzte gemischte deutsch-amerikanische Kommission stellte dann aber in ihrem Bericht u. a. fest, daß speziell 'das Abrechnungsverfahren nicht als eine Gewährung von Ausfuhrprämien anzusprechen sei, sondern als eine Preiskonzession der Stahl erzeugenden an die verarbeitende Industrie auf den Bezug von Material, das inzwischen zu Fertigerzeugnissen verarbeitet zur Ausfuhr gebracht worden ist. (Industrie- und Handels-Zeitung Nr. 252 vom 28. Oktober 1926.) Allerdings ist die daraufhin erwartete Zurücknahme der amerikanischen Verordnung nicht erfolgt. Ende Januar 1927 erließ das amerikanische Schatzamt sogar noch eine Verordnung über Erhebung besonderer Abgaben auf eingeführte deutsche Roheisenerzeugnisse.

der Eisen verarbeitenden Industrie den für ihre Ausfuhr benötigten Bedarf an Halbzeug und Walzeisen (im folgenden kurz Walzeisen genannt) zu den jeweiligen Weltmarktpreisen nach Maßgabe der folgenden Bestimmungen zu liefern: Den Anspruch auf Gewährung der Weltmarktpreise haben nur solche Werke der Eisen verarbeitenden Industrie, die sich der Vermittlung der Avi nach Maßgabe der Bestimmungen dieses Vertrages und der von der Avi nach deren Ermessen für ihren Verkehr mit den Verbrauchern erlassenen Ausführungsbestimmungen bedienen. Die Rohstahlgemeinschaft hat für die Erledigung der sich durch die Vereinbarung ergebenden Geschäfte eine besondere Geschäftsstelle eingerichtet, die Rohstahl-Ausgleichs-Stelle (abgek. R. A. S.), Düsseldorf. Zum Zwecke der Feststellung der Weltmarktpreise für die einzelnen Walzeisensorten ist ein Ausschuß (Ausfuhr-Ausschuß) gebildet, dem bis zu fünf Vertreter der Eisenerzeuger, bis zu fünf Vertreter der Eisenverbraucher und die gleiche Anzahl Stellvertreter angehören. Dieser Ausfuhr-Ausschuß setzt bis zum 20. jeden Monats fest: a) die Preise für die einzelnen Walzeisengruppen, die als Weltmarktpreise für den folgenden Monat zu gelten haben; b) für die einzelnen Walzeisengruppen den Unterschied zwischen dem Weltmarktpreis und einem durchschnittlichen Inlandsgrundpreis. Als wesentliche Richtlinie für die Festsetzung der Weltmarktpreise ist bestimmt, daß die Preise zu berücksichtigen sind, die von den Werken der Rohstahlgemeinschaft jeweils in den letzten vier Wochen durchschnittlich fob Seehafen erzielt worden sind. Die Inlandspreise werden festgesetzt auf Grund der von den Werken der Rohstahlgemeinschaft in dem gleichen Zeitraum und für die gleichen Walzeisengruppen erzielten Preise ab Schnittpunkt. Festsetzungen zu a) und b) sollen hierbei nicht nur für qualitätsloses Material getroffen werden, sondern auch für Qualitätsmaterial, soweit der Ausfuhr-Ausschuß hierfür Festsetzungen für möglich und praktisch durchführbar hält.

Für bestimmte größere Einzelgeschäfte nach dem Ausland, deren Abwicklung längere Zeit in Anspruch nehmen wird, kann der Bedarf an Walzeisen unmittelbar bei den

Werken der Rohstahlgemeinschaft zu mit den Werken zu vereinbarenden Preisen, die in der Regel nicht über den von dem Ausfuhr-Ausschuß festgesetzten Preisen liegen sollen, gedeckt werden. Gibt ein Werk für solche Geschäfte ein Lieferungsangebot ab, soll dieses bindend und der Preis fest sein. Erhält der Verbraucher den betreffenden Auftrag, ist das Werk verpflichtet, das Eisen zu den angebotenen Preisen innerhalb der vereinbarten Frist zu liefern; der Besteller ist verpflichtet, das Material hierzu abzunehmen. Für solche Geschäfte kann eine Mindestmenge zwischen den vertragschließenden Parteien festgesetzt werden. Von derartigen Geschäften ist der R. A. S. durch das Lieferwerk jeweils Kenntnis zu geben. Das Lieferwerk hat der R. A. S. die hierauf erfolgenden Lieferungen monatlich aufzugeben. Der Verbraucher führt durch die Bescheinigungen der Avi, die an die R. A. S. abzugeben sind, den Nachweis der Ausfuhr. Diese Bedingungen finden sinngemäß auch Anwendung, wenn das Eisen nicht vom Lieferwerk unmittelbar, sondern von einem Händler bezogen wird. Der Händler hat dann die Ausfuhrbescheinigungen seines Abnehmers der R. A. S. beizubringen. (Sogen. Fall I.)

Für sonstiges nachweislich nach Weiterverarbeitung ausgeführtes Walzeisen gelten zum Zwecke der Erlangung des Weltmarktpreises folgende Vorschriften: Die Verbraucher geben der Avi oder den von ihr beauftragten Mitglieder-Verbänden monatlich Nachweisungen über die von ihnen ausgeführten Erzeugnisse. Die Avi bzw. ihre Mitglieder-Verbände stellen aus den Nachweisungen zusammen, welche Mengen der einzelnen Walzeisensorten in den ausgeführten Erzeugnissen insgesamt zuzüglich Abfall enthalten sind, und übersenden diese Zusammenstellungen der R. A. S. Die Avi bzw. ihre Mitglieder-Verbände stellen den Verbrauchern für die als ausgeführt nachgewiesenen Walzeisenmengen zuzüglich Abfall Bescheinigungen aus, die bei Neubestellungen von Walzwerkserzeugnissen bei Werken der Rohstahlgemeinschaft in Zahlung gegeben werden können, um hierdurch den Neubezug einer dem Export des Ausfuhrmonats entsprechenden Menge von Walzwerkserzeugnissen zu Weltmarktpreisen zu ermöglichen. Zu diesem Zweck lauten die Bescheinigungen auf einen Reichsmark-Betrag, der sich errechnet auf Grund des Unterschiedes zwischen Inlandspreis und Weltmarktpreis des Ausfuhrmonats der für die exportierten Fertigerzeugnisse verwendeten Walzeisensorten. Der Verbraucher kann solche Bescheinigungen auch an eine deutsche Eisenhändlerfirma weitergeben. Handelt es sich hierbei nicht um eine Großhändlerfirma, kann die Händlerfirma die Bescheinigung an eine Großhändlerfirma weitergeben. Die Händlerfirma kann die Bescheinigung nur dann verwerten, wenn sie bei einem Werk der Rohstahlgemeinschaft eine neue Bestellung von Walzeisen zu Inlandspreisen mindestens in der Höhe des in der Bescheinigung angegebenen Betrages macht. Wenn in besonderen Ausnahmefällen ein Verbraucher ihm ausgestellte Bescheinigungen zum Neubezug von Walzwerkserzeugnissen nicht verwenden kann, können die Avi bzw. ihre Mitglieder-Verbände sie für ihre Mitglieder erwerben. Die letzteren können solche Bescheinigungen dann ihrerseits bei Bezügen von Walzwerkserzeugnissen bei Werken der Rohstahlgemeinschaft benutzen. (Fall II.)

Lieferungen im Veredelungsverkehr fallen nicht unter diese Vereinbarung. Ob und in welchem Umfange Wiederaufbau-Lieferungen darunter fallen, entscheidet der Ausfuhr-Ausschuß.

* * *

Dieses System der Exportbonifikation mittels sogen. Berechtigungsscheine führte jedoch alsbald zu mancherlei Unzuträglichkeiten. So ergab beispielsweise die Unterbringung der Berechtigungsscheine beim Vorliegen laufender Abschlüsse Schwierigkeiten insofern, als die Werke der Rohstahlgemeinschaft die Annahme von Berechtigungsscheinen für derartige Lieferungen bzw. für deren Bezahlung mit der Begründung ablehnten, daß die Neukaufverpflichtung nicht eingehalten sei. Denn seit dem 1. August 1925 mußte bei Inzahlunggeben der Berechtigungsscheine gleichzeitig auch eine Neubestellung erfolgen, auf welche Weise die Rohstahlgemeinschaft einen gewissen Zwang zur Bezugstreue ausüben und vor allem auch verhindern wollte, daß nicht von den Werken der Rohstahlgemeinschaft produziertes Eisen gleichfalls rabattiert wurde. Zwischen der Avi und der Rohstahlgemeinschaft wurde dann über die Behandlung von Geschäften der oben angeführten Art folgende Vereinbarung getroffen: Hat ein Abnehmer bei einem Werk der Rohstahlgemeinschaft einen laufenden Abschluß auf Lieferung in Halbzeug bzw. Walzeisen untergebracht, stehen der Anrechnung auch solcher Berechtigungsscheine, die für die Zeit ab 1. August 1925 ausgestellt sind, auf diesen Abschluß keine Bedenken entgegen, wenn der Verbraucher gleichzeitig mit der Begebung solcher Scheine eine Spezifikation auf seinen Abschluß gibt oder bei Abruf eines Teiles des Abschlusses den Vorbehalt macht, bei Begleichung der Rechnung über diese Teillieferung Berechtigungsscheine in entsprechendem Umfange mit in Zahlung zu geben. Die Rechnungssummen, auf welche die Berechtigungsscheine in Zahlung genommen werden, müssen den auf der Vorderseite der Scheine angegebenen Neubestellungswerten entsprechen.

Ein weiterer Mangel beim Verrechnungsverfahren bestand darin, daß die über die Differenz zwischen Inlands- und Weltmarktpreis ausgestellten Berechtigungsscheine, wie bereits gesagt, lediglich beim Bezug weiterer Walzeisenmengen in Zahlung genommen wurden, hierbei jedoch nicht mehr als 10 Prozent der neubestellten Menge ausmachen durften. Diese Bestimmung erschwerte aber die Realisierung der Berechtigungsscheine ganz besonders in Zeiten mangelhafter Beschäftigung. Seit November 1926 ist deshalb auf Vorstellung der Avi der Treurabattsatz der Rohstahlgemeinschaft dann auf bis zu 30 Prozent heraufgesetzt worden, so daß also bis zu dieser Höhe des Wertes der Neubestellungen die Berechtigungsscheine in Zahlung gegeben werden können. Im sonstigen stellt sich diese Abänderung des Treurabattverfahrens auf Grund des Sitzungsprotokolles des Ausschusses der Rohstahlgemeinschaft und der Avi vom 25. November 1926 für die Unterbringung der Berechtigungsscheine nach Fall II wie folgt: Die Verrechnung von Berechtigungsscheinen darf, wie bisher, nur auf solche Rechnungen erfolgen, bei denen es sich um neues Material handelt, das zu Inlandspreisen berechnet worden ist. Es dürfen also Berechtigungsscheine nicht angerechnet werden auf Rechnungen über Lieferungen nach Fall I und für Lieferungen an den Schiffbau sowie ferner auf Rechnungen über Abfall-, End- und Ausschuß-Material. Die Übertragung von Berechtigungsscheinen von einer Verbraucherfirma auf eine andere Verbraucherfirma ist nach wie vor von der Genehmigung der Rohstahlgemeinschaft abhängig. Es dürfen daher von den Verbraucherfirmen nur solche Berechtigungsscheine im Rahmen der Bestimmungen angenommen werden, die auf die betreffende Verbraucherfirma selbst ausgestellt sind, oder die einen Vermerk des ausstellenden Verbraucher-Verbandes tragen, daß die Übertragung auf einen anderen Verbraucher genehmigt ist. Für Ausfuhrlieferungen von Fertigerzeugnissen, hergestellt aus Qualitäts-Feinblechen, stellen die zuständigen Verbraucher-Verbände besondere Berechtigungsscheine aus. Die Begebung dieser Berechtigungsscheine war bisher nur möglich, wenn die Abnehmer für den auf den Scheinen angegebenen Betrag des Neukaufswertes Qualitäts-Feinbleche bestellten. Auch in Zukunft dürfen solche Scheine nur auf Rechnungen über Qualitäts-Feinbleche verrechnet werden, jedoch können auch hier bis zu 30 Prozent des Rechnungsbetrages mit Berechtigungsscheinen abgedeckt werden [1]).

* * *

Von besonderer Bedeutung ist ein aus dem Rahmen des gewöhnlichen Exportrückvergütungsverfahrens fallendes Sonderabkommen, das zwischen der Rohstahlgemeinschaft und der Vereinigung Deutscher Kaltwalzwerke, Hagen, im März 1926 mit einer Kündigungsfrist von drei Monaten ohne zeitliche Begrenzung abgeschlossen wurde. Die Vergütungsfrage für kaltgewalztes Bandeisen hatte nämlich zu Meinungsverschiedenheiten zwischen der Rohstahlgemeinschaft und der Avi geführt, da diese die Kaltwalzwerke als Fertig-

[1]) Rheinisch-Westfälische Zeitung Nr. 863 vom 10. Dezember 1926.

warenerzeuger ansah und entsprechend bonifiziert wissen wollte, während die Rohstahlgemeinschaft die kaltgewalztes Bandeisen herstellenden Werke nicht als reine Weiterverarbeiter betrachtete. Da eine Einigung in dieser strittigen Angelegenheit nicht erzielt werden konnte, kam es schließlich zu einer Sonderabmachung, auf Grund deren denjenigen Kaltwalzwerken eine Exportvergütung gewährt wird, die sich zum ausschließlichen Bezug von Halbzeug bzw. warmgewalztem Bandeisen bei den Werken der Rohstahlgemeinschaft verpflichtet haben. Diese Vergütung erfolgt jedoch beachtenswerterweise nicht in der Form von Berechtigungsscheinen wie beim Avi-Abkommen, vielmehr in bar nach Beibringung des Ausfuhrnachweises; die Barvergütungssumme wird von der Rohstahlgemeinschaft an die oben genannte Vereinigung der Kaltwalzwerke überwiesen.

Beim alten Stahlwerksverband wurde übrigens die Exportvergütung ebenfalls in bar ausbezahlt, und zwar lag das Abrechnungsverfahren in Händen der sogen. Düsseldorfer „Abrechnungsstelle für die Ausfuhr", von der auch die Ausfuhrvergütungen des Rheinisch-Westfälischen Kohlensyndikates sowie des Roheisen-Verbandes bezahlt wurden. Der Roheisen-Verband selbst gewährt, nebenbei bemerkt, ab 1. Juli 1926 wieder eine Vergütung für Gußeisen, das für den mittelbaren Export vom Verband bezogen wird, und zwar auf Grund einer Verständigung mit dem Verein Deutscher Eisengießereien, Düsseldorf (Gießerei-Verband), in Höhe von 6 RM. für die Tonne. Ende des Jahres 1926 ist infolge einer Vereinbarung mit der Avi auch noch Temperguß nachträglich mit rückwirkender Kraft vom 1. Juli 1926 ab in das Treurabatt-Verfahren des Roheisen-Verbandes, das bisher nur für Grauguß galt, einbezogen worden. Der Roheisen-Verband führt die Abrechnung über die Ausfuhrrabatte halbjährlich durch. Hierbei kam es für das erste fällige Halbjahr vom 1. Juli bis 31. Dezember 1926 bereits zu Differenzen mit den Verarbeitern deshalb, weil der Roheisen-Verband eine Verschärfung der Bestimmung, zu der die Gußeisen-Weiterverarbeiter die gesamte von ihnen exportierte Fertigwaren-Menge rabattiert erhalten, von mindestens 75 Prozent der gesamten Rohmaterial-Bedarfsdeckung beim Roheisen-Verband auf mindestens 90 Prozent wünschte. Es blieb jedoch bei der bisherigen Bedingung, so daß also von einer nachträglichen Heraufsetzung auf 90 Prozent für das zweite Semester 1926 abgesehen und eine Benachteiligung derjenigen Verbraucher vermieden wurde, die in größerem Maße ausländisches Roheisen bezogen hatten.

Um den großen Wert des zwischen Eisen schaffender und Eisen verarbeitender Industrie getroffenen Exportrückvergütungs-Abkommens besonders zu kennzeichnen, lassen wir eine Gegenüberstellung der in den Monaten Februar, Juli und November 1926 jeweils gültigen Inlandspreise (Verbands-Grundpreise mit Ausnahme von Mittel- und Feinblechen) und der seitens der Rohstahlgemeinschaft und der Avi für die Ausfuhrgeschäfte der deutschen Eisenverbraucher in den betreffenden Monaten ermittelten Weltmarktpreise der wichtigsten Walzeisensorten folgen:

	Februar		Juli		November	
	Inland-	Welt-markt-	Inland-	Welt-markt-	Inland-	Welt-markt-
	Preise in RM. je Tonne zu 1000 kg.					
Rohblöcke	104,25	90	104	76	100	95
Vorgewalzte Blöcke	111,75	92	111,50	80	105	100
Knüppel	119,25	95	119	83	112,50	105
Platinen	124,25	98	124	92	117,50	110
Formeisen	131,25	100	131	93	131	116
Stabeisen	134,30	106	134	96	134	118,50
Bandeisen	154,20	125	154	120	154	123
Walzdraht	139,30	115	139,30	112	139,30	120
Grobbleche (5 mm u. darüber)	149,25	118	148,90	110	148,90	127,50
Mittelbleche (3 mm bis unter 5 mm)	140—137,50	120	128—125	117,50	145—150	137,50
Feinbleche (1 mm bis unter 3 mm)	158—152,50	145	145—140	135	160—165	140
Feinbleche (unter 1 mm)	165—160	155	150—145	155	170—175	155

Aus dieser Gegenüberstellung der Inlands- und Weltmarktpreise ist deutlich der starke Rückgang der letzteren als Folge der bekannten westeuropäischen Dumpingkonkurrenz zu ersehen, während die durchweg höher stehenden deutschen Inlands-Verbandspreise — Mittel- und Feinbleche scheiden hierbei als nichtsyndiziertes Erzeugnis aus — eine relative Stabilität zeigen. Die geringfügige Änderung der Preise des Stahlwerksverbandes für Halbzeug, Formeisen, Stabeisen, Bandeisen sowie Grobblech im Juli gegenüber Februar erklärt sich aus der am 1. April 1926 in Kraft getretenen Ermäßigung der Umsatzsteuer von 1 Prozent auf 0,75 Prozent, weswegen seinerzeit die Stahlwerksverbandspreise eine entsprechende kleine Senkung erfahren haben. Die Herabsetzung der deutschen Halbzeugpreise in der November-Aufstellung ist nur scheinbar. Infolge des scharfen Wettbewerbs am Halbzeugmarkt durch die westeuropäischen Werke standen nämlich die bisherigen, noch aus der Zeit der Gründung des Halbzeugverbandes herstammenden Verbandspreise lediglich auf dem Papier, wurden also in Wirklichkeit meistens nicht erzielt. Als jedoch der Abschluß der Internationalen Rohstahlgemeinschaft nach dem 1. Oktober eine stetigere Haltung des Halbzeugmarktes erwarten ließ, konnte der Stahlwerksverband eine Revision der Halbzeugpreise vornehmen, wobei die neuen Preise keine Ermäßigung darstellen, sondern eine Erhöhung im Vergleich zu den bisherigen durchschnittlichen und wohlgemerkt niedriger als die offiziellen Verbandsnotierungen liegenden Effektivpreisen. Die Notwendigkeit von Preiskonzessionen beim Wettbewerb mit den westeuropäischen Werken insbesondere auf dem süddeutschen Markt erhellt übrigens auch die offizielle Einführung einer besonderen Frachtgrundlage Türkismühle (Saargebiets-Grenze) für Formeisen und Stabeisen, wodurch sich beispielsweise für Formeisen der Verbandspreis auf 122 RM. ab Türkismühle-Grenze gegen sonst 131 RM. ab Oberhausen und für Stabeisen auf 125 RM. bzw. 134 RM. stellte. Erst seitdem sämtliche Saarwerke durch den

Beitritt auch der Dillinger Hüttenwerke[1]) und des diesen nahestehenden Bandeisenwalzwerkes St. Ingbert den deutschen Eisenverbänden angehören, hat die vorübergehend eingeführte Frachtgrundlage Türkismühle wieder aufgehoben und an deren Stelle die alte Frachtgrundlage Neunkirchen-Saar wieder eingeführt werden können. Hierbei ist gleichzeitig auch die Spanne zwischen den Preisen mit Frachtgrundlage Oberhausen und mit Frachtgrundlage Türkismühle bzw. jetzt Neunkirchen für Formeisen sowie Stabeisen um je 3 RM. pro Tonne verringert worden, so daß also in Süddeutschland der Preis für Formeisen ab Neunkirchen-Saar 125 RM. und für Stabeisen 128 RM. beträgt gegen bisher 122 RM. bzw. 125 RM. Diese am 26. November 1926 beschlossene Erhöhung der Verbandspreise des Stahlwerksverbandes um 3 RM. je Tonne traf alle Gebiete außer dem Gebiet nordwestlich der Linie Neuwied-Hannover-Hamburg, das auf Frachtbasis Oberhausen beliefert wird. Im übrigen wirkte die Verlegung der Frachtbasis von Türkismühle nach Neunkirchen (35 km südlich Türkismühle) im Gebiet nördlich der Linie Mannheim-Regensburg preiserhöhend um 0,50 RM. bis 0,75 RM. je Tonne mehr Fracht, im Gebiet südlich dieser Linie preisermäßigend um etwa denselben Betrag weniger Fracht[2]).

Die beträchtliche Steigerung der Weltmarktpreise im November 1926 besonders gegenüber dem Monat Juli ist

---

[1]) Als letztes noch außenstehendes Saarwerk waren Ende November 1926 die Dillinger Hüttenwerke, Dillingen a. d. Saar, als Mitglied in die Rohstahlgemeinschaft, den A-Produkte-Verband sowie den Stabeisen-Verband mit Rückwirkung vom 1. Oktober 1926 ab und Ende Januar 1927 offiziell auch in den Grobblech-Verband aufgenommen worden. — Wir kommen auf den Anschluß der Saarwerke an die deutschen Eisenverbände noch später ausführlicher zurück.

[2]) Durch Fortfall der bisherigen Rabatte von $33^1/_3$ Prozent bis 60 Prozent auf die Überpreise des Stahlwerksverbandes, die für Süddeutschland infolge der Konkurrenz der saarländischen und lothringischen Werke gewährt werden mußten, weil diese Werke um ebensoviel geringere Überpreise hatten, war gleichzeitig noch eine weitere Preiserhöhung von 2 RM. bis 4 RM. = 50 bis 100 Prozent für die Tonne Stabeisen bedingt.

einmal dem Zustandekommen der Internationalen Rohstahlgemeinschaft und ferner in erster Linie den Auswirkungen des englischen Bergarbeiterstreiks zuzuschreiben, welcher der britischen Stahlindustrie im Jahre 1926 gegenüber dem Vorjahre einen Produktionsausfall von ungefähr 3,82 Millionen Tonnen Rohstahl gebracht hat. Sodann aber auch noch der endlich vorgenommenen Stabilhaltung des französischen Frankens sowie der Valorisierung der belgischen Währung, die den früheren Preisunterbietungen der westeuropäischen Stahlwerke am Weltmarkt, allerdings nur für vorübergehende Zeit, ein Ende bereiteten und beispielsweise eine Steigerung der französischen Inlandseisenpreise sogar in einem derartigen Ausmaße hervorriefen, daß sie im Dezember 1926 bis über 15 Prozent über den deutschen Preisen insonderheit auch am süddeutschen Markt lagen, dem alten Kampfplatz der rheinisch-westfälischen mit den lothringischen, saarländischen und luxemburgischen Werken. Infolge dieser Aufbesserung der Weltmarktpreise im letzten Quartal des Jahres 1926 haben selbstverständlich auch die Anrechnungssätze der Rohstahlgemeinschaft und Avi für Ausfuhrlieferungen nach Fall II eine entsprechende Ermäßigung erfahren, worüber nachstehende Tabelle der Anrechnungssätze für die Monate September bis November 1926 Aufschluß gibt. Es sei noch darauf hingewiesen, daß außer Halbzeug und sonstigen Walzeisenerzeugnissen auch Qualitätsbleche sowie Siederöhren in das Exportbonifikationsverfahren durch eine besondere Regelung mit einbezogen worden sind.

	September		Oktober		November	
Rohblöcke	15	RM.	15	RM.	11	RM.
Vorgewalzte Blöcke	15	„	13,50	„	11	„
Knüppel	15	„	14,50	„	12	„
Platinen und Breiteisen	15	„	12,50	„	9	„
Eisenbahnoberbaumaterial						
a) leichtes bei Abnahme von 100 Tonnen und mehr	30	„	29	„	27	„
b) leichtes bei Abnahme von weniger als 100 Tonnen	30	„	29	„	27	„
c) schweres Material	20	„	20	„	20	„
Formeisen	25	„	18	„	15	„
Stabeisen und Kleinformeisen	25	„	21	„	17	„

	September		Oktober		November	
Bandeisen	30	RM.	28,50	RM.	27	RM.
Universaleisen	18	„	17	„	15	„
Walzdraht	21	„	21	„	14	„
Grobbleche	30	„	27	„	22	„
Kesselbleche	30	„	27	„	22	„
Mittelbleche	12,50	„	8	„	3	„
Feinbleche						
a) 1 mm bis unter 3 mm	15	„	15	„	15	„
b) unter 1 mm	15	„	15	„	15	„
Kastengeglühte und decapierte Bleche (für 0,5 mm einmal decapiertes Blech)	25	„	25	„	25	„
Dynamobleche	40	„	40	„	40	„
Transformatorenbleche	45	„	45	„	45	„
Sederöhren (bis 7 Zoll Innendurchmesser)	55	„	55	„	55	„

Ende November begann allerdings die feste Preistendenz am Welteisenmarkt wieder abzuflauen, zumal auch das haussierende Moment des britischen Bergarbeiterstreiks durch das Erlöschen dieses Streiks in Fortfall kam und somit in der englischen Eisenindustrie eine allmähliche Wiederaufnahme der Produktionstätigkeit einsetzte. Auch gingen die englischen Werke, um wieder ins Geschäft zu kommen, mit Preisunterbietungen vor, so daß beispielsweise der Röhrenverband sich veranlaßt sah, die Exportpreise für Gas- und Siederöhren bei Lieferungen nach England um durchschnittlich 2 bis 5 Prozent herabzusetzen.

III. Die Organisation des deutschen Eisenhandels.

A. Werkshandel und freier Eisengroßhandel.

Aus der Syndizierung der Stahlindustrie insbesondere im neuen Stahlwerksverband mit seinen Verkaufsabteilungen vornehmlich für das A-Produkt Formeisen und für die B-Produkte Stabeisen, Bandeisen und Grobblech ergab sich notwendigerweise auch eine analoge Kartellierung des deutschen Eisenhandels selbst in der Form des Zusammenschlusses zu Händlervereinigungen, mit denen dann seitens der Werksverbände die im Interesse ihrer Syndikatsfunktion erforderliche Basis für eine gemeinsame Behandlung des Vertriebsgeschäftes bis hinunter zum letzten Abnehmer geschaffen werden konnte. Unter dem alten Stahlwerksverband, der ja lediglich den zentralen Verkauf der A-Produkte, insonderheit des wichtigen Eisenhandelsartikels Formeisen (Träger und U-Eisen von 80 mm Steghöhe und mehr), umfaßte, war der deutsche Trägerhandel in der Weise kartelliert worden, daß für die vier regionalen Verkaufsgebiete Rheinland-Westfalen, Süddeutschland, Nordwest- und Mitteldeutschland und Nordostdeutschland einschließlich Berlin selbständige Träger-Großhändlerorganisationen gebildet und diesen die betreffenden, gegeneinander abgegrenzten Verkaufsbezirke zur Bearbeitung zugewiesen wurden. In diesen Träger-Großhändler-Vereinigungen waren die sogen. Verbandshändler vertreten, die unmittelbar vom Stahlwerksverband beliefert wurden und folglich den direkten Geschäftsverkehr mit dem Verband pflegten, während sie andererseits wiederum im Vertragsverhältnis zu der großen Zahl von Interessenten am Trägerhandel standen, die diesen Artikel regelmäßig auf ihren Lägern führen, im Einkauf aber gewohnheitsmäßig durch den Großhandel bedient werden. Diese sogen. Vertragshändler hatten sich den Großhändler-Vereinigungen gegenüber zur Einhaltung der Preise und sonstigen Verkaufsbedingungen verpflichtet; sie konnten jedoch nicht unmittelbar vom Stahlwerksverband, sondern lediglich von den Verbandshändlern beziehen. Mit Hilfe einer derartigen Kartellorganisation vermochte also der Stahlwerksverband eine strenge Beobachtung seiner jeweiligen Verkaufspreise auch beim mittleren und kleinen Trägerhändler zu erzielen sowie eine Kontrolle über den Weiterverkauf seiner handelsmäßigen Erzeugnisse bis zum Verbraucher auszuüben, auf der anderen Seite aber gleichzeitig die Möglichkeit von Preisunterbietungen innerhalb des Trägergroßhandels auszuschalten.

Nach der Wiedererrichtung des Stahlwerksverbandes im Jahre 1925 ist die Neukartellierung des Eisenhandels im wesentlichen nach dem Vorbilde jenes alten Organisationssystems im Trägerhandel vorgenommen worden, jedoch mit dem bedeutsamen Unterschied, daß als Verbandshändler vorwiegend Werkshandelsfirmen und lediglich eine geringfügige Zahl freier Eisengroßhändler zugelassen wurden, wogegen früher die Verbandshändler ausschließlich freie Händler waren. Diese Bevorzugung des werksabhängigen Eisenhandels gegen den freien, großenteils alteingesessenen und somit über langjährige, feste Kundenbeziehungen verfügenden Großhandel hatte ihre tiefere Ursache in der sehr beträchtlichen Vergrößerung, die der Werkshandel während der Kriegs- und besonders Nachkriegszeit erfahren und die zu einer teilweise recht erheblichen Einengung der Geschäftstätigkeit des unabhängigen Eisenhandels geführt hat. Die Gründe für die Ausbreitung des Werkshandels waren einmal die Auflösung des Stahlwerksverbandes und der übrigen Eisenverbände, durch die der Verkauf der syndizierten Erzeugnisse wieder in die Hände der einzelnen Werke zurückgelegt wurde, des weiteren vor allem die Hochkonjunktur der Inflationsjahre, mit deren Beendigung und nachfolgender Stabilisierungskrisis dann allerdings eine Reduzierung des stark übersetzten Vertriebsapparates sowohl im Werkshandel als auch im freien Eisenhandel erfolgte. Jedenfalls gibt es heute keinen schwerindustriellen Konzern mehr, der nicht eine oder häufig mehrere Werkshandelsgesellschaften mit einem Netz von Filialen, Lagerhaltungen u. dgl. an allen bedeutenden Handelsplätzen in Deutschland besitzt. Und nicht allein im Streckengeschäft — der Exporthandel besteht, nebenbei bemerkt, ebenfalls nur aus Streckengeschäften, woran aber der freie Handel schon von jeher im allgemeinen wenig interessiert ist —, auch im Lagergeschäft hat sich der freie Großhandel eine starke Ausbreitung des konkurrierenden Werkshandels gefallen lassen müssen. Der wiedererstandene Stahlwerksverband aber hat dieser Tatsache, daß der freie Eisengroßhandel heute gegen den Werksgroßhandel nicht unerheblich ins Hintertreffen geraten ist, Rechnung tragen müssen, zumal die Werke sich gegen eine fühlbare Beschneidung der Tätigkeit der von ihnen abhängigen Handelsfirmen und hiermit gegen eine Verringerung der Verdienstmöglichkeiten, zu deren Vergrößerung ja letzten Endes die Werkshandelsgesellschaften bestehen, kräftigst gewehrt hätten. Eine Auflösung der Werkshandelsfirmen vollends kam garnicht erst in Frage, weil die Werke für den Fall, daß die Syndikate nach Ablauf der Frist ihrer Vertragsdauer wieder aufgelöst werden sollten, erklärlicherweise ihre bisherige eigene Absatzorganisation in Reserve behalten wollen. Auch wurde die Zahl der Verbandshändler insofern beschränkt, als von jedem Verbandsmitgliedswerk nur eine Handelsfirma als Verbandshändler für jeden Verkaufsbezirk aufgegeben werden durfte, wobei die Werke für ihre als Verbandshändler fungierenden Gesellschaften die Bürgschaft dem Stahlwerksverband gegenüber übernehmen mußten. Selbstverständlich dachte hierbei jedes Werk an erster Stelle an seine Werkshandelsfirma. Infolge dieser speziellen Forderung des Stahlwerksverbandes, lediglich mit einer verhältnismäßig kleinen Zahl von fest organisierten Großhändlern unmittelbar zu verkehren, sowie infolge des generellen Grundsatzes für den Aufbau der Händlerverbände, den einzelnen Werkshandelsfirmen den Verkauf der Erzeugnisse ihrer Werke so gut wie ungeschmälert zu erhalten und den übrigen, freien Handel durch den Werkshandel bedienen zu lassen, kam es also, daß in den Verbandshändlerorganisationen die Werkshandelsfirmen bei weitem in der Mehrzahl sind. Daneben sind nur wenige freie Eisengroßhändler als Verbandshändler vom Stahlwerksverband nominiert worden, die einen gewissen jährlichen Mindestbezug aufweisen und durch ihre Position innerhalb des Eisenhandels, ihre finanzielle Sicherheit u. ä. die Gewähr eines den Interessen des Verbandes dienenden, reibungslosen Verkehrs zu bieten vermögen. Diese Voraussetzungen für die Zulassung als Verbandshändler des Stahlwerksverbandes konnte jedoch manche altrenommierte freie Eisenhandelsfirma aus naheliegenden Gründen jetzt nicht mehr erfüllen und mußte sich somit die Eignung als Verbandshändler absprechen lassen. Im Verband rheinisch-westfälischer Eisengroßhändler G. m. b. H., Düsseldorf, beispielsweise sind von den zwölf Mitgliedern zehn Werkshandelsfirmen und nur zwei freie Eisengroßhandelsfirmen; in der nord-west- und mitteldeutschen sowie in der nordostdeutschen Verbandshändlervereinigung ist der Anteil der freien Händler, der höheren Mitgliederzahl dieser Vereinigungen entsprechend, größer. Als kennzeichnend für die Machtstellung, die der Werkshandel heute im gesamten deutschen Eisenhandel erreicht hat, nicht zuletzt gerade infolge der Begünstigung durch den Stahlwerksverband, erwähnen wir den Übergang der jahrzehntelang bestehenden selbständigen Stahlgroßhandlung Otto Mansfeld & Co., Berlin, und ihrer Zweigniederlassungen sowie der hierzu gehörigen Sächsischen Gußstahlhandelsgesellschaft m. b. H., Dresden und Frankfurt a. M., aus dem Besitz des bisherigen Inhabers Paul Rohde in den der Sächsischen Gußstahlwerke Döhlen A.-G., Dresden[1]. Diese am 1. Oktober 1926 erfolgte Transaktion

[1] Gleichzeitig veräußerte Paul Rohde sein Aktien-Minoritätspaket der Sächsischen Gußstahlwerke an ein Großbanken-Konsortium, nahm aber bald darauf maßgebendes Interesse an den Gelsenkirchener Gußstahl- und Eisenwerken A.-G. (jetzige Firma: Rheinisch-Westfälische Stahl- und Walzwerke A.-G., Düsseldorf), wie bereits bei früherer Gelegenheit erwähnt. — Später erwarb die Rohde-Gruppe auch noch die Majorität der Deutschen Stahl- und Walzwerke A.-G., Siegburg,

entsprang neben anderem auch den erschwerten Existenzmöglichkeiten, die sich für den freien Eisenhandel in der Jetztzeit bei der außerordentlichen Bedeutung des Werkshandels allenthalben ergeben.

Die Entstehung des Werkshandels ist, um hierauf zum Schluß kurz einzugehen, auf die Gründung von neuen sowie auf die Einflußnahme bei bereits bestehenden Firmen zurückzuführen, in einzelnen Fällen jedoch umgekehrt auch darauf, daß Händler gleichzeitig auch noch zu Werksbesitzern wurden. Letzteres war der Fall z. B. bei Carl Spaeter bezüglich der Rombacher Hüttenwerke und des Lothringer Hüttenvereins Aumetz-Friede zu Kneuttingen. Die Aktienmajorität des Lothringer Hüttenvereins ging später in den Besitz von Peter Klöckner über, der aus der Eisenhandelsfirma Carl Spaeter, damals in Koblenz, heute in Duisburg, ausschied und sich selbständig machte. Neben den Erzeugnissen des Lothringer Hüttenvereins vertrieb die Firma Klöckner & Co. G. m. b. H., Duisburg, ferner noch die Fabrikate des Hasper Eisen- u. Stahlwerks und anderer Werke. Der Ursprung der heutigen Klöckner-Werke A.-G. lag also, genau wie beim Stinnes-Konzern, im reinen Handelsgeschäft. Auch der saarländische Röchling-Konzern ist dadurch entstanden, daß die Saarbrücker Kohlenhandels- und Bankfirma Gebr. Röchling seinerzeit die Gelegenheit hatte, die Eisen- und Stahlwerke in Völklingen a. d. Saar zu erwerben (im Jahre 1881). Aus der Nachkriegszeit ist als ein bekannter Vorgang des Eindringens einer Eisenhandelsfirma in die Sphäre der industriellen Unternehmung zu nennen die maßgebende Beteiligung der Kölner Eisenhandlung Otto Wolff & Co., einer erst nach dem Kriege in die Höhe gekommenen Gesellschaft,

---

aus dem Besitz der Vereinigten Industrie-Unternehmungen A.-G., Berlin (Viag), der bekannten Dachgesellschaft der Reichs-Elektro- und metallurgischen Betriebe. — Anfang Mai 1927 ging die von der Deutschen Bank und der Dresdner Bank erworbene Sächsische Gußstahl-Aktienmajorität (einschl. des der Eisenhandelsfirma J. Adler jun. in Frankfurt a. M. ebenfalls abgekauften Minoritätspaketes) dann an ein unter Beteiligung von Paul Rohde sowie von Otto Wolff, Köln, gebildetes Konsortium über, so daß also Paul Rohde jetzt wieder bei den Sächsischen Gußstahlwerken interessiert ist.

bei den Rheinischen Stahlwerken und der Phoenix A.-G. für Bergbau und Hüttenbetrieb. Allerdings nimmt dieser Fall eine Sonderstellung insofern ein, als die Firma Otto Wolff & Co. dadurch keineswegs zu einer von diesen beiden Werksgruppen abhängigen Handelsgesellschaft wurde, ebenso wenig wie Rheinstahl und Phoenix nicht in die gänzliche Hörigkeit von Wolff gerieten.

Ausgesprochene Werkshandelsgesellschaften sind beispielsweise für die Fried. Krupp A.-G. die Firmen Georg von Cölln-Sträßer G. m. b. H., Duisburg, und A. Druckenmüller G. m. b. H., Berlin-Tempelhof, oder war die Eisenhandlung Heinr. Aug. Schulte A.-G., Dortmund, für die Deutsch-Luxemburgische Bergwerks- und Hütten-A.-G. (jetzt Vereinigte Stahlwerke A.-G.). Hier sind es die betreffenden Werke gewesen, die von sich aus bereits bestehende Handelsfirmen sich angegliedert haben. Andererseits hat sich der Thyssen-Konzern in einer besonders gegründeten Thyssenschen Handelsgesellschaft m. b. H., Hamborn, bzw. Thyssenschen Eisenhandelsgesellschaft m. b. H., Duisburg und Filialen, eine eigene Vertriebsorganisation geschaffen. Die Rheinischen Stahlwerke gründeten die Rheinstahl-Handelsgesellschaft m. b. H., Düsseldorf usw., das Eisen- und Stahlwerk Hoesch A.-G. die Dortmunder Eisenhandlung G.m.b.H., der Haniel-Konzern die Eisenhandel Gutehoffnungshütte G.m.b.H., Essen, die zum Röchling-Konzern gehörende Eisenwerk-Gesellschaft Maximilianshütte das Eisenkontor Maxhütte G. m. b. H., Haidhof (Oberpfalz), die Gruppe Ilseder Hütte-Peiner Walzwerk die „Werkshandelsfirma des Peiner Walzwerks G. m. b. H., Peine“, die Mannesmannröhren-Werke A.-G. die Mannesmannröhren-Lager G. m. b. H., Berlin usw., die Hahnschen Werke A.-G., Berlin-Großenbaum (Bez. Düsseldorf), das Frankfurter Stahlkontor G. m. b. H., Frankfurt a. M. Die Werkshandelsfirmen der auf die Vereinigten Stahlwerke A.-G. übergegangenen Werksgruppen (Rheinelbe-Union, Thyssen usw.) haben eine Umgestaltung in der Weise erfahren, daß eine Konzentration dieser vordem getrennt arbeitenden, in ihrem Arbeitsbereich aber vielfach ineinander übergreifenden Firmen in den vier inländischen Absatzbezirken Nord-, Ost-, Süd- und Westdeutschland erfolgt ist, und zwar in der Thyssen Eisen- und Stahl-A.-G. in Berlin für den Norden und Osten, der Thyssen-Rheinstahl-A.-G. in Frankfurt a. M. für den Süden und der Heinr. Aug. Schulte Eisen-A.-G. in Dortmund für den Westen und Nordwesten. Diese drei regionalen Zentral-Werkshandelsgesellschaften verfügen selbstverständlich über eine große Zahl von Zweigniederlassungen innerhalb ihrer zuständigen Verkaufsgebiete. Das Auslandsverkaufsgeschäft der Vereinigten Stahlwerke A.-G. besorgt eine besonders errichtete Stahlunion-Export G. m. b. H. in Düsseldorf, die auf den von den Gründerwerken der Vereinigten Stahlwerke A.-G. übernommenen Auslandsorganisationen aufgebaut worden ist. Ferner sind sämtliche Anteile der Eisenausfuhr Otto Wolff & Co., Kommanditgesellschaft in Köln [1]), in den Besitz der Vereinigten Stahlwerke A.-G. übergegangen. Der Firma Otto Wolff u. Co. ist aber der Alleinverkauf der Walzwerkserzeugnisse für Rußland, ferner die ausschließliche Bearbeitung der Staats- und Finanzgeschäfte in der Türkei und in Rumänien sowie der Reparationsgeschäfte nach Frankreich übertragen worden. Außerdem betreibt sie, allerdings nur bis zum Jahre 1930, nach wie vor den Alleinverkauf der Gesamt-Blechproduktionen (Weißbleche) der Vereinigte Stahlwerke-Abteilungen van der Zypen-Wissen sowie Phoenix-Nachrodt und auch der Abteilung Hüstener Gewerkschaft (früher Gelsenkirchener Bergwerks-A.-G.). An diese Werkshandelsorganisationen der Vereinigten Stahlwerke A.-G. ist aber noch eine größere Anzahl sonstiger Handelsfirmen mehr oder weniger eng angeschlossen, von denen hier lediglich die Firmen Hirsch & Co. in Frankfurt a. M., die früher für die Phoenix A.-G. das Röhren- und Grobblechgeschäft besorgte, Jos. Hupfeld, Kommanditgesellschaft in Wiesbaden, und F. W. Wolffram in Nordhausen besonders genannt sein mögen. (Die Handelsinteressen der Vereinigten Stahlwerke A.-G. auf dem Gebiete der Kohle und Nebenprodukte wer-

---

[1]) Der Gesellschaftssitz ist später nach Düsseldorf verlegt worden.

den einheitlich durch die Firma Raab Karcher G. m. b. H., Karlsruhe, nebst deren Untergesellschaften Raab Karcher-Thyssen G. m. b. H., Hamburg, Raab Karcher-Thyssen G. m. b. H., Mannheim, Kohlen-Union G. m.b.H., Frankfurt a. M., Brennstoff-Vertrieb Raab Karcher-Thyssen G. m. b. H., München, wahrgenommen [1].) Die Mitteldeutschen Stahlwerke A.-G., Berlin, in die bekanntlich die Vereinigten Stahlwerke A.-G. ihre Abteilung Weber in Brandenburg a. H. und die Linke-Hofmann-Lauchhammer A.-G. ihre Werksanlagen in Lauchhammer usw. eingebracht haben, verfügen ebenfalls über eine eigene Werkshandelsgesellschaft, die Lauchhammer-Weber-Handelsgesellschaft m. b. H. in Brandenburg a. H. (frühere Firma: Weberwerk-Verkaufs-G. m. b. H.). Für die Vereinigten Oberschlesischen Hüttenwerke A.-G., Gleiwitz, deren halbes Aktienkapital aus dem Besitz von Linke-Hofmann-Lauchhammer auf die Mitteldeutschen Stahlwerke A.-G. bei deren Errichtung übereignet worden ist, besorgt weiterhin der Deutsche Eisenhandel A.-G., Berlin, mit seinem besonders in Nord-, Ost- und Mitteldeutschland stark ausgebauten Vertriebsapparat (Beteiligungen u. a. bei C. F. Weithas Nachf. in Leipzig und bei Schulte & Schemmann in Hamburg) einen erheblichen Teil des Verkaufes, den er auch bereits vor der Werksvereinigung der Oberschlesischen Eisen-Industrie A.-G. und der Oberschlesischen Eisenbahn-Bedarfs-A.-G. seit langem für diese Werke übernommen hatte. Verhandlungen wegen einer Einbeziehung des Deutschen Eisenhandels A.-G. in die Handelsorganisation der Vereinigten Stahlwerke A.-G. haben sich zerschlagen. Dagegen sind die Interessen der Werkshandelsgesellschaft der Flick-Gruppe, der Eisen- und Röhrenhandel G. m. b. H., Berlin-Leipzig, im Zusammenhang mit der Übernahme der Werksanlagen der A.-G. Charlottenhütte mit der Handelsorganisation der Vereinigten Stahlwerke A.-G. vereinigt worden. Die Firma Carl Spaeter

[1]) Die Raab Karcher G. m. b. H., deren Geschäftsanteile aus dem Besitz der Gelsenkirchener Bergwerks-A.-G. an die Vereinigten Stahlwerke A.-G. verkauft worden sind, führte früher noch den Firmenzusatz „u. Cie.".

G. m. b. H. ist aber nach dem Übergang der Rombacher Hüttenwerke auf die Vereinigten Stahlwerke A.-G nicht in deren Werkshandelsorganisation einbezogen worden, sondern es sind lediglich rein lokale Vereinbarungen getroffen worden.

B. Der Aufbau der Kartellorganisation des Eisenhandels.

Entsprechend seiner verhältnismäßig frühzeitigen Gründung hat als erster von den neuen Eisenverbänden der Röhren-Verband G. m. b. H., Düsseldorf, seine Beziehungen zum Röhrenhandel in ein festes Vertragsverhältnis eingekleidet. Anfang Mai des Jahres 1925 wurden mit den maßgebenden Röhrengroßhändlern aus Rheinland-Westfalen, aus Süddeutschland und Norddeutschland Verträge auf die Dauer von sieben Jahren, bis zum 31. März 1932 gemäß der Vertragsdauer des Röhrenverbandes selbst, geschlossen. Hiernach verpflichtete sich der Röhrenverband, Gas- und Kategorieröhren sowie Siederöhren in Handelsware nur an die Vertragshändler zu liefern, soweit diese Erzeugnisse durch den Handel in den Bezirken Rheinland-Westfalen, Süddeutschland und Norddeutschland abgesetzt werden, und garantierte den Händlern diese Bezirke als alleinige Verkaufsgebiete. Andererseits verpflichteten sich die Vertragshändler, ihren gesamten Röhrenbedarf lediglich durch den Röhrenverband zum ausschließlichen Verbleib in diesen Bezirken zu beziehen, wobei aber gestattet wurde, daß die Vertragshändler für Installationsfirmen, die ihren Sitz im Vertragsgebiet haben, jedoch Installationsarbeiten in anderem Gebiet ausführen, in solchen Fällen ausnahmsweise auch durch Vermittlung der betreffenden Installationsfirmen nach dem anderen Gebiet liefern. Ferner wurde den Vertragshändlern die Verpflichtung auferlegt, dem Röhrenverband mit ausländischem Material weder im Inlande noch im Auslande Konkurrenz zu machen. Des weiteren mußten sie die Verpflichtung übernehmen, den Bau neuer Röhrenwerke und den Vertrieb der Erzeugnisse solcher Werke weder finanziell noch sonst irgendwie zu unterstützen und sich an keinerlei Unternehmungen direkt oder indirekt zu beteiligen, die den Interessen des Röhrenverbandes zuwiderlaufen. Schließlich wurden die Vertragshändler verpflichtet, sich zu Händlervereinigungen in den betreffenden drei Bezirken zusammenzuschließen. Diese dementsprechend gegründeten Händlervereinigungen, die Rheinisch-Westfälische Röhrengroßhändler-Vereinigung G. m. b. H. in Düsseldorf, die Süddeutsche Röhrengroßhändler-Vereinigung in Frankfurt a. M. und die Norddeutsche Röhrengroßhändler-Vereinigung in Berlin, gaben sich unter Mitwirkung des Röhrenverbandes ihre Verfassung selbst und haben im Einvernehmen mit dem Verband gemeinsame Verkaufspreise und Bedingungen auch für Lieferungen ab Händlerlager festzulegen, wofür dieselben Strafbestimmungen gelten wie für das Streckengeschäft, bei dem die Ware nicht erst auf Lager genommen, sondern direkt ab Werk geliefert wird. Konsignationsläger sind in keiner Form gestattet. Der Röhrenverband ist berechtigt, an allen Sitzungen und Beratungen sowohl in den Kommissionen als auch in der Vollversammlung der Händlervereinigungen teilzunehmen. Beschlüsse dieser Sitzungen, die ein anderes als im Vertrage festgelegt in sich schließen oder die Interessen des Röhrenverbandes berühren, sind nur dann gültig, wenn der Verband seine Zustimmung gegeben hat [1]). Was das Röhren-Exportgeschäft anbetrifft, so hat der Röhrenverband z. B. am Hamburger Platz, ähnlich wie der Drahtverband, einen sogen. Vertreterring geschaffen, dem in diesem Falle 5 Firmen angehören.

Wir erkennen als besonderes Charakteristikum des Inhalts solcher zwischen einem Werksverband und der mit ihm direkt verkehrenden Händlerschaft getroffenen Vereinbarungen außer dem Schutz der Verkaufspreise im Lager- und im Streckengeschäft vor allem einen weitgehenden Produktions- und Lieferungsschutz in jeder Beziehung. Zur weiteren Kennzeichnung eines derartigen Kartellvertrages, nämlich der Klassifizierung von Händlern und Verbrauchern bezüglich der Rabattgewährung, geben wir noch einige bemerkens-

---

[1]) Nach dem in der Industrie- und Handels-Zeitung (Nr. 110 vom 12. Mai 1925) veröffentlichten Vertragswortlaut.

werte Bestimmungen aus dem Abkommen des Fittingsverbandes, Düsseldorf, mit den Fittingshändler-Vereinigungen wieder. Hiernach werden vier Händlergruppen unterschieden, wovon Gruppe I 8 Prozent bei einer Jahresabnahme von über 25 000 RM., Gruppe II 6 Prozent bei einer Jahresabnahme von 15 000 RM. bis 25 000 RM., Gruppe III 4 Prozent bei einer Jahresabnahme von über 3000 RM. bis 15 000 RM. und Gruppe IV 2 Prozent Rabatt bei einer Jahresabnahme von 3000 RM. erhält. Außer diesen Gruppenrabatten erhalten die Händler noch einen Sonderrabatt bis zu 20 Prozent. Für Verbraucher sind sogen. „Semestralrabatte" eingeführt nach folgender Staffelung: 5 Prozent bei einer Abnahme von 3000 RM. bis 5000 RM., 10 Prozent bei Abnahme von 6000 RM. bis 10 000 RM. und 15 Prozent bei Abnahme von 15 000 RM. Den Händlergruppen I und II ist eine Sonderverpflichtung auferlegt, wonach sie jährlich eine genau begrenzte Menge anderer als der von ihnen sonst bezogenen Marken kaufen müssen. Durch diese Abweichung von den Markenvorschriften soll erreicht werden, daß auch die weniger gut beschäftigten Fittingswerke mit Aufträgen versehen werden. Im übrigen haben sich die Werke gleichfalls verpflichtet, nur an die den Händlervereinigungen zugehörigen Fittingshändler zu liefern. Eine unmittelbare Belieferung der Verbraucher ist ausgeschlossen, mit Ausnahme einiger Großverbraucher. Die von den Händlern gekauften Fittings dürfen nicht exportiert werden. Dieser Vertrag zwischen dem Fittingsverband in Düsseldorf und den Fittingshändler-Vereinigungen ist auf unbestimmte Zeit geschlossen worden und kann jeweils zum Quartalsende mit achtwöchentlicher Kündigungsfrist gekündigt werden.

Wir kommen nunmehr zur Handelsorganisation der Stahlwerks-Verband A.-G., Düsseldorf, in der nicht nur die alten A-Produkte Halbzeug, Formeisen und Eisenbahn-Oberbaumaterial syndiziert sind, sondern auch die B-Produkte Stabeisen, warmgewalztes Bandeisen und Grobblech, deren Syndizierung man beim früheren Stahlwerksverband ja vergebens versucht hatte. Dementsprechend ist auch die Kartellierung des Eisenhandels in den Erzeugnissen des Stahlwerksverbandes vorgenommen worden[1]). Eisenbahn-Oberbaumaterial, für das Großabnehmer (Reichsbahn u. dgl.) in Betracht kommen, vertreibt der Verband, genau wie der alte Stahlwerksverband, direkt, ohne Vermittlung von Händlern[2]); lediglich Gruben- und Feldbahnschienen einschließlich Zubehör (Laschen usw.) werden durch Vermittlung von Händlern verkauft. In sämtlichen Geschäften handelt, wie schon früher gesagt, die Stahlwerks-Verband A.-G., Düsseldorf, im eigenen Namen, jedoch für Rechnung der Mitglieder des Stahlwerksverbandes. Der Verkauf erfolgt seitens des Stahlwerksverbandes an die Verbandshändler, meistens Werkshandelsfirmen, die nicht allein den Vertrieb der Erzeugnisse derjenigen Konzerne besorgen, zu denen sie gehören, sondern aller ihnen vom Verband zugewiesenen Erzeugnisse[3]). Im allgemeinen wird den Wünschen der Abnehmer auf Belieferung mit den Produkten bestimmter Werke entsprochen, soweit es die notwendige Verteilung der beim Stahlwerksverband eingehenden Aufträge auf die Quoten der einzelnen Mitgliederwerke gestattet. Die Verbandshändler sind verpflichtet, Verbandsmaterial von Außerverbandswerken, die es im übrigen heute in wesentlichem Maße nicht mehr gibt, weder direkt noch indirekt anzubieten, zu vertreiben und zu liefern (sogen. Exklusivklausel). Sie sind ferner verpflichtet, Verbandsmaterial nur zu den Preisen und Bedingungen des Stahlwerksverbandes anzubieten und zu verkaufen. Die Verbandshändler erhalten für pünktliche Begleichung ihrer Rechnungen gemäß den Zahlungsbedingungen der Stahlwerks-

[1]) Die nachstehenden Einzelheiten zum Teil nach der Deutschen Bergwerks-Zeitung, Art. Die Organisation des deutschen Eisenhandels (Nr. 284 vom 4. Dezember 1926).

[2]) Ähnlich wie der Stahlwerksverband für Oberbaumaterial hat auch der Röhrenverband sich den direkten Verkauf von Spezialmaterial (Bohrröhren, Muffenröhren, Flanschenröhren) vorbehalten und nur den Vertrieb von typischen Handelsröhren (in der Hauptsache Gasröhren) dem gewerbsmäßigen Handel überantwortet.

[3]) Qualitätsmaterial (z. B. Hochbau-Stahl) wird von einer bestimmten Mehrpreis- (Qualitätsaufpreis-) Grenze ab, die zurzeit auf 20 RM. bis 25 RM. festgesetzt ist, von den Werken selbständig vertrieben, ist also vom zentralen Verkauf befreit.

Verband A.-G. und für die Übernahme des Delcrederes auf die Preise des Verbandes 2 Prozent Skonto[1]). Neben den Verbandshändlern haben auch einige Großverbraucher die Möglichkeit, vom Stahlwerksverband direkt zu kaufen.

Das Deutsche Reich ist in vier Verkaufsgebiete eingeteilt, und zwar in das rheinisch-westfälische, süddeutsche, nordwest- und mitteldeutsche und nordostdeutsche Gebiet. Das rheinisch-westfälische Gebiet ist begrenzt südlich durch die Bahnlinie Ulflingen—St. Vith—Gerolstein—Andernach—Koblenz ausschließlich der an dieser Linie gelegenen Plätze, von da die Luftlinie bis Siershahn einschließlich der an dieser Linie gelegenen Plätze. Das süddeutsche Gebiet wird im Norden entsprechend begrenzt durch die bereits genannte Bahnlinie Ulflingen—Koblenz, aber einschließlich der an dieser Linie gelegenen Plätze, von da Luftlinie Siershahn—Herborn—Marburg—Hünfeld—Wernshausen ausschließlich Wernshausen und der übrigen an dieser Linie gelegenen Plätze, von da Bahnlinie Wasungen—Meiningen—Themar, von da Luftlinie Stockheim—Hof—tschechische Grenze einschließlich der an dieser Linie gelegenen Plätze. Das nordwest- und mitteldeutsche Verkaufsgebiet umfaßt die Länder Sachsen und Thüringen, die preußischen Provinzen Hessen-Nassau, Sachsen, Hannover und Schleswig-Holstein, die Länder Hessen, Oldenburg, Braunschweig und Anhalt, beide Länder Lippe und Waldeck, die Freien und Hansestädte Hamburg, Bremen, Lübeck, das gesamte Gebiet abschließend im Süden mit der Luftlinie Koblenz—Siershahn—Herborn—Marburg—Hünfeld—Wernshausen einschließlich der an dieser Linie gelegenen Plätze, von da Bahnlinie Wasungen—Meiningen—Themar, von da Luftlinie Stockheim—Hof ausschließlich der nach Wernshausen an dieser Linie gelegenen Plätze. Das nordostdeutsche Gebiet erstreckt sich auf die Provinzen Brandenburg einschließlich Berlin, Pommern, Schlesien, Ostpreußen, Westpreußen, die Grenzmark sowie beide Mecklenburg. Der

[1]) Die Rechnungen müssen jeweils am 15. des der Lieferung folgenden Monats bezahlt sein, andernfalls die 2 Prozent Skonto um die Verzugszinsen gekürzt werden.

Stahlwerksverband verkauft immer nur an eine, für das betreffende Verkaufsgebiet von den Werken als sogen. Dachgesellschaft aufgegebene Werkshandelsgesellschaft, nicht an die diesen Dachgesellschaften nachgegliederten sogen. Konzernfirmen. Diese Konzernfirmen müssen ihren Bedarf vielmehr bei der für das betreffende Verkaufsgebiet zuständigen Dachgesellschaft decken.

Zur Durchführung der mit dem Stahlwerksverband geschlossenen Kartellverträge sowie zur Wahrung ihrer Interessen dem Verband gegenüber haben sich folgende Verbandshändler-Vereinigungen gebildet: Vereinigung der Halbzeug-Verbandshändler (Düsseldorf), Vereinigung der Grubenschienen-Verbandshändler (Düsseldorf), ferner Vereinigungen der Formeisen-, Stabeisen-, Bandeisen-Verbandshändler und Grobblech-Werkshändler in Rheinland-Westfalen, in Süddeutschland, Nordwest- und Mitteldeutschland und Nordostdeutschland. Für die Regelung der Weiterverkaufspreise im Strecken- und Lagergeschäft mit den Nicht-Verbandshändlern sind in den vier Verkaufsbezirken besondere Großhandelsverbände ins Leben gerufen worden, die mit dem Stahlwerksverband bzw. seinen Unterorganisationen (A-Produkte-Verband, Stabeisen-Verband usw.) Gegenseitigkeitsverträge mit Exklusivklauseln (s. o.) geschlossen haben. So wurde im nordwest- und mitteldeutschen Bezirk im Januar 1926 der Nord-West- und Mitteldeutsche Eisengroßhandelsverband e. V. mit dem Sitz in Leipzig gegründet als Dachverband für den Handel in Stabeisen, Universal- und Bandeisen sowie in Grobblechen (für Mittel- und Feinbleche erst nach Bildung entsprechender Werksverbände). Daneben besteht die Nord-West- und Mitteldeutsche Trägerhändler-Vereinigung, ebenfalls mit dem Sitz in Leipzig. Diesen beiden Verbänden gehören die Verbandshändler und eine Anzahl freier Eisengroßhändler an, die sogen. „Peiner Händler“. Beim Eintritt in den Stahlwerksverband hatte sich nämlich die A.-G. Peiner Walzwerk, eins der bedeutendsten Träger-Walzwerke der deutschen Schwerindustrie, vorbehalten, ihre Produktion selbständig, d. h. ohne Vermittlung des Stahlwerksverbandes, wohl aber unter Kontrolle desselben, an eine Reihe feststehender freier Großhändler und Verbraucher abzugeben, die mit „Peiner Händler" bzw. „Peiner Verbraucher" bezeichnet werden. Das Peiner Walzwerk verkauft seine Erzeugnisse durch die „Werkshandelsfirma des Peiner Walzwerks G. m. b. H." an diese Händler, und zwar zum Preise des Stahlwerksverbandes abzüglich 2 Prozent Skonto, so daß sich die Bezieher beim Einkauf von Peiner Material genau so gut stehen wie die Verbandshändler, die beim Stahlwerksverband kaufen. Es ist daher auch den Verbandshändlern gestattet, an diese Peiner Bezieher gleichfalls Material, das den Verbandshändlern vom Stahlwerksverband zugewiesen wird, zu denselben Preisen wie Peine unter Vergütung von 2 Prozent Skonto zu verkaufen.

Zur Kennzeichnung der Organisation eines solchen regionalen Eisengroßhandelsverbandes, der die weitere Verteilung der Stahlwerksverbandserzeugnisse innerhalb seines zuständigen Absatzbezirkes vornimmt, möge nachstehender Auszug aus den wichtigsten Satzungsbestimmungen des Nord-West- und Mitteldeutschen Eisengroßhandelsverbandes in Leipzig (im folgenden kurz „Verband" genannt) dienen:

Nach diesen Satzungen, die das auf Grund eines Abkommens mit dem Stahlwerksverband in Nord-West- und Mitteldeutschland festgesetzte Wirtschaftsgebiet umgrenzen, besteht der Verbandszweck in der Regelung und Förderung des Handels mit Eisenerzeugnissen aller Art, insbesondere im Abschluß von Vereinbarungen mit Verbänden oder Vereinigungen des Eisenhandels, der Eisenerzeuger und der Eisenverbraucher sowie mit Firmen des Eisenhandels. Mitglieder des Verbandes sind die in jenem Wirtschaftsgebiet bestehenden oder noch zu errichtenden Vereinigungen der Großhändler für Stabeisen, Universaleisen, Bandeisen, Grob-, Mittel- und Feinbleche, soweit der Verband mit diesen Organisationen ein Vertragsverhältnis eingegangen ist oder noch eingehen wird. Zur Zeit kommen hier die Vereinigungen der Stabeisenhändler, der Bandeisenhändler und der Grobblech-Werkshändler in Betracht. Die Mitglieder dieser Vereinigungen sind ihrerseits zum Eintritt in den Verband verpflichtet. Auf Grund eines Sonderabkommens zwischen dem Stahlwerksverband und den genannten, dem Verband eingegliederten Einzelvereinigungen wirkt der Stahlwerksverband bei der Zusammensetzung dieser Vereinigungen insofern entscheidend mit, als der Verband verpflichtet ist, sämtliche Verbandshändler des Verkaufsgebietes, auch solche, die ihm vom Stahlwerksverband bezeichnet werden, als Mitglied aufzunehmen. Die so ausgewählten Mitglieder des Verbandes sind wiederum entsprechend einem Gegenseitigkeits-(Exklusiv-)Vertrage mit dem Stahlwerksverband den Satzungsverpflichtungen des Verbandes unterworfen, wonach sie nur Walzwerkserzeugnisse des Stahlwerksverbandes vertreten dürfen, soweit die betreffenden Walzwerkserzeugnisse unter die Bestimmungen des Stahlwerksverbandes fallen. Ausgenommen ist dasjenige Material, das mit Zustimmung des Stahlwerksverbandes von anderer Seite bezogen werden darf. Die Mitglieder sind ferner verpflichtet, bei ihren Verkäufen von Walzwerkserzeugnissen die Preise und Bedingungen einzuhalten, die entweder vom Verband selbst oder, insoweit für diese Artikel Einzelvereinigungen bestehen, von diesen festgesetzt und bekanntgegeben werden, wobei als Voraussetzung gilt, daß der Verband mit den in Betracht kommenden Einzelvereinigungen in einem Vertragsverhältnis steht. Zuwiderhandlungen werden mit Zahlung einer Vertragsstrafe geahndet. Bei der Festsetzung der Weiterverkaufspreise und -bedingungen sind für den Verband nach den Bestimmungen der Einzelabkommen mit dem Stahlwerksverband die von letzterem aufgestellten Richtlinien maßgebend. Der Stahlwerksverband besitzt gegen die Festsetzung ein Einspruchsrecht mit der Maßgabe, daß die vom Verband beschlossenen Preise und Bedingungen nicht in Wirksamkeit treten, wenn der Stahlwerksverband von seinem Einspruchsrecht Gebrauch macht. Der Verband ist fernerhin verpflichtet, die Einhaltung der Weiterverkaufspreise und -bedingungen im Geschäftsverkehr mit außenstehenden Eisenhändlern durch geeignete Vereinbarungen (Verpflichtungsschreiben) zwischen dem Verband und dem einzelnen Abnehmer zu sichern. Die von dem Verband im Verkehr mit den eben genannten Händlern (Abnehmern) demgemäß zugrunde zu legenden Reversbedingungen sind nach dem formularmäßigen Verpflichtungsschreiben im wesentlichen folgende:

Die betreffende Firma ist verpflichtet, ihren gesamten Bedarf an Walzwerkserzeugnissen (Stabeisen, Universaleisen, Bandeisen, Grob-, Mittel- und Feinbleche) ausschließlich bei den dem Verband angeschlossenen Händlerfirmen zu decken und die jeweiligen Verbandspreise, Bedingungen und Verpflichtungen voll einzuhalten, mögen sie vom Verband selbst oder von den mit ihm in einem Vertragsverhältnis stehenden Einzelvereinigungen festgesetzt sein. Die gleiche Verpflichtung hat die Firma auch bei Verkäufen von Walzwerkserzeugnissen in das Gebiet der angrenzenden Vereinigungen für die von diesen festgesetzten Preise, Bedingungen und Verpflichtungen zu übernehmen, soweit Lieferungen in diese Gebiete überhaupt zulässig sind. Unbeabsichtigte Nichteinhaltung dieser Verpflichtungen oder absichtliche Zuwiderhandlung bedingen Strafzahlungen; bei absichtlicher Zuwiderhandlung steht dem Verband das Recht zu, die Firma aus der Händlerliste zu streichen und die ihm geeignet erscheinenden Maßnahmen zu ergreifen. Die Firma ist verpflichtet, dem Verband auf Verlangen jede Auskunft über etwaige Angebote und Verkäufe zu geben und die betreffenden Originalschriftstücke und Abschriften einzusenden. Die Geschäftsstelle des Verbandes darf durch den Geschäftsführer oder seinen Beauftragten alle Bücher und den Schriftwechsel der Firma einsehen. Verweigerte Einsichtnahme gilt als Eingeständnis der Zuwiderhandlung. Die Dauer der Verpflichtung wird auf unbestimmte Zeit festgesetzt, jedoch ist der Firma das Recht vorbehalten, jederzeit unter Einhaltung einer dreimonatigen Kündigungsfrist zum Schlusse eines Kalenderjahres von der Verpflichtung zurückzutreten. Bei Konkurs, Schädigungen der Standesehre oder bei verbandswidrigen Handlungen darf der Verband die Firma sofort aus der Händlerliste streichen.

Alle sich außerhalb der eben geschilderten Organisation stellenden und von dem organisierten Eisengroßhandel als „Sonstige Abnehmer" bezeichneten Händler, insbesondere also auch solche, welche die Eingehung obiger Reversverpflichtung ablehnen, sind in Preisen und Bedingungen auch außerhalb des normalen Geschäftsverkehrs gestellt.

* * *

Bei dieser Gelegenheit sei eingeschaltet, daß die Preise im Streckengeschäft in der Weise geregelt werden, daß auf die vom Stahlwerksverband festgesetzten Grundpreise ein Zuschlag von rund 4 Prozent geschlagen wird. Die freien Händler, die nicht Mitglieder der Eisengroßhandelsverbände, sondern sogen. Vertragshändler sind, sowie die Groß- und Kleinverbraucher sind z. B. im rheinisch-westfälischen Gebiet in Gruppen eingeteilt und erhalten je nach ihrer Gruppenzugehörigkeit auf die vom Eisengroßhandelsverband (Verband rheinisch-westfälischer Eisengroßhändler G. m. b. H., Düsseldorf, in diesem Falle) festgesetzten Großhandelspreise (Stahlwerksverband-Preis plus 4 Prozent) bei ihren Einkäufen Rabatte bis zu einer Höhe von 4 Prozent. Und zwar erhalten die Händlergruppen I bis IV bei Bezug von Form- und Stabeisen ab Werk folgende Rabatte: 4 Prozent für Gruppe I, 2 Prozent für Gruppe II, 1 Prozent für Gruppe III und 1/2 Prozent für Gruppe IV. Die in die Klassen A I, A und B eingeteilten Verbraucher erhalten 4 Prozent bzw. 2 Prozent bzw. 1 Prozent Rabatt.[1]) Im nordwest- und mitteldeutschen Verkaufsgebiet hingegen werden auf die Großhandelspreise Rabatte gewährt für bestimmt festgelegte Mengen, die innerhalb eines Jahres abgenommen werden. Händler und Verbraucher geben hier am Ende des Jahres oder auch Halbjahres ihre gesamten Bezüge auf, und der Eisengroßhandelsverband bzw. die Trägerhändler-

[1]) Für Bandeisen, das im allgemeinen Eisenhandel eine mehr untergeordnete Rolle spielt, bestehen im rheinisch-westfälischen Gebiet folgende Händlerrabatte: Gruppe I 3 1/2 Prozent, Gruppe II 2 1/2 Prozent, Gruppe III 1 1/2 Prozent, Gruppe IV 1/2 Prozent. Der Rabatt für Großverbraucher beträgt einheitlich 2 1/2 Prozent.

Vereinigung in Leipzig teilen dann ihren Mitgliedern den Umfang der zu gewährenden Vergütungen mit. Es gibt also verschiedene Rabattierungssysteme. Im übrigen haben die Werksverbände sowohl durch Ermäßigung der Rabattsätze als auch durch Steigerung der Überpreise, Erhebung des Siemens-Martin-Aufpreises u. dgl. hinreichend Mittel an der Hand, um bei unverändert bleibenden Verbands-Grundpreisen eine Preiserhöhung vornehmen zu können. So erhebt der Stahlwerksverband seit Ende November 1926 für alle Lieferungen, die in Siemens-Martin-Qualität bestellt werden, wieder einen Aufschlag von 5 RM. pro Tonne. Dies war eine Folge der bei der erheblichen Belebung des innerdeutschen Eisenmarktes gestiegenen Schrottpreise. Bei der Festsetzung der Grundpreise im Lagergeschäft sind mitbestimmend die Frachtsätze. Die Höhe der Lagerpreise in den einzelnen Zonen, in welche die Verkaufsgebiete eingeteilt sind, richtet sich je nach der Entfernung dieser Zonen von dem Ort, den der Stahlwerksverband seinen Verkaufspreisen als Frachtbasis zugrunde gelegt hat (z. B. für Formeisen und für Stabeisen die Frachtgrundlage Oberhausen bzw. Neunkirchen-Saar für Süddeutschland, für Bandeisen ebenfalls Oberhausen bzw. Homburg-Saar, für Kessel- und Grobbleche die Frachtgrundlage Essen).

Ähnlich wie für das nordwest- und mitteldeutsche Verkaufsgebiet besteht auch im nordostdeutschen Gebiet ein Dachverband, der Nordostdeutsche Eisengroßhandelsverband e. V. in Berlin nebst der Nordostdeutschen Formeisenhändler-Vereinigung, der Nordostdeutschen Stabeisenhändler-Vereinigung und der Vereinigung Nordostdeutscher Grobblech-Werkshändler in Berlin. Einer besonderen Betrachtung bedarf der Zusammenschluß der Händlerschaft in Rheinland-Westfalen sowie in Süddeutschland, weil in diesen beiden Gebieten die Kartellierung des Eisenhandels nur unter schwierigen Umständen zu bewerkstelligen gewesen ist. Im süddeutschen Verkaufsgebiet waren es die für diesen Bezirk bekannten eigentümlichen Verhältnisse der bevorzugten Versorgung mit saarländischen, lothringischen und luxemburgischen Eisenerzeugnissen, die eine Konsolidierung des dortigen Marktes, durch Unterbindung der ungeregelten Einfuhr von billigerem Material aus den westeuropäischen Inflationsländern sowie durch einen restlosen Anschluß der Saarwerke an die Kartellorganisation des Stahlwerksverbandes, außerordentlich erschwerten. Immerhin war es beispielsweise dem Grobblechverband gelungen, mit den Dillinger Hüttenwerken, und der Bandeisen-Vereinigung, mit dem ebenfalls zur Hadir-Gruppe gehörigen Bandeisenwalzwerk St. Ingbert zu einer Preisverständigung bezüglich der Verkäufe dieser Werke in Grobblechen bzw. in Bandeisen nach Süddeutschland zu kommen. Jedoch erst nach dem Beitritt auch der letzten noch außenstehenden Saarwerke zu den deutschen Eisenverbänden, nämlich der eben genannten Werke Dillingen und St. Ingbert, konnte dann gegen Ausgang des Jahres 1926 eine einschneidende Wendung in der Lage am süddeutschen Markt und insonderheit für Formeisen, Stabeisen und Bandeisen eine einheitliche Preisgestaltung durch die Errichtung eines entsprechenden Händlerverbandes erzielt werden. Diese Ende November 1926 mit dem Sitz in Mannheim gegründete Süddeutsche Form- und Stabeisenhändler-Vereinigung regelt die Weiterverkaufspreise für Lieferung ab Werk sowie ab Lager in Quantitäten von 15 Tonnen und darüber, während für Mengen unter 15 Tonnen die Preise im hierbei geltenden Lagergeschäft von der noch von früher her bestehenden Süddeutschen Eisenzentrale, Mannheim, auch weiterhin festgesetzt werden. In der neuen Süddeutschen Form- und Stabeisenhändler-Vereinigung, welche die bisherigen Funktionen des Süddeutschen Eisengroßhandelsverbandes, Mannheim, übernommen hat, sind die süddeutschen Verbandshändler des Stahlwerksverbandes zusammengeschlossen, und zwar 20 Werkshandelsfirmen und bemerkenswerterweise 26 freie Eisenhändler. Dieser Vereinigung gehören auch die deutschen Verkaufsgesellschaften der westlichen Werke an, und zwar die Artewek Handelsgesellschaft für Berg- und Hütten-Erzeugnisse m. b. H., Köln-Stuttgart, der Arbed-Terres-Rouges-Gruppe, die Eisen- und Stahl-Gesellschaft Saar-Luxemburg m. b. H., Stuttgart-Neuß-

9*

Hamburg, welche die Aciéries de Rombas sowie die Werke Differdingen, Dillingen und St. Ingbert in Deutschland vertritt [1]), und schließlich die Firma Jos. Nöther & Co., Mannheim, für die lothringische Werksgruppe Les Petits-Fils de François de Wendel et Cie., Hayingen. Die Handelsorganisation des Stumm-Konzerns ist im Zusammenhang mit den früher erwähnten finanziellen Schwierigkeiten dieses Konzerns aufgelöst worden, indem die Montangesellschaft Saar m. b. H., Krefeld-Mannheim-Frankfurt a. M.-Stuttgart, sowie die Bayerische Eisenhandels-Gesellschaft m. b. H., München-Nürnberg-Würzburg, mit dem 1. April 1926 in Liquidation traten. Die an diesen Plätzen vorhandenen Lagerbestände wurden von der durch die Firma Otto Wolff u. Co., Köln, kontrollierten Süddeutschen Eisengesellschaft A.-G., Nürnberg, übernommen. Diese Gesellschaft hat jetzt das Alleinverkaufsrecht der Neunkircher und der Homburger Produkte des Stumm-Konzerns [2]) und ist ebenfalls Mitglied der Süddeutschen Form- und Stabeisenhändler-Vereinigung.

In Rheinland-Westfalen hat der Abschluß eines Kartellvertrages zwischen der Vereinigung der Verbandshändler und der großen Zahl der nachgeordneten, vom unmittelbaren Bezug beim Stahlwerksverband ausgeschlossenen Händler erst nach langwierigen Verhandlungen im Sommer des Jahres 1926 vorgenommen werden können. Die Schwierigkeiten, die sich bei der Kartellierung der Nicht-Verbandshändler im rheinisch-westfälischen Bezirk ergaben, entsprangen u. a. vornehmlich aus der Eingruppierung der Vertragshändler in die vier

---

[1]) Die A.-G. der Dillinger Hüttenwerke hat später noch eine besondere Gesellschaft gegründet, die Dillinger Werke Handelsgesellschaft m. b. H. in Dillingen, die aber lediglich für die innere Organisation des Unternehmens in Frage kommt. Die deutsche Verkaufsvertretung, die in den Händen der Eisen- und Stahl-Gesellschaft Saar-Luxemburg m. b. H. liegt, wird von dieser Neugründung nicht berührt. Für die Vermittlung des geschäftlichen Verkehrs zwischen dem Stahlwerksverband und der Auslandskundschaft der Hadir selbst wurde des weiteren noch die Société Commerciale Hadir G. m. b. H. in St. Ingbert errichtet.

[2]) Bekanntlich ist die Firma Otto Wolff u. Co. jetzt zusammen mit dem holländischen Bankhause Gebr. Teixeira de Mattos, Amsterdam, maßgebend bei den saarländischen Stumm-Werken beteiligt.

Rabattklassen, aber auch aus der Unzufriedenheit einiger Handelsfirmen damit, daß sie nicht unter die Verbandshändler aufgenommen und deshalb nicht zum direkten Geschäftsverkehr mit dem Stahlwerksverband berechtigt, vielmehr auf die Weiterbelieferung seitens der Verbandshändler verwiesen waren. Infolgedessen schlossen sich im Sommer 1925 in der Vereinigung freier rheinisch-westfälischer Eisengroßhändler e. V., Düsseldorf, 16 Firmen zusammen mit dem Zweck, für sich die Verbandshändlereigenschaft zu erstreben und also den im Verband rheinisch-westfälischer Eisengroßhändler G. m. b. H., Düsseldorf, zusammengefaßten 12 Verbandshändlern hinsichtlich der Belieferungsbedingungen gleichgestellt zu werden. Wir hatten schon früher darauf hingewiesen, daß in Rheinland-Westfalen lediglich 12 Eisenhandelsfirmen als Verbandshändler vom Stahlwerksverband nominiert worden sind, und zwar 10 Werkshandels- und nur 2 unabhängige Eisengroßhandelsfirmen, so daß speziell im rheinisch-westfälischen Eisenhandel die Interessengegensätze zwischen den beiden Händlerkategorien verhältnismäßig leicht zu Differenzen führen mußten. Einer anderen Gruppe von freien Eisenhändlern schien wieder eine allzu enge Verbindung zwischen der allgemeinen wirtschaftlichen Interessenvertretung des Eisenhandels und der Organisation der Werkshändler, die beide in einer Geschäftsführung vereinigt sind, zu bestehen. Diese Gruppe gründete daher Anfang Dezember 1926 einen weiteren Verband, nämlich den Verband unabhängiger Eisenhändler G. m. b. H. in Köln, um die Interessen des gesamten werksunabhängigen Handels in Rheinland und Westfalen zu wahren, mit anderen Worten: um eine Trennung der Standesinteressenvertretung von der durch Personalunion mit ihr verbundenen Geschäftsstelle der Verbandshändler herbeizuführen. Dieser Verband ist jedoch von der oben erwähnten anderen Vereinigung freier Eisenhändler unabhängig und umfaßt hauptsächlich Lagerhändler des Kölner Bezirks. Es bestehen also jetzt in Rheinland-Westfalen vier Eisenhandelsverbände, nämlich außer den beiden eben genannten, partielle Tendenzen vertretenden und nicht kartellmäßigen Zwecken dienenden Verbänden [1]) der Verband rheinisch-westfälischer Eisengroßhändler G. m. b. H. in Düsseldorf als die Vereinigung der Verbandshändler und ferner gleichfalls als eine reine Kartellorganisation noch der alte Eisenhändler-Verband G. m. b. H. in Düsseldorf, der aber heute von seiner einstigen großen Bedeutung sehr viel eingebüßt hat. Denn durch die Verbandshändlerorganisation werden jetzt die Preise und Bedingungen im Streckengeschäft sowie vor allem für Geschäfte über Lager festgelegt, und die vom Eisenhändler-Verband herausgegebenen Lagerpreise sind somit nur noch von relativ untergeordneter Bedeutung.

Auf Grund des am 19. Juli 1926 in Kraft gesetzten Kartellvertrages des Verbandes rheinisch-westfälischer Eisengroßhändler G. m. b. H. mit den Vertragshändlern sind für das Strecken- und Lagergeschäft feste Preisbindungen für Stabeisen und Formeisen, für Bandeisen und Bleche vereinbart, wobei auch für den Verkauf von Nicht-Verbandsmaterial, speziell von ausländischen Eisenerzeugnissen, die Preise und Bedingungen einzuhalten sind. Gerade die Frage des Vertriebs von Auslandsmaterial war ein besonderer Streitpunkt, da sich die Vertragshändler zum ausschließlichen Bezug beim Stahlwerksverband bzw. bei den Verbandshändlern verpflichten sollten. Diese ursprünglich vorgesehene Bestimmung mußte jedoch infolge des Widerstandes vornehmlich der Saar-Eisen vertreibenden Firmen wieder fallen gelassen werden. Die Verkaufspreise werden gemeinsam von den Verbandshändlern und Vertragshändlern festgesetzt, insonderheit hat also der Eisenhändler-Verband G. m. b. H. mit seinen 10 Untergruppen und etwa 300 lagerhaltenden Mitgliedern ein Mitbestimmungsrecht bei der Festsetzung der

---

[1]) Neuerdings gepflogene Verhandlungen, um den Düsseldorfer Verband an den weit größeren, etwa 150 Mitglieder zählenden Kölner Verband anzuschließen und damit eine geschlossene Front des freien Eisenhandels in Rheinland-Westfalen gegen den Werkshandel zu bilden, haben zu keinem Resultat geführt. — Der Verband unabhängiger Eisenhändler G. m. b. H., Köln, hat im April 1927 seinen Sitz nach Düsseldorf verlegt unter Änderung seiner Firma in „Verband freier Eisengroßhändler von Rheinland und Westfalen G. m. b. H.“

Lagerpreise eingeräumt erhalten. Die Vertragshändler erhalten beim Bezug ab Werk je nach der Gruppe, der sie nach einer bestimmten Jahresumsatzmenge zugeteilt sind, die bekannten Rabatte von 4 bis $^1/_2$ Prozent. Bei Lieferungen ab Lager in einem Posten werden gestaffelte Mengenrabatte gewährt, beispielsweise für Stab- und Formeisen in Mengen von 10 Tonnen und mehr $12^1/_2$ Prozent an Händler und 10 Prozent an Verbraucher, in Mengen von 5 Tonnen bis unter 10 Tonnen 10 Prozent bzw. 5 Prozent Rabatt und in Mengen von unter 5 Tonnen $7^1/_2$ Prozent bzw. kein Rabatt. (In Süddeutschland werden auf die Stabeisen-Händlerpreise ab Lager für Verbraucher folgende Rabatte gewährt: bei Mengen von 10 bis 15 Tonnen $7^1/_2$ Prozent, von 5 bis 10 Tonnen 5 Prozent und von 2 bis 5 Tonnen 3 Prozent; in Nordwest- und Mitteldeutschland lauten die entsprechenden Sätze 15 RM., 10 RM. und 5 RM. pro Tonne.)

Dieser damals bereits nur provisorisch bis zum 31. Dezember 1926 mit einer Kündigungsmöglichkeit am 1. Oktober 1926 geschlossene Kartellvertrag wurde aber von mehreren Vertragshändlern, und zwar in erster Linie den obigen beiden Zweckverbänden freier Eisenhandelsfirmen angehörenden, Ende September 1926 schon wieder gekündigt. Zur Begründung wurde seitens dieser Firmen angeführt, daß die Handhabung der Vertragsbestimmungen zu großen Unzuträglichkeiten und Benachteiligungen des freien Handels gegenüber den Werkshandelsfirmen insofern geführt habe, als sämtliche Bestellungen des freien Handels lediglich durch den Verband rheinisch-westfälischer Eisengroßhändler G. m. b. H. an die Werke gelangen und somit den konkurrierenden Werkshandelsfirmen die Möglichkeit gegeben werde, in die Interna des Kundengeschäfts des freien Handels einzudringen. Vielmehr solle den solventen Firmen wieder wie früher die Gelegenheit gegeben werden, mit den Werken unmittelbar zu verkehren. Weiter wurde noch darüber geklagt, daß die Werke beim Streckengeschäft in Grobblechen den freien Handel dadurch auszuschalten versuchten, daß sie den Verbrauchern Rabatte gewährten, die sich mit denen den Händlern eingeräumten deckten. Im Geschäft mit Handels-Grobblechen

(Behälter-, Bau-, Röhren- und Stahlbleche), die der Grobblech-Verband durch seine nur aus Werkshandelsfirmen bestehende Handelsorganisation weiterverkaufen läßt, war nämlich neben einer Revision der Händler- und Großverbraucherlisten auch eine Neufestsetzung der Händler- sowie Großverbraucherrabatte vorgenommen worden, um dieselbe Staffelung der Rabattsätze einzuführen, wie für Formeisen und Stabeisen, also 4 Prozent, 2 Prozent, 1 Prozent und $^1/_2$ Prozent für die Händlergruppen I bis IV. Dagegen erhielten die in die Gruppen B, C und D eingeteilten Verbraucher — die Klasse A mit $2^1/_2$ Prozent Rabatt als die höchste Verbrauchergruppe war aufgehoben worden! — ebenfalls Rabatte von 2 Prozent, 1 Prozent bzw. $^1/_2$ Prozent, also den gleichen Rabatt als besonders die Händlergruppen III und IV, denen die meisten freien Handelsfirmen angehörten, zumal nachdem verschiedene Handelsfirmen infolge der Revision der Händlerlisten etwa aus Gruppe I in Gruppe III eingereiht worden waren, weil sie jetzt nicht mehr den seinerzeit bei ihrer Eingruppierung zugrunde gelegten Jahresumsatz nachweisen konnten. Diese Neuregelung im Grobblechhandel bedeutete für die betreffenden Firmen erklärlicherweise eine nicht unbeträchtliche Verschlechterung. Allerdings auch viele Grobblech-Verbraucher selbst waren infolge Einordnung in eine niedere Verbraucherklasse sowie durch den Fortfall der höchsten Verbraucherklasse schlechter gestellt worden. Im Dezember 1926 wurde jedoch von den meisten Händlern die von ihnen ausgesprochene Vertragskündigung wieder zurückgenommen. Und als auch die wenigen übrigen Firmen, die sich die Entscheidung zunächst noch vorbehalten hatten, Anfang Januar 1927 ebenfalls ihre Kündigung zurückzogen (mit Ausnahme einer mittleren Kölner Eisenhandelsfirma), konnte der Kartellvertrag im rheinisch-westfälischen Eisenhandel bis zum 31. Dezember 1927 mit einem Kündigungstermin am 1. Oktober 1927 endgültig verlängert werden.

Wenn auch die Zurücknahme der Kündigungen das Ergebnis einer Aussprache zwischen den betreffenden freien

Firmen und den Verbandshändlern darstellt, wird gleichwohl der Interessenkampf des freien Eisenhandels gegen den Werkshandel in den bekannten hauptsächlichsten Streitfragen weitergeführt werden. Besonders weil eine der wesentlichsten Forderungen des freien Eisengroßhandels, nämlich die Zulassung zum direkten Geschäftsverkehr mit dem Stahlwerksverband und damit die Beseitigung der bevorzugten Zwischenschaltung der Werkshandelsfirmen, anläßlich der Weiterverlängerung des Händler-Kartellvertrages um ein Jahr nicht erfüllt worden ist und auch schwerlich jemals in Erfüllung gehen dürfte.

IV. Die internationalen Kartellvereinbarungen der deutschen Stahlindustrie.

A. Die Kontingentierung der westeuropäischen Eiseneinfuhr nach Deutschland.

Das gleichzeitig mit der Errichtung der deutschen Rohstahlgemeinschaft gesteckte Ziel, außerhalb der deutschen Landesgrenzen ebenfalls die Rohstahlgewinnung in den hauptsächlichsten europäischen Eisenproduktionsländern zu kontingentieren und hierdurch auch am gesamteuropäischen Markt eine Angleichung der Produktion an die jeweilige Aufnahmefähigkeit des Marktes herbeizuführen, ist erklärlicherweise nur unter Überwindung allergrößter Schwierigkeiten zu erreichen gewesen, die nicht zuletzt auch aus den bestehenden starken politischen Gegensätzen zwischen Deutschland und den westeuropäischen Staaten resultierten. Zunächst mögen nachstehende Zahlenangaben die Situation der europäischen Eisenwirtschaft in der Nachkriegszeit illustrieren.

Die französische Rohstahlproduktion ist von 4,7 Millionen Tonnen im Jahre 1913 auf 7,4 Millionen Tonnen einschließlich 2,6 Millionen Tonnen Lothringens im Jahre 1925 gestiegen, wozu noch die Erzeugung des Saargebietes, das zollpolitisch seit dem 10. Januar 1925 bis zum gleichen Tage des Jahres 1935 ja zu Frankreich gehört, mit 1,6 Millionen Tonnen tritt. Belgiens Rohstahlerzeugung hat sich von 2,5 Millionen Tonnen auf 4,5 Millionen Tonnen erhöht, wenn man die 2,1 Millionen Tonnen im Jahre 1925 betragende Produktionszahl von Luxemburg hinzurechnet, das jetzt seit dem 1. Mai 1922 in Zollgemeinschaft mit Belgien steht.

Die Ausfuhr Frankreichs an Walzeisenerzeugnissen hat sich von 0,4 Millionen Tonnen im Jahre 1913 auf 2,8 Millionen Tonnen im Jahre 1925 vergrößert. Belgien führte 1,3 Millionen Tonnen und im Jahre 1925 zusammen mit Luxemburg, dessen Schwerindustrie zu 95 Prozent auf den Absatz ihrer Erzeugung außerhalb des kleinen Landes angewiesen ist, 3 Millionen Tonnen aus. Dagegen ist der deutsche Walzeisenexport von 4,5 Millionen Tonnen auf 2,2 Millionen Tonnen zurückgegangen. Deutschlands Rohstahlgewinnung belief sich auf 17,6 Millionen Tonnen im Jahre 1913 ohne Luxemburg (mit Luxemburg auf 18,9 Millionen Tonnen), aber einschließlich Elsaß-Lothringen, Saargebiet und Ost-Oberschlesien, und im Jahre 1925 auf 12,2 Millionen Tonnen. Sie hat also in diesem Jahre wieder die Produktion des letzten Vorkriegsjahres 1913 erreicht, die ebenfalls etwa 12,2 Millionen Tonnen betrug, auf den heutigen Gebietsumfang des Deutschen Reiches bezogen, d. h. ohne Elsaß-Lothringen, Saargebiet und Ost-Oberschlesien. Die englische Rohstahlerzeugung stellte sich im Jahre 1913 auf 7,8 Millionen Tonnen und hat sich im Jahre 1925 auf 7,4 Millionen Tonnen etwas vermindert, nachdem sie allerdings in den beiden vorhergehenden Jahren 8,3 Millionen Tonnen in 1924 und 8,6 Milllionen Tonnen in 1923 betragen hatte. Der Export von Walzeisen aus Großbritannien bezifferte sich im Jahre 1913 auf 3,4 Millionen Tonnen und im Jahre 1925 auf 2,8 Millionen Tonnen. Die gesamte Rohstahlgewinnung dieser eben genannten Länder sowie von Österreich, ferner der Tschechoslowakei, von Polen und Ungarn, welche drei Länder heute als neue, selbständige Ausfuhrländer am Welteisenmarkt auftreten, betrug im Jahre 1913 über 37 Millionen Tonnen und im Jahre 1925 etwa 35,5 Millionen Tonnen, ist mithin nur um 1,5 Millionen Tonnen im Vergleich zum letzten Vorkriegsjahre zurückgeblieben. Viel stärker ist jedoch die Aufnahmefähigkeit jener Länder gesunken, und zwar um 3 Millionen Tonnen von 27 Millionen Tonnen im Jahre 1913 auf 24 Millionen Tonnen im Jahre 1925, während andererseits der Export an Halbzeug und Walzwerkserzeugnissen von 10,25 Millionen Tonnen auf 11,7 Millionen Tonnen sich gesteigert hat.

Für die deutsche Eisen schaffende Industrie handelte es sich nun in erster Linie darum, mit Frankreich und Luxemburg zu Vereinbarungen zu kommen, von deren schärfster Konkurrenz der innerdeutsche Eisenmarkt hauptsächlich bedroht war, und die eine durch die Bildung der deutschen Eisenverbände ja bezweckte gänzliche Ordnung der Verhältnisse des deutschen Marktes nicht ermöglichte. Denn nach wie vor standen vornehmlich der süddeutsche und mitteldeutsche Eisenmarkt unter starkem Einfluß von billigeren Angeboten an lothringischen und luxemburgischen Erzeugnissen, und auch der am 10. Januar 1925 eingetretene Fortfall der zollfreien Einfuhrkontingente aus Lothringen und aus Luxemburg vermochte hierin keinen fühlbaren Wandel zu schaffen. Die in der alten Höhe des Bülowschen Zolltarifes von 1902 wiedereingeführten, im übrigen noch aus dem Jahre 1879 stammenden deutschen Eisenzölle (10 RM. für Roheisen, 15 RM. für Halbzeug, 25 RM. für Stabeisen je Tonne) aber boten gegen den Wettbewerb der lothringischen und luxemburgischen Werke einen nur wenig ausreichenden Schutz, weil diese, wie schon bei früherer Gelegenheit betont, infolge der Frankeninflation mit erheblich niedrigeren Selbstkosten arbeiten konnten als die deutschen Produzenten. Die Dumpingkonkurrenz der westeuropäischen Eisen- und Stahlindustrie durchkreuzte nicht nur die Preispolitik der in den neuen Syndikaten zusammengeschlossenen deutschen Stahlwerke im Inlande, sondern drückte auch am ausländischen Absatzmarkt das Preisniveau auf einen für das deutsche Eisenexportgeschäft recht unvorteilhaften Stand herab.

Auf der anderen Seite ist die Tatsache zu beachten, daß Frankreich jetzt ein typisches Eisen-Ausfuhrland geworden ist, nachdem ihm die Annektion von Elsaß-Lothringen sowie der Zollanschluß des Saargebietes nahezu eine Verdoppelung seiner einstigen eisenindustriellen Produktionskapazität eingebracht haben, während seine inländischen Absatzmöglichkeiten für Eisen- und Stahlerzeugnisse mit diesem gewaltigen Produktionszuwachs nicht Schritt halten können, obwohl die weiterverarbeitende Industrie Frankreichs in den Jahren der Frankeninflation eine erhebliche Ausdehnung erfahren hat. Dieses ungleiche Verhältnis von einheimischem Verbrauch und Erzeugung verweist selbstverständlich die französische Schwerindustrie in hohem Maße auf die Ausfuhrtätigkeit, die sich einmal wegen der frachtlich sehr günstigen Lage der lothringischen — dies gilt auch für die luxemburgischen und saarländischen — Produktionsstätten zu Deutschland und ferner infolge der hochentwickelten Eisen verarbeitenden deutschen Industriezweige vorwiegend auf Deutschland als das beste Absatzgebiet für die Überschußmengen der gesamten westeuropäischen Eisen- und Stahlgewinnung lenkt. Mit anderen Worten: die neue Grenzziehung in Westeuropa auf Grund des Versailler Friedensvertrages hat für Frankreich einen derart starken Eisenüberfluß gebracht, daß es ihn zum großen Teil nicht selbst zu absorbieren vermag, sondern ein Ventil für die übermäßige Erzeugungsfähigkeit seiner Eisen- und Stahlwerke im Auslandsabsatz suchen muß. Im Hinblick hierauf war ja auch Deutschland die Verpflichtung auferlegt worden, für die Dauer von fünf Jahren nach Friedensschluß die Einfuhr von Eisenfabrikaten aus Lothringen, Luxemburg und dem Saargebiet zollfrei in demselben Umfange zu gestatten, wie sie vor dem Kriege aus diesen Gebieten nach Deutschland stattgefunden hatte. Die französische Forderung auf Verlängerung dieser Frist über den 10. Januar 1925 hinaus war zwar vom Völkerbund abgelehnt worden, aber die Frankeninflation hielt auch weiterhin dem westeuropäischen Eisen den deutschen Absatzmarkt offen. Der deutschen Schwerindustrie war jedoch die Invasion von lothringischen und luxemburgischen Eisenerzeugnissen, abgesehen von dem hiermit verbundenen Preisdumping, noch insofern besonders unangenehm, als sie selbst nach dem Verlust ihrer Anlagen in Lothringen und Luxemburg durch den Bau neuer oder die Vergrößerung schon vorhandener Hochofen-, Stahl- und

Walzwerksanlagen ihre Produktionskapazität über den Vorkriegsstatus hinaus gesteigert hatte, jedoch aus den bekannten Ursachen nur in recht beschränktem Maße ausnutzen konnte.

Jenes Problem der Regelung der Eisenausfuhr aus Lothringen, Luxemburg und dem Saargebiet nach Deutschland stand dann auch im Vordergrund der im Oktober 1924 einsetzenden deutsch-französischen Handelsvertragsverhandlungen. Bei diesen Verhandlungen war selbstverständlich eine der hauptsächlichsten Forderungen auf französischer Seite die Einfuhr zollfreier oder zollermäßigter Eisenkontingente nach Deutschland, wogegen von deutscher Seite als Gegenleistung Zugeständnisse hinsichtlich des Importes deutscher Eisenfertigfabrikate in Frankreich gefordert wurden, wofür aber die französischen Unterhändler angesichts einer Hochzüchtung der Fertigeisenindustrie in Frankreich recht wenig Entgegenkommen bekundeten. Das französischerseits gestellte Verlangen auf Abschaffung oder Ermäßigung der deutschen Eisenzölle wurde im übrigen indirekt von der deutschen Eisen weiterverarbeitenden Industrie sowie von gewissen Händlerkreisen unterstützt, speziell von den in Süddeutschland ansässigen Verarbeitern und Händlern, die ja am Bezug von westeuropäischem Eisen ganz besonders interessiert sind. Es gelang aber der deutschen Eisen erzeugenden Industrie, die Eisen-Verfeinerungsindustrie für die volle Aufrechterhaltung der Zölle zu gewinnen, nämlich erstens durch das bekannte Avi-Abkommen, das eine Gleichstellung der Preise für Inlandseisen, sofern es in weiterverarbeitetem Zustande zum Export gelangt, mit den jeweils gültigen Weltmarktpreisen gewährleistet, und zweitens durch die Zusicherung eines Nichtabschlusses oder einer Kündigung der Kontingentsverträge mit Frankreich, falls nach dem Urteil der deutschen Regierung von Frankreich für den Handelsvertrag keine genügenden Zugeständnisse bezüglich des Absatzes der Erzeugnisse der deutschen Eisen verarbeitenden Industrie auf dem französischen Markt zu erreichen sein sollten. Denn sowohl bei der deutschen als auch bei der französischen Regierung war die deutsche Schwerindustrie schließlich mit ihrer Argumentation durchgedrungen, daß die Zollfrage staatsrechtlich, die Kontingentsfrage dagegen auf privatrechtlichem Wege geregelt werden müßte, weil die Gewährung von Kontingenten in staatsrechtlichen Handelsverträgen sofort die gleichen Ansprüche der amerikanischen, englischen, tschechoslowakischen, polnischen usw. Eisenindustrien auf Grund der Meistbegünstigungsverträge hervorrufen würde. Infolgedessen war fortan die Regelung der Beziehungen der lothringischen, saarländischen und luxemburgischen Eisen- und Stahlwerke zum deutschen Markt einer Verständigung unter den beiderseitigen Eisen schaffenden Industrien überlassen, allerdings im Einvernehmen mit den Regierungen sowie in engstem Zusammenhang mit dem abzuschließenden deutsch-französischen Handelsabkommen [1]).

Zunächst kam es am 16. Juni 1925 nach vielen und langen Verhandlungen zu dem sogen. Luxemburger Abkommen mit folgenden Bestimmungen: Die Einfuhr von Roheisen, Halbzeug und Walzeisenprodukten aus Lothringen und dem Saargebiet nach Deutschland wird kontingentiert und ermäßigt oder erhöht sich je nach dem deutschen Bedarf, wofür als Index der Beschäftigungsgrad in der deutschen Rohstahlgemeinschaft gilt. Bei normaler Beschäftigung (Index der Rohstahlgemeinschaft 100 Prozent) sollen insgesamt 1,75 Millionen Tonnen Roheisen, Halbzeug und Walzeisen jährlich nach Deutschland eingeführt werden dürfen, wovon auf das Saargebiet rund 740 000 Tonnen, auf Lothringen etwa 530 000 Tonnen und ferner auf Luxemburg ungefähr 480 000 Tonnen entfallen. Lothringisches Eisen bleibt beim Übertritt nach Deutschland zollpflichtig. Die deutsche Rohstahlgemeinschaft trägt aber die Hälfte des Zolles und legt diese Hälfte auf die Gesamtheit ihrer eigenen Erzeugnisse um. Hingegen wird das Saar-Eisen von der Zollpflichtigkeit entbunden. Die Kontingentierung und

[1]) Bruno Bruhn, Entstehung und Bedeutung der westeuropäischen Eisenverträge; a. a. O. — ders., Die deutsch-französischen Eisenverhandlungen, ihr Zweck und ihr Resultat; Industrie- und Handels-Zeitung Nr. 152 vom 2. Juli 1925. (Dr. Bruno Bruhn war seinerzeit Mitglied der eisenindustriellen Sachverständigen-Kommission bei der deutschen Handelsvertragsdelegation in Paris.)

Verzollung auch der luxemburgischen Einfuhr nach Deutschland war deshalb notwendig, um zu vermeiden, daß bei Kontingentierung der lothringischen und saarländischen Eisen-Einfuhrmengen die französischen Werksbesitzergruppen Lothringens und der Saar ihren bestehenden großen Einfluß bei den luxemburgischen Werken zu einer entsprechenden Vergrößerung der Ausfuhr von Eisenprodukten aus Luxemburg nach Deutschland benutzten. Andererseits wurde festgelegt, daß Frankreich für die Einfuhr von Erzeugnissen der deutschen Eisen weiterverarbeitenden Industrie die Sätze des französischen Minimal-Zolltarifes gewährt. Die Dauer dieses Luxemburger Kontingentsabkommens war auf drei Jahre berechnet und an die Bedingung geknüpft, daß der deutschen Seite ein Kündigungsrecht mit sofortiger Wirkung zustand, wenn ein Handelsvertrag zwischen der deutschen und der französischen Regierung nicht abgeschlossen wurde oder ablief, ohne erneuert zu werden.

Dieses Luxemburger Abkommen ist jedoch niemals in Wirksamkeit gesetzt worden, vornehmlich aus dem Grunde nicht, weil jene privaten Vereinbarungen von einem später gleichfalls nicht in Kraft getretenen staatlichen Saar-Handelsabkommen vom 11. Juli 1925 durchkreuzt wurden, in dem Frankreich vor allem das Verlangen stellte, daß die saarländische Eisenindustrie für jede Tonne nach Deutschland zollfrei eingeführten Eisens an die lothringischen Werke eine Abgabe von 6,25 RM. bezahlen, also gewissermaßen durch eine nicht unerhebliche Prämienzahlung die lothringische Eisenausfuhr nach Deutschland unterstützen sollte. Des weiteren sprach auch die ständige Verzögerung der deutsch-französischen Handelsvertragsverhandlungen mit sowie der Umstand, daß die französische Regierung zu jener Zeit ein Kohleneinfuhrverbot erließ, was als ein unfreundlicher Akt gegen Deutschland empfunden wurde. Das Saar-Abkommen ist zwar von seiten Frankreichs, nicht aber von der deutschen Regierung ratifiziert worden, zumal da der deutschen Eisenverarbeitungsindustrie keinerlei Zollerleichterungen zugestanden waren.

Das sehr komplizierte Saar-Problem, das sich aus der Sonderstellung des Saargebietes einerseits zu Deutschland und andererseits zu Frankreich ergab, erfuhr jedoch in der Folgezeit eine gewisse Erleichterung dadurch, daß es gelang, die saarländischen Werke mit ihrer nach Deutschland abzusetzenden Erzeugung nach und nach in die Kartellorganisation der deutschen Stahlindustrie einzugliedern. Als erstes von den Saarwerken traten im Dezember 1925 die Röchlingschen Eisen- und Stahlwerke A.-G., Völklingen, der deutschen Rohstahlgemeinschaft und den verschiedenen Verkaufsverbänden bei. Die Röchlingschen Werke sind bekanntlich unter rein deutschem Einfluß geblieben, trotzdem die von den französischen Werken Aciéries de Longwy, Tréfileries et Laminoirs du Havre, Hauts-Fourneaux de Longwy und von den belgischen Werken Forges de la Providence und Ougrée-Marihaye neugegründete Société Lorraine Minière et Métallurgique, Paris, von der die frühere Röchlingsche Karlshütte in Diedenhofen übernommen worden war, versucht hatte, auch in den saarländischen Röchling-Besitz einzudringen. Dagegen hat die Gruppe der Aciéries de Longwy auf dem Wege über ihre Mehrheitsbeteiligung bei der Société Française pour la Fabrication des Tubes et Emboutis, Louvroil et Recquignies, unter Mitbeteiligung der Röhrenwerke Montbard-Aulnoye, Escaut et Meuse und Solesmes Einfluß auf die saarländischen Mannesmannröhren-Werke in Bous zu gewinnen vermocht, die jetzt Société des Aciéries et Usines à Tubes de la Sarre, Paris, firmieren. Die Mannesmannröhren-Werke A.-G. in Düsseldorf besitzen aber noch 40 Prozent des Kapitals dieser Gesellschaft. Mit Wirkung vom 1. April 1926 ab traten dann die Burbacher Hütte sowie die Hüttengesellschaft Rothe Erde bei Aachen, die beide zur belgisch-luxemburgisch-französischen Arbed-Gruppe gehören, der Rohstahlgemeinschaft, dem A-Produkte-Verband, dem Stabeisen- und Grobblech-Verband bei, letzterem Verband mit Abteilung Hostenbach der Burbacher Hütte. Ende September 1926 folgte das Neunkircher Eisenwerk A.-G. vorm. Gebr. Stumm, das als Mitglied in die Rohstahlgemeinschaft, den

A-Produkte- und Stabeisen-Verband, die Bandeisen-Vereinigung und in den Walzdraht-Verband aufgenommen wurde. (Das Homburger Eisenwerk A.-G. vorm. Gebr. Stumm, das in der Hauptsache Röhren produziert, gehörte dem Röhren-Verband in Düsseldorf bereits seit Errichtung dieses Verbandes an.) Die A.-G. der Dillinger Hüttenwerke sowie das Bandeisenwalzwerk St. Ingbert haben sich, wie früher mehrmals erwähnt, erst nach dem Zustandekommen der internationalen Rohstahlgemeinschaft Ende November 1926 den deutschen Verbänden angeschlossen. Und zwar haben die Dillinger Hüttenwerke mit Wirkung vom 1. Oktober 1926 ab in der Rohstahlgemeinschaft eine Jahresbeteiligung von 485 000 Tonnen erhalten, wovon jedoch für Lieferungen nach dem Saargebiet selbst und nach Frankreich 164 000 Tonnen abgetrennt worden sind, ferner im A-Produkte-Verband von 56 928 Tonnen Rohstahlgewicht, im Stabeisen-Verband von 15 570 Tonnen Fertiggewicht und insbesondere im Grobblech-Verband von 58 500 Tonnen Fertiggewicht. Im Januar 1927 sind die Dillinger Hüttenwerke dann auch noch der Ausfuhrvereinigung deutscher Verzinkereien in Düsseldorf beigetreten, hingegen nicht auch dem Verzinkereiverband (Düsseldorf), da hier die Beitrittsverhandlungen an der Quotenforderung Dillingens gescheitert waren [1]). Dem Bandeisenwalzwerk St. Ingbert ist in der Bandeisen-Vereinigung mit Wirkung vom 1. Dezember 1926 ab eine Quote von 95 000 Tonnen Fertiggewicht zugewiesen worden, wobei die Lieferungen der Gesellschaft nach der Saar sowie nach Frankreich ebenfalls ausgenommen sind. Dem Drahtverband ist St. Ingbert mit Wirkung vom 15. Februar 1927 ab für das Inlands- sowie Auslandsgeschäft mit einer Beteiligung von etwa 25 000 Tonnen beigetreten. Über den Kapitalbesitz bei der A.-G. der Dillinger Hüttenwerke sei bei dieser Gelegenheit eingeschaltet, daß Dillingen schon vor dem Kriege zu

---

[1]) Ein weiterer wesentlicher Außenseiter des Verzinkereiverbandes sind noch die Mannesmannröhren-Werke A.-G. nebst der zum Mannesmann-Konzern gehörenden Storch u. Schöneberg A.-G. für Bergbau u. Hüttenbetrieb, Geisweid (Bremer Hütte).

ungefähr 40 Prozent in französischem Besitz war. Diese französische Aktionärgruppe gründete dann nach dem Kriege in Gemeinschaft mit der Société Lorraine des Aciéries de Rombas, den Forges et Aciéries de la Marine et d'Homécourt, den Hauts-Fourneaux et Fonderies de. Pont-à-Mousson, den Aciéries de Micheville, der Compagnie des Mines, Fonderies et Forges d'Alais und den Aciéries de France die Société des Mines et Usines de Rédange-Dilling in Paris, welche das Hochofenwerk in Redingen der Dillinger Hüttenwerke und etwa 60 Prozent des Kapitals der Dillinger Hüttenwerke selbst übernahm, während die restlichen 40 Prozent in deutschem Besitz (Stumm) verblieben. Dieselbe unter Führung des französischen Schwerindustriellen Théodore Laurent (Marine et Homécourt) stehende Großaktionärgruppe von Dillingen hat übrigens zusammen mit den belgischen Werken Ougrée-Marihaye und Aciéries d'Angleur die uns bereits bekannte Hadir (Hauts-Fourneaux et Aciéries de Differdange-St. Ingbert-Rumelange, Luxemburg) gegründet, der jetzt auch das oben genannte Bandeisenwalzwerk St. Ingbert angehört. Die bei den Dillinger Hüttenwerken mitbeteiligten Hauts-Fourneaux et Fonderies de Pont-à-Mousson haben des weiteren selbständig 60 Prozent der Gesellschaftsanteile der Halberger Hütte G. m. b. H. in Brebach (Saar) an sich gebracht (restliche 40 Prozent im Besitz von Stumm)[1].

Bedeutete schon der Beitritt der Saarwerke zu den deutschen Eisenverbänden einen wesentlichen Schritt zur Wiederherstellung der alten festen Beziehungen mit der saarländischen Schwerindustrie, so erfuhr die erstrebte Rückgliederung des Saarlandes an das deutsche Wirtschaftsgebiet trotz der trennenden Zollgrenze ihre bedeutendste Förderung durch den Abschluß eines neuen deutsch-französischen Saar-Abkommens. Das erste Abkommen vom 11. Juli 1925 war

---

[1]) Über die Beteiligung der Halberger Hütte an der Gründung einer Verkaufsvereinigung für Kanalguß in Frankfurt a. M., der sich übrigens auch noch die Abteilung Schalker Verein der Vereinigten Stahlwerke A.-G., Düsseldorf, in loser Form angeschlossen hat, haben wir schon bei früherer Gelegenheit gesprochen.

vom Reichstag, der die Ausbalanzierung der Vorteile und Zugeständnisse an Frankreich für Deutschland nicht als gegeben erachtet hatte, nur für die Dauer von vier Monaten angenommen worden, um bis dahin über eine bessere Ausbalanzierung zu verhandeln. Jedoch kam es, wie schon gesagt, schließlich doch nicht zur Ratifizierung dieses Abkommens seitens der deutschen Regierung, und die Dinge blieben seitdem in der Schwebe. Nachdem dann aber am 5. August 1926 wenigstens ein provisorisches Handelsabkommen zwischen Deutschland und Frankreich bis zum 21. Februar 1927 abgeschlossen worden war, wurde von der deutschen und der französischen Regierung im Einklang mit jenem vorläufigen Handelsabkommen auch eine „Vereinbarung über den Austausch von Erzeugnissen einiger deutscher und saarländischer Industrien" getroffen, die am 6. November 1926 unterzeichnet wurde und mit Wirkung vom 1. Dezember 1926 bis zum 31. März 1927 in Kraft trat, wobei die Möglichkeit einer Verlängerung in Aussicht genommen wurde, falls ab 1. April 1927 der definitive deutsch-französische Handelsvertrag noch immer nicht zustande kommen sollte. Dieses neue Saar-Abkommen enthielt nunmehr in den Tarifen durch Gewährung des französischen Minimal-Zolltarifes sowie in den Kontingenten befriedigende Zugeständnisse für die Einfuhr deutscher Erzeugnisse nach dem Saargebiet; insbesondere waren die Nachteile des früheren Abkommens für die Einfuhr von Maschinen beseitigt. Andererseits konnten auf Grund des neuen Abkommens von den Saarwerken jährlich etwa 1,55 Millionen Tonnen Eisen- und Stahlerzeugnisse aller Art zollfrei nach Deutschland eingeführt werden. An dem Hauptkontingent in Höhe von 1,31 Millionen Tonnen für Halbzeug, Stabeisen, Bandeisen, Grobblech, Walzdraht, Röhren (gewalzt oder gezogen), Schienen, Oberbaumaterial, Stacheldraht, Drahtgeflechte und Drahtstifte hat die Burbacher Hütte mit 382 750 Tonnen den größten Kontingentsanteil erhalten. Es folgen Röchling mit 358 275 Tonnen, das Neunkircher Eisenwerk mit 348 200 Tonnen, Dillingen mit 124 000 Tonnen, St. Ingbert mit 79 675 Tonnen und das Homburger Eisenwerk mit 10 000 Tonnen. Für den Fall, daß die zwischen dem deutschen Röhrenverband und der Société des Aciéries et Usines à Tubes de la Sarre in Bous bestehenden Abmachungen über Nichtbelieferung des deutschen Marktes gebrochen werden sollten, ist für diese Gesellschaft ein Kontingent von 6 000 Tonnen (gegenwärtiges zollfreies Kontingent 600 Tonnen) vorgesehen worden. Das Kontingent von 30 000 Tonnen Roheisen sowie von 45 000 Tonnen für aus nichtschmiedbarem Guß hergestellte Röhren hat die Halberger Hütte erhalten, die, nebenbei bemerkt, auch der einzige bedeutende Roheisen-Exporteur unter den Saarwerken ist, da die Saarwerke ihr erblasenes Roheisen allermeistens für den Eigenverbrauch benötigen. Weiter ist die Halberger Hütte mit 4 500 Tonnen an dem Kontingent von 10 600 Tonnen nichtschmiedbarem Guß beteiligt, das im übrigen an die weiterverarbeitende Industrie und an Röchling vergeben worden ist. Von dem 153 500 Tonnen betragenden anderen Hauptkontingenten für Universaleisen, Bleche, schmiedbaren Guß, Eisenkonstruktionen, Eisenbahnlaschenschrauben, Schwellenschrauben usw. und für Wagenfedern hat Dillingen mit 79 312 Tonnen den Hauptanteil erhalten. Es folgen die Burbacher Hütte mit 35 931 Tonnen, das Homburger Eisenwerk mit 17 785 Tonnen, Röchling mit 9 845 Tonnen und das Neunkircher Eisenwerk mit 5000 Tonnen[1]). Bezüglich des rund 1,5 Millionen Tonnen ausmachenden saarländischen Gesamtkontingents ist im übrigen eine private Verständigung in der Weise getroffen, daß zwei Drittel oder etwa 1 Million Tonnen nach Deutschland und ins Ausland (mit Ausnahme von Frankreich) und ein Drittel oder ungefähr 500 000 Tonnen im Saargebiet und nach Frankreich abgesetzt werden. Mit dem ersten Teil ihrer am deutschen Markt abzusetzenden Erzeugung haben sich die Saarwerke der deutschen Rohstahlgemeinschaft und den einzelnen Verkaufsverbänden angeschlossen[2]). Die saarländischen Eisenerzeugnisse werden, um

---

1) Deutsche Bergwerks-Zeitung, Art. Endgültige Verteilung der Saarkontingente (Nr. 15 vom 19. Januar 1927).

2) Arthur Klotzbach (Mitglied des Direktoriums der Fried. Krupp A.-G.), Die Lage der Eisen- und Hüttenindustrie im Jahre 1926.

es nochmals zu betonen, jetzt endgültig zollfrei nach Deutschland hereingelassen; im übrigen sind gleichzeitig die seit dem 10. Januar 1925 den Saarwerken für die Einfuhr ihrer Erzeugnisse nach Deutschland gestundeten Zölle niedergeschlagen worden.

Neben diesem neuen Saar-Abkommen vom 6. November 1926, das lediglich den Import saarländischen Eisens nach Deutschland regelt und, ebenso wie das deutsch-französische Handelsprovisorium vom 5. August 1926, Mitte Februar 1927 verlängert worden ist, wobei die Kontingente um 50 Prozent erhöht wurden, ist nun aber auch ein zum mindesten ebenso bedeutendes Abkommen über die Kontingentierung der Einfuhr von Roheisen und Walzwerkserzeugnissen aus Lothringen und Luxemburg nach Deutschland getroffen worden. Dieses zweite private Luxemburger Kontingentsabkommen ist im engsten Zusammenhang mit der Perfektuierung der Internationalen Rohstahlgemeinschaft, die später noch besonders behandelt werden soll, am 4. November 1926 in Luxemburg von den deutschen, französischen und luxemburgischen Eisenindustriellen unterzeichnet worden. Es stand zwar seinem Inhalt nach bereits bei Abschluß der Internationalen Rohstahlgemeinschaft am 30. September 1926 fest, seine Unterzeichnung hatte sich jedoch verzögert, da noch einige Punkte zu klären waren.

Nach dem jetzigen Luxemburger Abkommen werden etwa 6,5 Prozent des deutschen Inlandsverbrauches an Walzwerkserzeugnissen, berechnet auf Grund des Absatzes im ersten Vierteljahr 1926, von den deutschen Eisenverbänden zu den deutschen Inlandspreisen[1]) fest übernommen und seitens der Syndikate teils direkt, teils durch die Werkshandelsfirmen der französisch-luxemburgischen Werke, die diese

---

(Das Wirtschaftsjahr 1926; Jahresbericht der Arbeitsgemeinschaft der Industrie- und Handelskammern des Ruhrbezirks, S. 220).

[1]) Bereits am 31. Juli 1926 war in Mannheim eine vorläufige Vereinbarung des Stahlwerksverbandes mit den in Frage kommenden lothringischen und luxemburgischen Werken getroffen worden, wonach sich diese verpflichtet hatten, nach Süddeutschland fortan nur noch zu den Preisen des Stahlwerksverbandes zu liefern.

Erzeugnisse bisher schon in Deutschland vertrieben haben, an die deutschen Verbraucher weiterverkauft. (Beispielsweise von der Arbed-Terres-Rouges-Gruppe, Luxemburg, durch ihre Vertriebsorganisation Columeta, Comptoir Métallurgique Luxembourgeois, bzw. deren nunmehr als Verbandshändler fungierende deutsche Verkaufsgesellschaft Artewek Handelsgesellschaft für Berg- und Hütten-Erzeugnisse m. b. H.). Von diesen 6,5 Prozent entfallen auf Frankreich 3,75 Prozent und auf Luxemburg 2,75 Prozent. Als Inlandsabsatz ist die deutsche Walzwerkserzeugung nach der Statistik des Vereins Deutscher Eisen- und Stahl-Industrieller abzüglich der Ausfuhr und zuzüglich der Einfuhr nach der amtlichen Statistik des Deutschen Reiches zu betrachten. Als Inland gilt das deutsche Zollgebiet einschließlich der Freihäfen. Das Abkommen erstreckt sich auf Halbzeug, Eisenbahnoberbaumaterial, Form-, Stab-, Universal- und Bandeisen, Walzdraht, Grob-, Mittel-, Fein- und Weißbleche; Röhren, rollendes Eisenbahnzeug (Achsen, Räder u. dgl.) sowie Schmiedestücke fallen demnach nicht unter das Abkommen. Bei Unterteilung des Anteils von 3,75 Prozent für Frankreich ist man von einer Jahresmenge von 268 700 Tonnen, bei der von 2,75 Prozent für Luxemburg von einer solchen von 197 000 Tonnen ausgegangen, insgesamt also von einer Menge von 465 700 Tonnen. Hiervon enfallen auf beide Länder zusammen 115 000 Tonnen Halbzeug, 10 000 Tonnen Oberbaumaterial, 96 000 Tonnen Formeisen, 201 000 Tonnen Stabeisen, 4800 Tonnen Universaleisen, 12 000 Tonnen Bandeisen, 15 700 Tonnen Walzdraht, 11 200 Tonnen Grob-, Mittel-, Fein- und Weißbleche. Der Stahlwerksverband kann jedoch über jene Halbzeug-Kontingentsmengen hinaus noch Halbzeug von Frankreich und Luxemburg hinzukaufen. Diese Mengen werden auf das Kontingent nicht angerechnet. Über die festgesetzten Kontingentsmengen hinaus dürfen von Frankreich und Luxemburg keine weiteren der genannten Walzwerkserzeugnisse nach dem deutschen Inland eingeführt werden. Geschieht dies dennoch, werden diese Mengen auf die französische bzw. luxemburgische Quote angerechnet. Liefert Deutschland Walzwerkserzeugnisse nach dem französischen Zollgebiet, fallen diese Mengen der französischen Quote nach Deutschland zu. Es besteht also ein gegenseitiger Heimatschutz. Wenn der deutsche Binnenabsatz steigt oder sinkt, erhöhen bzw. vermindern sich entsprechend auch die Einfuhrmengen der einzelnen Walzeisengruppen, für die auf Grund der obigen Kontingente ein prozentualer Schlüssel vereinbart worden ist. Besitzt ein Werk sowohl in Frankreich als auch in Luxemburg Produktionsstätten, kann unter bestimmten Voraussetzungen ein Austausch oder die Abtretung von Anteilen oder gewissen Mengen dieser Anteile erfolgen. Während das alte Luxemburger Abkommen vom Jahre 1925 bekanntlich eine Zollrückvergütung in Höhe des halben Zollsatzes für die lothringischen und luxemburgischen Einfuhrmengen vorsah, findet eine solche Zollvergünstigung jetzt nicht statt, sondern der deutsche Zoll ist seitens der lothringischen und luxemburgischen Werke voll zu entrichten. Die Dauer dieses Stahl-Kontingentsabkommens ist die gleiche wie die der Internationalen Rohstahlgemeinschaft, nämlich bis zum 1. April 1931 mit denselben vorzeitigen Kündigungsmöglichkeiten wie bei der Rohstahlgemeinschaft. Es kann also ab 1. April 1927 mit dreimonatiger Frist gekündigt werden, falls kein endgültiger deutsch-französischer Handelsvertrag zustande kommt, oder wenn ein bestehender Handelsvertrag mit Frankreich bzw. der in Geltung befindliche Handelsvertrag mit Belgien [1]) vorzeitig gekündigt werden sollte. Des weiteren ist eine Kündigung statthaft für den Fall, daß die deutschen Zollsätze für die betreffenden Walzwerkserzeugnisse erhöht werden [2]).

Was schließlich die Roheiseneinfuhr nach Deutschland anbetrifft, ist zwischen dem deutschen Roheisenverband (Essen) und den französisch-luxemburgischen Roheisenproduzenten vereinbart worden, daß der Import von Gießerei-Roheisensorten aus Lothringen sowie Luxemburg insgesamt 10,556

---

[1]) Mit Rücksicht auf die Zollunion zwischen Belgien und Luxemburg.

[2]) E. Buchmann (Stellvertr. Geschäftsführer des Vereins Deutscher Eisen- und Stahl-Industrieller), Das Internationale Eisenkontingents-Abkommen; Wirtschaftsdienst 11. Jahrg. Heft 45.

Prozent des deutschen Inlandskonsums betragen soll, gleichfalls errechnet aus der einheimischen deutschen Roheisenerzeugung abzüglich Ausfuhr und zuzüglich Einfuhr. Auf Frankreich entfällt hiervon ein Anteil von 7,463 Prozent und auf Luxemburg von 3,093 Prozent. Die Einfuhrkontingente werden an Hand dieser Prozentsätze von Vierteljahr zu Vierteljahr nach dem Bedarf im jeweils abgelaufenen Quartal festgesetzt. Die lothringisch-luxemburgischen Kontingentsmengen werden vom Roheisenverband übernommen und zu den deutschen Inlandspreisen abgesetzt. Ferner ist eine Aufteilung der Belieferung des Saargebietes mit Hämatit und Spiegeleisen dahingehend vorgenommen worden, daß die französischen Hüttenwerke 55 Prozent und die deutschen Werke 45 Prozent des saarländischen Bedarfes in jenen beiden Roheisen-Spezialsorten decken.

B. Die Internationale Rohstahlgemeinschaft.

Die nach dem Scheitern des ersten Luxemburger Eisenkontingentsabkommens im Sommer des Jahres 1925 alsbald wiederaufgenommenen Verhandlungen waren jedoch von vornherein auf eine breitere Grundlage insofern gestellt worden, als jetzt der Plan energisch verfolgt wurde, nach dem Vorbilde der deutschen Rohstahlgemeinschaft auch eine internationale Rohstahlgemeinschaft zu bilden. Mittels einer derartigen internationalen Rohstahlgemeinschaft sollte also, genau wie es bereits für den deutschen Binnenmarkt in die Wege geleitet war, aber aus den bekannten Ursachen der westeuropäischen Eisenkonkurrenz auf diesem noch immer nicht restlos hatte durchgeführt werden können, eine Wiederherstellung des Gleichgewichts von Angebot und Nachfrage nunmehr auch für den gesamten europäischen Eisenmarkt durch Kontingentierung der Rohstahlproduktion erzielt werden. Ein großzügiges Projekt, dessen Verwirklichung seitens der deutschen Eisen schaffenden Industrie um so eifriger betrieben wurde, da, wie sie betonte, die Lasten, die sich für die deutsche Schwerindustrie aus einem Einfuhrkontingentsabkommen mit der lothringischen und luxemburgischen Eisen- und Stahlindustrie ergäben, nur unter jener Bedingung übernommen werden könnten, daß gleichzeitig auch am internationalen Eisenmarkt eine Regelung der Rohstahlgewinnung innerhalb der wichtigsten kontinentaleuropäischen Eisen erzeugenden Länder getroffen würde[1]).

Ganz besonders schwer war bei der geplanten internationalen Rohstahl-Produktionskartellierung die Quotenfrage zwischen den beteiligten Ländern zu erledigen, hauptsächlich weil die Konjunktur und damit die Produktionsleistung innerhalb eines bestimmten Zeitraumes, die als Maßstab für die Höhe der Beteiligungszahl gelten sollte, in den verschiedenen Ländern eine durchaus nicht gleichmäßige Entwicklung genommen hatten. Während Deutschland unter den erzeugungshemmenden Wirkungen der Deflationskrisis zu leiden hatte, konnte die französische Eisenindustrie ihren Umsatz infolge des Einflusses der Frankeninflation erheblich vergrößern. Andererseits waren wiederum die belgischen Werke durch die Auswirkungen eines langdauernden Ausstandes der Metallarbeiter im zweiten Halbjahre 1925 sehr in Mitleidenschaft gezogen worden. Man einigte sich schließlich darauf, das erste Quartal des Jahres 1926 den Quotenbemessungen zugrunde zu legen und hierbei von der Voraussetzung auszugehen, daß der Absatz eine baldige anhaltende Steigerung verzeichnen werde. Eine von deutscher Seite gemachte Konzession, die sich für Deutschland dann als sehr nachteilig herausstellen sollte. Besonders hartnäckig wurde nun der ja bei allen Kartellbildungen übliche Kampf um eine möglichst volle Berücksichtigung der Produktionskapazität bei Festlegung der Beteiligungsquoten von Belgien geführt, auf dessen Einbeziehung in das Rohstahlgemeinschaftsabkommen aber vornehmlich deshalb Wert gelegt wurde, weil Belgien bei der relativ beschränkten Aufnahmefähigkeit seines Innenmarktes gleichfalls auf eine starke Exporttätigkeit angewiesen ist. Nachdem bereits am 13. August 1926 eine grundsätzliche Verständigung über den Abschluß einer internationalen Roh-

[1]) Arthur Klotzbach, Die Lage der Eisen- und Hüttenindustrie im Jahre 1926; a. a. O. S. 217.

stahlgemeinschaft zwischen Deutschland, Frankreich, Belgien und Luxemburg erzielt worden war, sollte dann am 17. September in Paris die endgültige Vertragsunterzeichnung erfolgen. Sie wurde jedoch erneut durch Belgien vereitelt, dessen Vertreter nach wie vor Einwendungen gegen die belgische Quote erhoben[1]). Am 30. September 1926 endlich konnte die Internationale Rohstahlgemeinschaft (Entente Internationale pour l'Acier) endgültig unter Dach und Fach gebracht werden.

Wir geben zunächst den wesentlichsten Wortlaut dieses internationalen Rohstahlgemeinschafts-Vertrages im nachstehenden wieder:

Jedes Land zahlt monatlich in eine gemeinsame Kasse für jede Tonne Rohstahl seiner wirklichen Erzeugung 1 Dollar. Unter Rohstahl ist verstanden sämtlicher von den Ländern nach dem Thomas-, Bessemer-, Siemens-Martin-, Tiegel-, Elektro- oder irgendeinem anderen Verfahren hergestellter Rohstahl. Diese Summe wird dem Konto dieses Landes gutgeschrieben. Widersetzt sich die Regierung eines der beteiligten Länder der vorzunehmenden Einzahlung der Beträge — oder eines Teiles derselben —, kann die Zahlung ersetzt werden durch Garantiestellung einer vom Verwaltungsausschuß genehmigten Bank oder durch Bareinzahlung auf ein gesperrtes Konto bei einer in dem betreffenden Lande gelegenen und vom Verwaltungsausschuß genehmigten Bank.

Die Führung der gemeinsamen Kasse wird von einem Verwaltungsausschuß überwacht. Dieser besteht aus vier Mitgliedern und wird gebildet durch je einen Vertreter der teilnehmenden Länder: Deutschland, Belgien, Frankreich und Luxemburg. Der Vorsitz im Verwaltungsausschuß wird der Reihe nach von einem der teilnehmenden Länder geführt und wechselt jedes Jahr. Der Verwaltungsausschuß trifft ganz allgemein und im besonderen in Übereinstimmung mit den in nachstehenden Artikeln enthaltenen Weisungen die Maß-

---

[1]) Die Opposition ging in erster Linie von den belgischen Werken Société Métallurgique de Sambre et Moselle in Montigny-sur-Sambre, Société des Forges de la Providence in Marchienne-au-Pont und Société des Usines Métallurgiques du Hainaut in Couillet aus.

nahmen, die Ausführung der in diesem Kontrakt niedergelegten Klauseln und der in ihnen vorgeschriebenen Kontrolle erheischt. Er hat ebenfalls jede Vollmacht in der Verwaltung, Verwendung und Erhaltung der in die Gemeinschaftskasse eingezahlten oder von dieser zurückbehaltenen Gelder. Alle Abstimmungen im Verwaltungsausschuß erfolgen nach den Quoten.

Der Verwaltungsausschuß setzt für jedes Vierteljahr die Quote eines jeden Landes fest, und zwar spätestens einen halben Monat vor Beginn des betreffenden Vierteljahres. Die Festsetzung geschieht durch Anwendung des ein für allemal für jedes Land festgelegten prozentualen Anteils von der Gesamtmenge, die den voraussichtlichen Bedarf des Marktes darstellt. Die den verschiedenen Ländern zugestandenen prozentualen Anteile können nur durch Einstimmigkeit verändert werden. Die Vierteljahresmenge und demgemäß die Quoten jedes Landes sind mit $^3/_4$ Stimmenmehrheit festzusetzen, wobei jedes Land entsprechend seiner Beteiligung eine Anzahl Stimmen hat. Hierbei soll zugestanden sein, daß bei Einstimmigkeit aller Länder, außer einem, stets eine ausreichende Mehrheit vorhanden ist, selbst wenn das betreffende Land mehr als $^1/_4$ der Stimmen darstellt. Die Saar wählt niemals selbständig; ihre Stimmen werden im Verhältnis von einem und zwei Dritteln zwischen Frankreich und Deutschland geteilt.

Alle Monate werden die Rohstahlproduktionszahlen eines jeden Landes zusammengestellt und mit den in Betracht kommenden Quoten verglichen. Überschreitet die Vierteljahresproduktion eines Landes die ihm zustehende Quote, zahlt es unbeschadet der eingangs erwähnten Einzahlung von 1 Dollar pro Tonne auf die Tonne Überschreitung eine Abgabe von 4 Dollars, die in die gemeinsame Kasse fließt. Ist die Produktion eines Landes hinter der ihm zustehenden Quote zurückgeblieben, empfängt dieses Land aus der allgemeinen Kasse auf die Differenz eine Entschädigung von 2 Dollars je Tonne Rückstand. Hierbei gilt jedoch die Einschränkung, daß die Entschädigung höchstens gewährt werden darf auf 10 Prozent der für das betreffende Vierteljahr geltenden Quote. Besteht ein Rückstand von 10 Prozent und mehr der jeweiligen Quote laufend während mehrerer aufeinanderfolgender Quartale, ermäßigt sich die vergütungsberechtigte Menge für jedes weitere Vierteljahr um 2 Prozent, so daß im zweiten Vierteljahr fortgesetzten Zurückbleibens um 10 Prozent und mehr eine Entschädigung nur von höchstens 8 Prozent, im dritten Quartal nur von höchstens 6 Prozent gezahlt werden darf usw. Bei Fällen höherer Gewalt hat die Generalversammlung der verschiedenen Gruppen mit Stimmenmehrheit über die Höhe der Vergütung Beschluß zu fassen. Es wird alle 3 Monate abgerechnet; die in bar zu zahlenden Strafen und Vergütungen sind sofort nach Zustellung der Abrechnung fällig. Am Ende eines jeden Halbjahres wird die gemeinsame Kasse nach Abzug der Handlungskosten liquidiert; der in der Kasse verbliebene Saldo wird unter die Länder wie folgt verteilt: 1. Im Verhältnis zu der tatsächlichen Erzeugung in dem Abrechnungszeitraum, bis zur Höhe der eingangs genannten geleisteten Einzahlungen von 1 Dollar pro Tonne Rohstahlerzeugung. 2. Im Verhältnis zu den Beteiligungsziffern in dem Abrechnungszeitraum, soweit ein Saldo aus der Zahlung von Strafen vorhanden ist.

Das vorliegende Abkommen endigt mit dem 1. April 1931. Jedoch hat jedes Land das Recht, bis zum 1. Mai 1929 mitzuteilen, daß es am 31. Oktober 1929 aus der Gemeinschaft austritt. In diesem Falle sind die übrigen Länder mit dem gleichen Tage ihrer Verpflichtungen ebenfalls entbunden. (Am 31. Oktober 1929 läuft bekanntlich der gegenwärtige Vertrag der deutschen Rohstahlgemeinschaft ab.)

Dem Abschluß dieses Übereinkommens liegt der Gedanke zugrunde, daß während seiner Dauer die Zollsätze für nach Deutschland eingeführte Stahlprodukte nicht erhöht werden dürfen. Falls Deutschland eine Erhöhung genannter Tarife vornimmt, kann das Abkommen jederzeit von jedem Vertragsbeteiligten mit dreimonatiger Frist gekündigt werden, wonach alsdann jeder Kontrahent bei seiner Regierung hinsichtlich Zollfragen volle Handlungsfreiheit zurückerhält. Das vorliegende Abkommen kann im übrigen jederzeit vom

1. April 1927 ab mit dreimonatiger Frist gekündigt werden, wenn die Regierung eines der Vertragsbeteiligten sich ihm mit der Begründung widersetzt, daß mangels eines Handelsvertrages eins der anderen Länder der Gesamtheit der Erzeugnisse eine ungünstige Behandlung angedeihen läßt. Wenn Deutschland oder Frankreich das Abkommen aus einem der beiden vorgenannten Gründe kündigen, können sie es gleichfalls hinsichtlich der anderen Kontrahenten kündigen, die im übrigen die Möglichkeit haben, es unter sich aufzusagen.

Der Austausch von Quoten der Länder ist zulässig für eine Gesellschaft oder einen Konzern, falls diese Gesellschaft oder dieser Konzern in einem anderen Lande Erzeugungsstätten besitzt oder betreibt. Als Besitz wird das Eigentum von mindestens 40 Prozent des Kapitals dieser Erzeugungsstätten angesehen. Von einem derartigen Austausch ist dem Verwaltungsausschuß vorher Kenntnis zu geben; der Austausch kann erst mit Beginn des nächsten Abrechnungszeitraumes in Wirksamkeit treten und muß mindestens für dessen Dauer bestehen bleiben.[1])

Hat sich am 1. April 1927 der Gesamtverbrauch nicht derartig erhöht, daß die luxemburgische Gruppe einen einer Jahresproduktion von mindestens 2 360 000 Tonnen entsprechenden Anteil erhalten kann, desgleichen am 1. April 1929 einen einer Jahresproduktion von mindestens 2 480 000 Tonnen entsprechenden Anteil, hat diese Gruppe innerhalb eines Monats nach Bekanntgabe der Erzeugungsziffern das Recht, mit dreimonatiger Kündigung von der Übereinkunft zurückzutreten. Die anderen Beteiligten können sich alsdann ebenfalls von dem Abkommen zurückziehen. (Die vorstehenden Vorbehalte sind hier aufgenommen worden infolge der erhobenen Ansprüche von 1. der Gesellschaft Arbed, ab 1. April 1927 eine Produktion zu erreichen, die ihre Erzeugung im ersten Vierteljahr 1926 um

---

[1]) Eine derartige aus produktionstechnischen Gründen vorgenommene Übertragung eines Teiles der Quote ist z. B. seitens der Österreichisch-Alpinen-Montan-Gesellschaft, die später der Internationalen Rohstahlgemeinschaft beigetreten ist, auf die Vereinigten Stahlwerke A.-G. erfolgt.

50 000 Tonnen vierteljährlich übersteigt; 2. der Gesellschaft Hadir, ab 1. April 1929 eine Produktion zu erreichen, die ihre Erzeugung im ersten Vierteljahr 1926 um 30 000 Tonnen vierteljährlich übersteigt.)

Alle Streitigkeiten zwischen den Beteiligten über Auslegung und Ausführung dieses Abkommens sind verbindlich durch ein Schiedsgericht zu schlichten.

Den Eisenerzeugern der anderen Länder wird der Zutritt zu dieser Vereinbarung offengehalten. Der Eintritt wird durch die Generalversammlung beschlossen: 1. mit Stimmenmehrheit, wenn die Beteiligung auf Grund der Produktion des ersten Vierteljahres 1926 festgesetzt worden ist, 2. mit Einstimmigkeit, wenn der Eintritt nach anderen Grundsätzen erfolgt.

Wenn der Anteil der beteiligten Länder an der Gesamtproduktion der europäischen Länder während eines Halbjahres um 5 Prozent niedriger ist als der gleiche Anteil während des ersten Vierteljahres 1926, kann die Aufhebung dieses Abkommens von jeder der beteiligten Gruppen verlangt werden. Die Aufhebung wird in einem solchen Falle wirksam nach voraufgegangener Kündigung von 3 Monaten; die Kündigung muß spätestens 3 Monate nach Ablauf des betreffenden Halbjahres erfolgt sein. Das Abkommen kann gleichfalls durch Kündigung mit dreimonatiger Frist seitens jeder der beteiligten Gruppen in dem Falle aufgehoben werden, daß die für ein Halbjahr festgesetzte Beteiligung niedriger als 13 139 000 Tonnen ist. In diesem Falle muß die Kündigung innerhalb eines Monats erfolgen.

* * *

Neben der in Luxemburg domizilierenden Geschäftsstelle der Internationalen Rohstahlgemeinschaft wird die Kontrolle über die Stahlproduktion der Internationalen Rohstahlgemeinschaft von einer neutralen Treuhandgesellschaft in der Schweiz ausgeübt. Zum ersten Präsidenten der Internationalen Rohstahlgemeinschaft wurde Emile Mayrisch, der Generaldirektor der Arbed (Luxemburg), gewählt, dessen Verhandlungsgeschick[1]) das Zustandekommen der Internationalen Rohstahlgemeinschaft nicht unwesentlich erleichtert hatte. Die deutschen Interessen werden durch Fritz Thyssen vertreten, dessen Initiative und Vorschlägen nicht allein die Errichtung der deutschen, sondern auch der internationalen Rohstahlgemeinschaft an erster Stelle zu verdanken ist[2]). Besonders erwähnt möge noch werden, daß sich Anfang des Jahres 1927 die luxemburgischen Werksgruppen Arbed-Terres-Rouges, Hadir, Rodingen (Konzern Ougrée-Marihaye) und Steinfort (belgischer Konzern Athus-Grivegnée) unter der Bezeichnung „Groupement des Industries sidérurgiques" zusammengeschlossen haben, um alle Maßnahmen gemeinsam zu treffen, die mit der Zugehörigkeit zu den internationalen Verbänden in Zusammenhang stehen.

Die Quoten der fünf Rohstahlgemeinschafts-Länder Deutschland, Frankreich, Belgien, Luxemburg und Saargebiet sind, wie schon bemerkt, auf Grund ihrer Rohstahlerzeugung im ersten Vierteljahr 1926 festgesetzt worden[3]). Dies bedeutete eine für Deutschland recht ungünstige Regelung, weil gerade in jener Zeit die deutsche Rohstahlgewinnung sehr stark gedrosselt worden war; ging doch die tatsächliche Einschränkung der Rohstahlproduktion in den ersten beiden Monaten des Jahres 1926 noch über den von der deutschen Rohstahlgemeinschaft beschlossenen offiziellen Satz von 35 Prozent hinaus und betrug sogar annähernd 40 Prozent. Wäre hingegen, wie ursprünglich auch beabsichtigt, die Produktion des Jahres 1925 zugrunde gelegt worden,

---

[1]) Bruno Bruhn, Entstehung und Bedeutung der westeuropäischen Eisenverträge; a. a. O.

[2]) U. a. gehen speziell die verschiedenen Funktionen der Gemeinschaftskasse auf einen Vorschlag von Fritz Thyssen zurück; J. W. Reichert, Die europäische Rohstahlgemeinschaft; Stahl und Eisen 46. Jahrg. Heft 40.

[3]) Im ersten Quartal 1926 betrug die Rohstahlproduktion Deutschlands rund 2,556 Millionen Tonnen oder auf ein ganzes Jahr bezogen 10,224 Millionen Tonnen, Frankreichs 2,017 Millionen bzw. 8,068 Millionen Tonnen, Belgiens 0,544 Millionen bzw. 2,176 Millionen Tonnen, Luxemburgs 0,540 Millionen bzw. 2,160 Millionen Tonnen und die der Saar 0,414 Millionen bzw. 1,656 Millionen Tonnen.

hätte sich für Deutschland von Anfang an eine viel größere Quotenbeteiligung ergeben müssen, und zwar in etwa der Höhe seiner Vorkriegs-Rohstahlerzeugung von 12,2 Millionen Tonnen, nach dem jetzigen Gebietsumfang des Deutschen Reiches berechnet. Die Deutschland zugewiesene Quote entspricht nur etwa 78 Prozent seiner auf 16 Millionen Tonnen zu schätzenden Rohstahl-Produktionsfähigkeit, wogegen sich die Beteiligungszahlen der übrigen Länder auf ungefähr 85 Prozent bis 95 Prozent ihres effektiven jährlichen Leistungsvermögens stellen[1]). Für diese Benachteiligung hat Deutschland einen nur recht unzulänglichen Ausgleich dadurch erhalten, daß es an einer Produktionssteigerung verhältnismäßig stärker als die anderen Länder beteiligt wird, insbesondere als Belgien, das wegen der Zubilligung der von ihm verlangten hohen Anfangsquote an späteren Erhöhungen der Gesamtquote in nur noch bescheidenem Maße teilnimmt. Es ist nämlich eine variable Gesamtquote festgelegt worden, von 25,287 Millionen Tonnen Anfangs-Gesamtbeteiligung bis zu einer Höchstbeteiligungssumme von 29,287 Millionen Tonnen jährlich, wobei für jede Million Tonnen Mehrerzeugung ein neuer Verteilungsschlüssel gilt und innerhalb jeder dieser 4 Millionen Tonnen Mehrproduktion Deutschland der jedes-

[1]) Nach M. Schlenker (Geschäftsführer der nordwestlichen Gruppe des Vereins Deutscher Eisen- und Stahl-Industrieller zu Düsseldorf) ergeben sich folgende genauere Zahlenvergleiche zwischen den Beteiligungsquoten und der Leistungsfähigkeit:

Es beträgt im Monatsdurchschnitt

	die Leistungsfähigkeit der Stahlwerke	die Endbeteiligungszahl bei 29 Millionen Gesamterzeugung	die Beteiligungszahl in Prozenten der Leistungsfähigkeit
Deutschland	1 350 000 To.	1 053 730 To.	etwa 78 Proz.
Frankreich	800 000 „	761 030 „	„ 95 „
Belgien	350 000 „	295 000 „	„ 85 „
Luxemburg	220 000 „	202 610 „	„ 90 „
Saargebiet	170 000 „	141 100 „	„ 83 „

(Die Eisenindustrie in der Welt unter Berücksichtigung des internationalen Eisenpaktes; Kieler Vorträge Heft 18 S. 20f., Jena 1927.)

mal am stärksten steigende Anteil zugebilligt ist. Hierüber gibt folgende Übersicht Aufschluß[1]):

Jahres-Gesamtkontingent:	25,287 Mill. To.		26,287 Mill. To.		27,287 Mill. To.	
Länder-Quoten:	Proz.	Mill. To.	Proz.	Mill. To.	Proz.	Mill. To.
Deutschland	40,45	10,227	40,75	10,712	41,57	11,342
Frankreich	31,89	8,066	32,16	8,454	31,98	8,726
Belgien	12,57	3,180	12,21	3,210	11,87	3,240
Luxemburg	8,55	2,160	8,60	2,257	8,52	2,325
Saargebiet	6,54	1,654	6,28	1,654	6,06	1,654

Jahres-Gesamtkontingent:	28,287 Mill. To.		29,287 Mill. To.	
Länder-Quoten:	Proz.	Mill. To.	Proz.	Mill. To.
Deutschland	42,94	12,147	43,18	12,645
Frankreich	31,28	8,850	31,18	9,133
Belgien	11,60	3,280	11,56	3,385
Luxemburg	8,33	2,356	8,30	2,431
Saargebiet	5,85	1,654	5,78	1,693

Von 29,287 Millionen Tonnen ab soll die prozentuale Quotenverteilung unverändert bleiben, wenn nicht durch einstimmigen Beschluß der Vertragspartner eine Veränderung vorgenommen wird.

Im Hinblick darauf, daß die Internationale Rohstahlgemeinschaft vierteljährlich die Rohstahlerzeugung für die einzelnen Länder festsetzt, ist gelegentlich der Monatsversammlung der deutschen Rohstahlgemeinschaft im Januar 1927 beschlossen worden, fortan von einer Festsetzung der monatlichen Erzeugungsziffer Abstand zu nehmen. Vielmehr wird die Produktion der deutschen Rohstahlgemeinschaft jetzt in der Form festgesetzt, daß die sich ergebende Beteiligung der einzelnen Mitglieder zusammen mit dem Anteil der nicht der Rohstahlgemeinschaft angehörenden Werke der Quote Deutschlands bei der Internationalen Rohstahlgemeinschaft gleichkommt. Übersteigt die Produktion der übrigens verschwindend wenigen Nichtmitglieder der deutschen Roh-

[1]) Frankfurter Zeitung, Art. Rohstahl; Produktions-Zahlen und Organisationen (Nr. 892 vom 30. November 1926). — E. Buchmann, Die kontinentale Rohstahlverständigung; Wirtschaftsdienst 11. Jahrg. Heft 42.

stahlgemeinschaft den auf sie entfallenden Anteil, werden die aus dieser Mehrerzeugung entstehenden Abgaben auf sämtliche Mitgliedswerke der Rohstahlgemeinschaft gleichmäßig umgelegt. Diejenigen Mitglieder, die ihre Beteiligung überschreiten, haben für jede Tonne Mehrerzeugung eine Abgabe von 3,50 RM. zu zahlen, während für jede Tonne Mindererzeugung eine Entschädigung von 1 RM. gezahlt wird. Zur Deckung einer an die Strafenkasse der Internationalen Rohstahlgemeinschaft wegen Kontingentsüberschreitung zu zahlenden Abgabe soll zunächst der aus obiger Regelung verbleibende Betrag verwendet werden. Der etwa fehlende Betrag wird auf die Mitglieder der Rohstahlgemeinschaft gleichmäßig nach Maßgabe ihrer Produktion umgelegt. Rückvergütungen fließen allen Mitgliedern nach Maßgabe ihrer Einzahlung zu [1]).

Bei den Verhandlungen zur Bildung einer internationalen Rohstahlgemeinschaft war von vornherein auch die Einbeziehung der übrigen europäischen Eisenproduktionsländer beabsichtigt; die internationale Rohstahlgemeinschaft sollte also keineswegs lediglich auf Deutschland und die westeuropäischen Länder beschränkt bleiben, sondern es sollte durch den Beitritt insbesondere von England sowie der südosteuropäischen Staaten, der Tschechoslowakei, Polens, Österreichs usw., eine möglichst vollständige Ordnung der europäischen Eisenwirtschaft erzielt werden. Der Anschluß der britischen Stahlindustrie an die Internationale Rohstahlgemeinschaft ist bei Niederschrift dieser Zeilen noch immer nicht als gesichert zu betrachten. Er dürfte auch weiterhin besonders durch den Umstand erschwert werden, daß innerhalb der britischen Schwerindustrie die im Gegensatz speziell zur deutschen Großeisenindustrie dort noch sehr einflußreichen reinen Walzwerke einem Zusammengehen mit den festländischen Eisenerzeugern Widerstand entgegensetzen [2]), weil sie hieraus eine Verteuerung ihrer Rohmaterialien be-

[1]) Rheinisch-Westfälische Zeitung Nr. 52 vom 22. Januar 1927.

[2]) Hierauf hat Ludwig Gebhard in einer Betrachtung über „Englands Stellung zum Stahlkartell" (Magazin der Wirtschaft, 2. Jahrg. Nr. 51) nachdrücklich hingewiesen.

fürchten. Und es klingt, wenn es seinerzeit auch dementiert worden ist, durchaus nicht unwahrscheinlich, daß die eigentlichen Urheber der großen Schwierigkeiten, welche ja die belgischen Werke den Rohstahlgemeinschafts-Verhandlungen bereitet hatten, jenseits des Ärmel-Kanals zu suchen seien, zumal die englischen Werke einen großen Teil ihres Rohmaterialbedarfes bei der belgischen Eisenindustrie decken.

Hingegen haben die Verhandlungen mit der österreichischen, tschechoslowakischen und ungarischen Eisenindustrie den Erfolg gehabt, daß diese drei Gruppen am 10. Dezember 1926 in die Internationale Rohstahlgemeinschaft aufgenommen werden konnten. (Die endgültige, formelle Aufnahme erfolgte am 4. Februar 1927.) Von den tschechoslowakischen Werken sind beigetreten die Witkowitzer Bergbau- und Eisenhütten-Gewerkschaft, die Prager Eisenindustrie-Gesellschaft und die Prager Berg- u. Hütten-Gesellschaft, von den ungarischen Werken vorläufig nur die Rima-Murany-Salgo-Tarjaner Eisenwerke, auf die etwa zwei Drittel der gesamten Eisengewinnung Ungarns entfallen, dagegen nicht auch die staatlichen ungarischen Eisenwerke in Diosgyör und die Gesellschaft Manfred Weiß in Budapest, von den österreichischen Werken die Österreichisch-Alpine Montan-Gesellschaft in Wien, das einzige bedeutende, bekanntlich zur Gruppe der Vereinigten Stahlwerke A.-G. in Düsseldorf gehörende Stahlwerk im heutigen Österreich. Diese der Internationalen Rohstahlgemeinschaft mit Wirkung vom 1. Januar 1927 ab als Sondergruppe angeschlossenen Werke haben die Aufteilung der ihnen gewährten Gesamtquote unter sich selbst vorgenommen, so daß die Rohstahlgemeinschaft nur mit dieser Gesamtquote für alle drei Länder abrechnet. Und zwar ist ihre Beteiligung bei einem Kontingent der übrigen der Gemeinschaft angehörenden Werke von 27,287 Millionen Tonnen auf 2,14 Millionen Tonnen oder auf rund 7,272 Prozent der Gesamtproduktion festgesetzt worden. Im einzelnen entfallen hiervon auf die Tschechoslowakei 1,429 Millionen Tonnen, auf die Österreichisch-Alpine Montan-Gesellschaft 411 000 Tonnen und auf die Rima-Murany-Salgo-Tarjaner Eisenwerke 300 000 Tonnen. Seit 1. Juni 1927 ist auch

Jugoslawien als zur Internationalen Rohstahlgemeinschaft mittelbar gehörig zu betrachten, nachdem Verhandlungen der am dortigen Absatz in erster Linie interessierten österreichisch-ungarisch-tschechoslowakischen Gruppe mit den drei jugoslawischen Eisenwerken Zenica, Jesenice und Store über die jährliche Ausfuhrquote jener mitteleuropäischen Gruppe nach Jugoslawien, das bei der geringfügigen Produktion seiner Eisenwerke in hohem Maße auf den Import angewiesen ist, zur Einigung geführt haben.

Die Unterhandlungen mit der polnischen Eisenindustrie, die ursprünglich sogar die Bildung einer osteuropäischen Rohstahlgemeinschaft als Gegensatz zum westeuropäischen Stahlkartell betrieben hatte, sind bislang ohne positives Ergebnis verlaufen. Auch bei Polen liegt die hauptsächlichste Verhandlungsschwierigkeit wiederum in der Quotenfrage. Die polnischen Werke verlangen nämlich als Grundlage für ihre Quotenzuteilung die Produktionsleistung nicht etwa des Jahres 1926, sondern, unter Hinweis auf ihre gestiegene und noch weiter steigerungsfähige Produktionsleistung, die höhere des Jahres 1913 zuzüglich eines Aufschlages von 11 (anfangs sogar von 20) Prozent. Da nun die Stahlgewinnung der polnischen Werke im Jahre 1913 sich auf insgesamt 1,718 Millionen Tonnen belief, bedeutet dies eine Quote für Polen von ungefähr 2 Millionen Tonnen, die jedoch von der Rohstahlgemeinschaft als übertrieben hoch angesehen und abgelehnt wird. Für diese hohe Quotenforderung ist aber letzten Endes nichts anderes als der Wunsch der polnischen Stahlwerke auf Schutz des innerpolnischen Absatzmarktes gegen den fremdländischen Wettbewerb bestimmend, zumal ja nach Ansicht der polnischen Eisenindustriellen der polnische Binnenmarkt noch eine sehr entwicklungsreiche Aufnahmefähigkeit besitzt, die nur zurzeit bei weitem nicht voll ausgenutzt wird. Dieser Wunsch, der heimischen polnischen Stahlerzeugung den Inlandsmarkt zu reservieren und dafür in der Beschickung der Auslandsmärkte sich Zurückhaltung aufzuerlegen, hatte auch bereits in einem Territorialschutzabkommen seinen Niederschlag gefunden, das zunächst zwischen der polnischen und tschechoslowakischen Eisenindustrie geschlossen worden war und dann über den 31. März 1927 hinaus bis zum 1. Oktober 1927 um ein halbes Jahr unter Einbeziehung auch noch der österreichischen sowie der ungarischen Werke verlängert wurde. Und es hat den Anschein, als ob seitens der Internationalen Rohstahlgemeinschaft der polnischen Stahlindustrie gleichfalls eine ausschließliche, konkurrenzlose Versorgung ihres Binnenmarktes zugestanden und lediglich hinsichtlich des polnischen Eisenexportes vertragliche Bindungen getroffen werden sollen. Ersteres möglicherweise sogar ohne irgendwelche Produktionskontingentierung für die polnischen Stahlwerke, die im übrigen jegliche Strafzahlung für überproduzierte Mengen ablehnen, sofern sie vom Inlande absorbiert worden sind, andererseits jedoch gleichzeitig auch auf den Vergütungsanspruch bei Mindererzeugung verzichten wollen. Eine derartige Sonderregelung würde allerdings die zwar formell der Internationalen Rohstahlgemeinschaft angeschlossenen polnischen Stahlwerke praktisch außerhalb derselben stellen, immerhin aber die ungedämmte Konkurrenz Polens am Weltmarkt, speziell auf dem osteuropäischen (Balkan-) Markt, zum Verschwinden bringen, was sich ja wiederum mit den Zielen der Rohstahlgemeinschaft durchaus deckt.

Jene von Polen als gewisse Garantie seines inneren Marktes aufgestellte Forderung, daß eine Quotenüberschreitung infolge höheren Inlandsbedarfes gegenüber der Rohstahlgemeinschaft nicht zahlungspflichtig sein soll, kann man gleichsam als eine Lehre auffassen, welche die polnischen Werke zu ihrem Nutzen aus den Erfahrungen der deutschen Stahlindustrie gezogen hatten. So war bei Abschluß der Internationalen Rohstahlgemeinschaft das Gesamtkontingent ab 1. Oktober 1926 auf 27,287 Millionen Tonnen (immer auf ein volles Jahr berechnet) gegenüber dem Grund-Gesamtkontingent von 25,287 Millionen Tonnen festgesetzt worden, und zwar infolge des durch den Bergarbeiterstreik bewirkten Produktionsausfalls der britischen Schwerindustrie. Anfang November erfolgte eine erneute Erhöhung um 2 Millionen

Tonnen auf 29,287 Millionen Tonnen für das laufende letzte Vierteljahr 1926 aus demselben Grunde. Anfang Dezember aber mußte dann für das erste Quartal 1927 wieder eine Herabsetzung um 1,5 Millionen Tonnen auf 27,787 Millionen Tonnen beschlossen werden im Hinblick auf die Beendigung des englischen Streiks und die hierdurch wieder ermöglichte Inbetriebnahme der britischen Eisen- und Stahlwerke. Dieser Beschluß auf Ermäßigung der Produktions-Gesamtquote der Internationalen Rohstahlgemeinschaft war auf besonderes Betreiben der westeuropäischen Werke gefaßt worden, die jetzt die schweren Folgen der Frankenstabilisierungs-Krisis zu spüren bekamen. Dagegen hatten die deutschen Werke einen weiter steigenden Beschäftigungsgrad infolge der Konjunkturbelebung in Deutschland zu verzeichnen und wurden deshalb zu erheblichen Überschreitungen ihrer zulässigen Produktionsleistung verleitet, was wiederum bedeutende Zahlungsverpflichtungen an die Ausgleichskasse im Gefolge hatte, die allein für das vierte Quartal 1926 sich schon auf etwa 2,4 Millionen Dollars bezifferten. Denn bei der oben genannten Jahresquote von 29,287 Millionen Tonnen betrug die Gesamtquote für das vierte Quartal 1926 7,322 Millionen Tonnen Rohstahl, wovon auf Deutschland 3,161 Millionen, Frankreich 2,283 Millionen und Belgien 0,846 Millionen Tonnen entfielen. Deutschland hatte aber im letzten Quartal 1926 sein Produktionskontingent um rund 575 000 Tonnen überschritten, Belgien um 112 000 Tonnen, andererseits Frankreich um 86 000 Tonnen unterschritten. Es ist mithin verständlich, daß unter diesen, insbesondere die Produktionskosten für die Tonne erzeugten deutschen Rohstahls verteuernden Umständen, die einzig und allein aus der schon früher gekennzeichneten starken Divergenz zwischen der tatsächlichen Leistungsfähigkeit und der erheblich darunter liegenden Beteiligungsquote der deutschen Stahlwerke bei der Internationalen Rohstahlgemeinschaft resultierten, sich bei dem deutschen Vertragspartner eine gewisse Unzufriedenheit bemerkbar machte [1]).

---

[1]) Nach Berechnungen von J. W. Reichert betrug im letzten Quartal 1926 die „Sonderbelastung" pro Tonne deutschen Rohstahls

Ein weiterer, besonderer Anlaß zur Unzufriedenheit mit dem bisherigen Wirken der Internationalen Rohstahlgemeinschaft war noch durch folgenden Umstand gegeben: Das Ziel der internationalen Eisenvereinbarungen sollte, wie es in einer seinerzeit gemeinsam von der deutschen Rohstahlgemeinschaft und der Arbeitsgemeinschaft der Eisen verarbeitenden Industrie (Avi) gefaßten Erklärung heißt, neben der Angleichung der Erzeugung an den Verbrauch auch das sein, die gegenseitige Unterbietung auf den Eisen-Ausfuhrmärkten zu unterbinden, insbesondere mit einer Hebung der Ausfuhrpreise den bisherigen Unterschied zwischen den Auslands- und den effektiven deutschen Inlandspreisen zu verringern und möglichst bald ganz zum Verschwinden zu bringen[1]). Dieses Ziel, das letzten Endes auf eine praktische Einschränkung des bekannten Exportrückvergütungs-Abkommens zwischen der Eisen schaffenden und der weiterverarbeitenden Industrie hinausgelaufen wäre, war jedoch mitnichten erreicht worden; der Versuch, mittels Produktionsrestriktionen am Welteisenmarkt eine Preisregulierung vorzunehmen, war fehlgeschlagen. Nachdem bis zum November 1926, wie schon an früherer Stelle ausgeführt, ein beträchtliches Anziehen der

---

(d. h. ohne die jedes Land für jede Tonne Rohstahlerzeugung treffende Belastung von 1 Dollar) bereits 1,38 RM., welche Zahl sich im ersten Vierteljahr 1927 noch erhöht hat. (Die Festländische Rohstahlgemeinschaft; Weltwirtschaftliches Archiv Band 25 Heft 2 S. 363 f.)

[1]) In dieser Erklärung heißt es u. a. ferner noch, daß die internationalen Eisenvereinbarungen nicht dazu führen sollen, auch die Inlandspreise der deutschen Syndikate oder Händlerverbände zu erhöhen, wobei aber die Eisen schaffende Industrie nicht darauf zu verzichten brauchte, ebenso wie die Eisen verarbeitende Industrie aus einer etwa eintretenden allgemeinen Konjunktur einen angemessenen Nutzen zu ziehen. Des weiteren war, um den süddeutschen Verhältnissen besonders Rechnung zu tragen, die uns bereits bekannte Vereinbarung getroffen worden, daß die Eiseneinfuhrkontingente aus Lothringen, Luxemburg und der Saar von den Produzenten den deutschen Verkaufssyndikaten angedient, aber auf dem Wege über die bisherigen normalen Bezugskanäle verkauft werden. Die Preispolitik für Eisen in Süddeutschland soll fortan so gehandhabt werden, daß etwa die Vorkriegsrelation zwischen den süddeutschen und den norddeutschen Eisenpreisen, die früher die Grundlage für den standortsmäßigen Aufbau der Industrie gegeben hatte, eingehalten wird.

Weltmarktpreise zu beobachten gewesen war, erfuhren diese sehr rasch wieder einen Rückgang, so daß beispielsweise die von der deutschen Rohstahlgemeinschaft zusammen mit der Avi für die mittelbaren Ausfuhrgeschäfte der deutschen Eisenverarbeiter festgesetzten Weltmarktpreise für den Monat Februar 1927 sogar bis teilweise zu 10 RM. je Tonne — nur Feinbleche blieben unverändert — ermäßigt werden mußten (z. B. Stabeisen von 112 RM. im Vormonat auf 102 RM.; dementsprechend wurde der Anrechnungssatz für Ausfuhrlieferungen in Stabeisen um 8 RM. auf 25 RM. erhöht). Der Stabeisen-Weltmarktpreis, der im Herbst 1926 bis auf 5.18.— Pfund Sterling gestiegen war, ging auf Grund der Notierungen an der Brüsseler Eisenbörse wieder bis auf 4.14.— Pfund Sterling für die englische Tonne (1016 kg) fob Antwerpen im Frühjahr 1927 zurück.

Diese neuerliche Preissenkung am internationalen Eisenmarkt ging in erster Linie von Belgien aus, das infolge seiner starken inländischen Absatzkrisis, die wiederum durch die Stabilisierung der belgischen Währung verursacht war, mit niedrigen Preisofferten im Ausfuhrgeschäft möglichst viel Aufträge hereinzuholen suchte. Ebenso wie Belgien war jedoch auch besonders Frankreich aus demselben Grunde der durch die Franken-Revalorisierung bewirkten erheblichen Verminderung der Aufnahmefähigkeit seines Binnenmarktes jetzt in hohem Maße auf den Auslandsabsatz angewiesen. Umgekehrt war Deutschland in die Lage gekommen, auf eine intensive Bearbeitung des Welteisenmarktes zu verzichten, wenigstens solange die bedeutend vergrößerte Aufnahmefähigkeit seines inländischen Marktes anhielt. Das große Aufnahmevermögen des deutschen Inlandsmarktes hatte aber andererseits ja zu den oben erwähnten beträchtlichen Strafzahlungsverpflichtungen wegen Produktionskontingents-Überschreitung geführt, die auf die Dauer sich als ein unhaltbarer Zustand herausstellen mußten und somit von deutscher Seite den Wunsch auf Minderung dieser starken finanziellen Belastung laut werden ließen, zumal die deutsche Mehrerzeugung nahezu ausschließlich vom deutschen Binnenmarkt aufgenommen worden war und mithin die Ausfuhrmöglichkeiten der anderen Vertragsländer nur in verschwindendem Maße beeinträchtigt hatte. Hierfür bot nun die eben geschilderte grundlegende Veränderung, welche die konjunkturelle Situation in der relativ kurzen Zeit nach Errichtung der Internationalen Rohstahlgemeinschaft in den betreffenden Ländern erfahren hatte, die beste Handhabe. Auf einer Anfang März 1927 stattgefundenen Sitzung der Internationalen Rohstahlgemeinschaft verpflichteten sich die deutschen Werke, ihrerseits für das zweite Quartal des Jahres 1927 die Belieferung des Weltmarktes zugunsten einer verstärkten Exporttätigkeit der westeuropäischen Eisenländer soweit einzuschränken, daß lediglich der notwendige Kontakt mit ihrer ausländischen Abnehmerschaft aufrecht erhalten blieb. (Der deutsche Stabeisen-Verband z. B. setzte infolge dieser Zusage die Exportbeteiligung von bisher $33^1/_3$ Prozent auf 20 Prozent herab für die Zeit vom 1. April bis 30. Juni 1927; auch verschiedene andere Eisenverbände ermäßigten für diesen Zeitraum die Ausfuhrmengen ihrer Mitglieder.) Andererseits wurde, um der deutschen Stahlindustrie vor allem auch die gewünschte Erleichterung hinsichtlich ihrer Strafzahlungen für Quotenüberschreitung zu ermöglichen, auf der betreffenden Sitzung beschlossen, die für das erste Vierteljahr 1927 seinerzeit festgesetzte Produktionseinschränkung um 1,5 Millionen Tonnen wieder aufzuheben und somit das Gesamtkontingent der Internationalen Rohstahlgemeinschaft auf 29,287 Millionen Tonnen (ausschließlich der Quote der tschechoslowakisch-österreichisch-ungarischen Gruppe) für das zweite Quartal zu erhöhen, zumal auch die Lage am Weltmarkt sich zu jenem Zeitpunkt gebessert hatte. Dieser offiziell angegebene Grund einer gebesserten Marktlage war jedoch in Wirklichkeit von nur untergeordneter Bedeutung. Anfang Februar 1927 war nämlich noch anstatt einer Erhöhung eher eine weitere Ermäßigung des Produktionsprogramms der Internationalen Rohstahlgemeinschaft in Aussicht genommen worden, und auf der März-Sitzung traten die französischen Werke angesichts ihrer schlechten Beschäftigung auch für eine solche weitere Produktionsherabsetzung ein, während sich die deutschen Vertreter energisch für eine Heraufsetzung der Gesamtquote aussprachen, um den starken Anforderungen des deutschen Binnenmarktes gerecht werden zu können. Das Kompromiß in dieser Streitfrage stellte die eben geschilderte Regelung dar, wonach Deutschland seine Forderung bewilligt erhielt, als Kompensation aber sich eine gewisse Beschränkung in seinem Auslandsgeschäft insbesondere zugunsten Frankreichs auferlegen mußte, was im Hinblick auf die gute Inlandskonjunktur der deutschen Stahlindustrie und auf die demgegenüber relativ recht ungünstige Weltmarktlage allerdings kein allzu großes Opfer für sie bedeutete. Gleichwohl war bezüglich der hohen Strafzahlungsverpflichtungen Deutschlands hiermit noch keine fühlbare Erleichterung geschaffen. Und gelegentlich der Hauptversammlung der Internationalen Rohstahlgemeinschaft Anfang Juni wurde deshalb beschlossen, die deutsche Beteiligungsquote für die Zeit vom 1. April bis 30. Juni 1927 nachträglich in eine Inlands- und eine Auslandsquote — in einem Verhältnis von 72 zu 28 Prozent — zu zerlegen und bei Überschreitung der Inlandsquote die Strafabgabe von 4 Dollars auf 2 Dollars pro Tonne zu ermäßigen, um durch eine solche, vorerst allerdings nur versuchsweise Neuregelung in der Abrechnung die deutsche Stahlindustrie angesichts ihres unvermindert starken Inlandsabsatzes mehr zu entlasten. Im übrigen wurde das Gesamtkontingent auch für das dritte Quartal 1927 auf 29,287 Millionen Tonnen festgesetzt, trotzdem die Weltmarktlage nach wie vor wenig günstig war.

Denn eine durchgreifende Sanierung des europäischen Eisenmarktes war, wie wir gesehen haben, noch immer nicht erreicht worden, weil das zuerst bei der deutschen und dann nochmals bei der internationalen Rohstahlgemeinschaft unternommene Experiment, lediglich durch eine gleitende Produktionskontingentierung die Eisenpreise zu regulieren und damit stabile Verhältnisse am Welteisenmarkt zu schaffen, vollkommen mißglückt war. Genau wie es innerhalb der deutschen Stahlindustrie auf der Basis der Rohstahlgemeinschaft geschehen ist, hat sich infolgedessen auch für die Internationale Rohstahlgemeinschaft das unumgängliche Erfordernis ergeben, dieses Vertragswerk eines reinen Produktionskartells durch die Bildung von syndikatsmäßigen Spezialverbänden für die wichtigsten Walzwerksprodukte weiter auszubauen und zu festigen. Immerhin war es schon vor der Gründung der Internationalen Rohstahlgemeinschaft zu internationalen Kartellvereinbarungen für Schienen sowie für Röhren gekommen, für Schienen allerdings vorerst nur in der sehr losen Form eines sogen. „Gentlemen Agreement", das dann nach der Vertragsunterzeichnung der Internationalen Rohstahlgemeinschaft ebenfalls eine feste Vertragsform als internationales Exportkartell erhielt. Anfang des Jahres 1927 folgte dem internationalen Schienen- und dem internationalen Röhrenverband dann noch ein internationaler Verband für verfeinerte Drähte sowie Anfang Juni endlich auch der internationale Walzdrahtverband, wogegen die Errichtung von Verbänden für Halbzeug und Träger, die bereits vor dem Kriege, ebenso wie Schienen, international kartelliert waren, noch aussteht. Diesen internationalen Ausfuhrverbänden für Walzwerkserzeugnisse wenden wir uns im folgenden zu.

C. Die internationalen Exportkartelle für Schienen, Röhren und Draht.

Als besonders charakteristisch für diese internationalen Verkaufsverbände sei vorweg bemerkt, daß sie reine Exportkartelle darstellen, die also die Preisgestaltung sowie auch den Umfang des Absatzes im Inlande eines jeden Mitgliedes unberührt lassen und lediglich Kontrollfunktionen für den gemeinsamen Auslandsverkauf hinsichtlich der Exportpreise und der Exportmengen ausüben, hierbei aber wiederum die Auslandsverkaufstätigkeit selbst den einzelnen Ländern oder deren Syndikatsorganisationen, soweit solche vorhanden sind, überlassen.

Als erstes internationales Exportkartell für Walzwerksprodukte ist nach dem Kriege das alte internationale Schienenkartell („International Rail Makers Association"; abgek. Irma), das mit Ausbruch des Weltkrieges aufgehoben worden war, wiedererrichtet worden, allerdings jetzt nur noch in der Form eines ausschließlich europäischen Kartells, d. h. ohne die

Vereinigten Staaten von Amerika, die vornehmlich auch wegen des amerikanischen „Antitrust"-Gesetzes (Sherman Act) der neuen „European Rail Makers Association" (abgek. Erma) nicht beitraten. Diese neue Erma hat, ebenso wie die alte Irma, ihren Geschäftssitz in London und regelt den Schienenabsatz im Auslande, während der Inlandsabsatz jedem der beteiligten Länder reserviert geblieben ist. Am Auslandsabsatz, für den die Preise gemeinsam festgesetzt werden, sind die einzelnen Länder mit bestimmten Quoten beteiligt, jedoch werden die Verkäufe von den Werken oder von den hierfür bestehenden nationalen Verbänden selbständig getätigt. Bemerkenswert ist, daß England, das ja der Internationalen Rohstahlgemeinschaft noch nicht angehört, der Erma von vornherein beigetreten ist. Nachdem bereits am 12. März 1926 eine mündliche provisorische Verständigung zwischen Deutschland, England, Frankreich, Belgien und Luxemburg hatte erzielt werden können, insonderheit über die künftige Einhaltung von Mindestpreisen, wurde dann am 10. Dezember 1926 der Erma-Vertrag endgültig unterzeichnet, indem Deutschland seine infolge gewisser Streitfragen als einzige noch ausstehende Unterschrift nunmehr ebenfalls leistete. Die hauptsächlichsten Streitfragen, die den formellen Vertragsschluß immer wieder verschoben hatten, waren neben der Anrechnung der über Reparationskonto gehenden Schienenlieferungen auf die deutsche Beteiligungsquote insbesondere das Zugeständnis an England, die Märkte seines Kolonialreiches ausschließlich beliefern zu können. Eine für England deshalb überaus wichtige Angelegenheit, weil der britische Eisenexport zum größten Teil in jene Gebiete geht und hierbei in den Dominions eine außerordentliche Zollbegünstigung gegen andere Länder genießt. Diese Forderung, die für die Erma einen Verzicht auf Versorgung eines recht erheblichen Absatzgebietes bedeutete, hat schließlich England nach langen Verhandlungen auch bewilligt werden müssen. Auf einer Ende März 1927 stattgefundenen Erma-Sitzung erhielten die englischen Schienenwerke dann endgültig die sogen. britischen Kronkolonien zur ausschließlichen Belieferung überlassen, genau wie es bisher schon hinsichtlich der französischen und belgischen Kolonien entsprechend vorgesehen war.[1]) Dafür verzichtete England auf seine ursprünglich beantragte Quotenerhöhung um 3 Prozent, für deren eventuelle Ablehnung sogar mit dem Austritt der Engländer aus der Erma gedroht worden war. In der Frage der Verrechnung der Reparationslieferungen Deutschlands auf seine Quote wurde ebenfalls eine der deutschen Forderung auf Nichtanrechnung derartiger Schienenlieferungen entgegenkommende Kompromißformel gefunden. Die Tschechoslowakei, Österreich und Ungarn, letzteres einschließlich der staatlichen ungarischen Eisenwerke, die bekanntlich der Internationalen Rohstahlgemeinschaft nicht beigetreten sind, haben sich am 10. Dezember 1926 gleichfalls der Erma als Sondergruppe angeschlossen, also an demselben Tage, an dem auch ihre Aufnahme in die Internationale Rohstahlgemeinschaft vollzogen wurde. (Die definitive Aufnahme erfolgte auf jener März-Tagung der Erma.) Das Gesamt-Exportkontingent der Erma beträgt 1,04 Millionen Tonnen jährlich. Hiervon entfällt die größte Quote auf England mit 43 Prozent oder 430 000 Tonnen; Deutschland und Frankreich haben je 19,5 Prozent oder 195 000 Tonnen erhalten, Belgien 11 Prozent oder 110 000 Tonnen, Luxemburg 7 Prozent oder 70 000 Tonnen und ferner die neue südosteuropäische Sondergruppe 4 Prozent oder 40 000 Tonnen. (In der alten Irma war die prozentuale Quotenverteilung folgende: England 37,36 Prozent, Amerika 25,70 Prozent, Deutschland 20,13 Prozent, Belgien 12,34 Prozent und Frankreich 4,47 Prozent.) Auch bei der Erma hat Deutschland mit seiner Quote wiederum recht ungünstig abgeschnitten, wenn man bedenkt, daß die deutsche Schienenausfuhr bis Anfang Dezember 1926 sich auf ungefähr 400 000 Tonnen belief. Wie überhaupt der Quotenkampf sehr heftig war, weil auch Frankreich, Belgien und Luxemburg sich ihre Quoten nicht zugunsten Englands

---

[1]) Die sogen. Völkerbunds-Mandatsgebiete (ehemalige deutsche Kolonien usw.) bleiben hingegen nach wie vor gemeinsames Absatzgebiet der Erma (Frankfurter Zeitung Nr. 234 vom 29. März 1927), desgleichen die britischen Dominions.

beschneiden lassen wollten, dieses sich jedoch nur unter Bewilligung einer reservierten Belieferung seiner Kolonialgebiete, was wiederum eine hohe Beteiligungsquote für die britischen Schienenwerke bedingte [1]), an der Erma beteiligte.

Recht schwierig haben sich auch die Verhandlungen über eine internationale Exportverständigung für Röhren nach dem für Schienen geltenden Muster gestaltet. Hier kam es seitens des deutsch-tschechischen Röhrenkartells, dem sich noch die polnisch-oberschlesische Bismarckhütte angeschlossen hatte, zuerst nur zu einer losen provisorischen Verständigung mit den französischen und belgischen Werken, die sich auf Beobachtung gemeinsamer Verkaufspreise sowie Abgrenzung von Verkaufsgebieten für Muffen- und Bohrröhren erstreckte und für ein halbes Jahr, von Januar bis Juni 1926, gelten sollte. Anfang Juni 1926 gelang es nach langwierigen Verhandlungen endlich, zwischen der ja schon seit langem durch Kartellvertrag eng verbundenen Gruppe der deutsch-tschechischen Röhrenwerke und der Bismarckhütte einerseits und den französisch - belgisch - saarländischen Röhrenwerken andererseits ein festes Abkommen über den Export von schmiedeeisernen Röhren sowie von Stahlröhren bis zu 318 mm Außendurchmesser zu treffen. Der Vertrag dieses europäischen Röhrenverbandes ist Ende Juni 1926 ratifiziert worden und ab 1. Juli 1926 mit zunächst dreijähriger Dauer in Kraft getreten, wobei die Möglichkeit einer Vertragsverlängerung bis zu sechs Jahren ins Auge gefaßt ist. Die Kontrollstelle des europäischen Röhrenverbandes befindet sich beim deutschen Röhrenverband in Düsseldorf und heißt offiziell „Abise", nach der Ländergruppen-Einteilung von A bis E, nämlich Gruppe A = Deutschland, Gruppe B = Tschechoslowakei (Mannesmann, Witkowitz, Hahnsche Werke in Oderberg), Gruppe C = Polen (vorläufig nur Bismarckhütte), Gruppe D = Frankreich-Belgien-Saar und Gruppe E = Ungarn (Röhrenwerk Manfred Weiß in Budapest, das zwar,

---

[1]) Die Meldung, daß in der hohen englischen Quote ein Kontingent der amerikanischen Schienenproduzenten mitenthalten sei, die wegen der „Antitrust"-Gesetzgebung offiziell der Erma nicht angehören dürften, ist dementiert worden.

analog den staatlichen ungarischen Eisenwerken bei der Erma, diesem internationalen Spezialkartell beigetreten, bekanntlich aber nicht auch Mitglied der Internationalen Rohstahlgemeinschaft geworden ist). Die Organisation des europäischen Röhrenverbandes ist in der Weise aufgezogen, daß ein Territorialschutz der beteiligten Länder besteht, der sich jedoch nicht auf die Inlandspreise auswirkt, so daß jedes Land bezüglich seiner Preisstellung für das Inland ungebunden ist. Dagegen werden für das Exportgeschäft die Preise einheitlich festgesetzt, bzw. es werden besondere Länder-Verkaufspreislisten aufgestellt. Der Vertrieb bleibt, genau wie bei der Erma, den einzelnen Ländern bzw. deren Verkaufsorganisationen überlassen. Die französisch-belgisch-saarländische Gruppe hat infolgedessen eine eigene Verkaufsstelle gegründet, das Comptoir Franco-Belge-Sarrois pour la Vente des Tubes d'Acier à l'Exportation mit dem Sitz in Paris [1]). Die Unterhandlungen, um auch die englischen Röhrenwerke für den europäischen Röhrenverband zu gewinnen, waren ergebnislos geblieben, und es besteht auch nur sehr geringe Aussicht dafür, daß sich England ebenfalls anschließen wird. Desgleichen sind vorerst die Verhandlungen mit den anderen polnischen Röhrenproduzenten (Vereinigte Königs- und Laurahütte, Sosnowice, Huta Bankowa), um die empfindliche Konkurrenz dieser Werke im nordöstlichen Europa sowie am Balkanmarkt (z. B.

---

[1]) Diesem Verkaufskontor gehören folgende Werke an: Aciéries et Usines à Tubes de la Sarre, Bous (Saar), Soc. Française pour la Fabrication des Tubes et Emboutis, Louvroil et Recquignies, Soc. Métallurgique de Montbard-Aulnoye, Paris, Soc. An. de l'Escaut et Meuse, Paris, Soc. An. des Tubes de Vincey, Paris, Soc. An. des Tubes de Valenciennes et Denain, Valenciennes, Soc. An. Fabrique des Tubes de Solesmes, Paris, Soc. An. Etablissements Le Soufaché et Félix, Paris, Compagnie Française des Métaux, Paris, Soc. Métallurgique de l'Ariège, Paris, Soc. des Tubes de Bessèges, Paris, Soc. An. Usines à Tubes de la Meuse, Flemalle-Haute (Belgien), Soc. des Tubes de Nimy, Nimy-les-Mons (Belgien). — Das bisher als einziges von den belgischen noch nicht angehörende Röhrenwerk Usines à Tubes de Jemappes ist kürzlich ebenfalls dem europäischen Röhrenverband beigetreten, während die Beitrittsverhandlungen mit der Jaeckels Eisenindustrie A.-G. in Freistadt (Tschechoslowakei), einem erst neu errichteten Unternehmen, sich vorerst zerschlagen haben.

in Bohrröhren für die rumänische Erdölindustrie) auszuschalten, resultatlos verlaufen. Infolgedessen sah sich der Röhrenverband sogar genötigt, bei seinen Lieferungen nach Schweden, Norwegen und Dänemark in die jeweiligen Exportpreise Polens einzutreten, um dem starken polnischen Wettbewerb auf diesen Märkten erfolgreich begegnen zu können. Dies kam praktisch einer Preisermäßigung für die Röhrenausfuhr nach den nordischen Ländern gleich. Auch im Wettbewerb mit den englischen Röhrenwerken haben Preiskonzessionen gemacht werden müssen. Erwähnt sei zum Schluß noch ein Anfang 1927 geschlossenes Abkommen zwischen den deutschen und den tschechoslowakischen Gußrohrwerken über Lieferungen nach Österreich, Jugoslawien und Rumänien.

Auf dem Gebiete der internationalen Drahtverfeinerungsindustrie glückte es dem Drahtverband G. m. b. H., Düsseldorf, zunächst mit den belgischen Drahterzeugern zu allerdings sehr losen Vereinbarungen bezüglich gemeinsamer Preispolitik im beiderseitigen Ausfuhrgeschäft zu gelangen. Die belgische Drahtverfeinerungsindustrie selbst hatte sich, wie schon früher bemerkt, ab 1. Juli 1926 ebenfalls zu einem Verband zusammengeschlossen, in der Entente Belge des Clouteries et Tréfileries in Charleroi, deren Geschäfte von der Verkaufsgesellschaft der belgischen Hüttengesellschaft Ougrée-Marihaye, der Société Commerciale de Belgique (Socobelge), Ougrée, geführt werden [1]). Den regelmäßigen Zusammenkünften der Vertreter der deutschen und belgischen Drahtindustrie zwecks Besprechung der Marktlage und Vereinbarungen über Preise und Verkaufsbedingungen haben sich dann später noch die holländischen Drahtwerke Van Thielsche Draadindustrie in Beek en Dongen, Draad- en

---

[1]) Dem belgischen Drahtverband sind folgende Werke angeschlossen: Soc. An. des Usines et Aciéries Allard in Mont-sur-Marchienne, Soc. Coopérative de l'Espérance, Soc. An. Clouteries Mécaniques, Soc. An. Sambre-Escaut, Soc. An. La Fontainoise, Soc. An. Alex. Baudoux, Soc. An. Usines Dercq, sämtlich in Fontaine-l'Evêque, Soc. An. des Tréfileries Léon Bekaert in Sweveghem, Soc. An. des Tuyauteries, Tréfileries et Constructions in Ruysbroek.

Draadnagelfabriek Haarlem, Gebroeders van Thiel in Helmond, Everts en van der Weyden in Helmond angeschlossen. Hierdurch war vor allem erreicht worden, daß von den holländischen Werken das fob Rotterdam gelieferte deutsche Exportmaterial nicht mehr unterboten wurde. Auch mit dem holländischen Drahthandel wurde eine Vereinbarung seitens des deutschen und belgischen Drahtverbandes insofern erzielt, als nur einige wenige Händler für den Verkauf von deutschen und belgischen Drähten in Holland zugelassen wurden und damit der Zustand beseitigt werden sollte, daß nach Holland importierter deutscher Draht wieder nach Deutschland ausgeführt wurde, wofür ein starker Anreiz in der großen Spanne zwischen den deutschen Inlands- und Exportpreisen gegeben war. Obwohl die englische Drahtverfeinerungsindustrie dieser deutsch-belgisch-holländischen Drahtpreiskonvention nicht beitrat, konnten immerhin zwischen dem deutschen Drahtverband und dem englischen Drahtgroßhandel gewisse Abmachungen getroffen werden. Wir haben aber bereits bei anderer Gelegenheit erwähnt, daß die deutsche Verkaufsstelle für sechseckige Drahtgeflechte in Düsseldorf, der etwa 90 Prozent der gesamten deutschen Produktion an sechseckigem Drahtgeflecht angehören, im Sommer 1926 eine Verständigung vornehmlich mit der sehr bedeutenden englischen Drahtindustrie hat erzielen können, nämlich in Form einer genauen Regelung des Verkaufs und bestimmter Preisabmachungen [1]). Dieses internationale Drahtgeflecht-Abkommen ist allerdings im Mai 1927 zum 1. Oktober 1927 wieder gekündigt worden, und zwar, ähnlich wie bei der Erma, infolge Differenzen mit den englischen Drahtgeflechtfabrikanten bezüglich deren Sonderwünsche bei der Belieferung der britischen Kolonien. Ferner hatte der deutsche Drahtverband noch mit der dänischen Drahtindustrie ein Abkommen über Heimatschutz geschlossen, desgleichen auch mit der

[1]) Den deutschen Werken war speziell der südamerikanische Markt zugewiesen worden. — Als Grundlage für die Export-Preise der beteiligten Industriegruppen galt die Preisliste der englischen Firma Boulton & Paul in Norwich, auf die entsprechende Rabatte gewährt wurden.

tschechoslowakischen und schließlich Mitte Januar 1927 besonders noch mit der österreichischen Drahtindustrie über gegenseitigen territorialen Schutz mit vorläufiger Gültigkeit bis Ende Dezember 1928. Bei der Tschechoslowakei sowie Österreich handelte es sich hierbei um einen Ausbau einer bereits seit längerer Zeit bestehenden Verständigung über die gemeinsame Bearbeitung des Balkanmarktes. Mitte Februar 1927 konnte dann endlich die zwischen der deutschen, belgischen, tschechoslowakischen und holländischen Drahtverfeinerungsindustrie bestehende bisherige lose Preiskonvention fester gestaltet werden, indem mit Wirkung vom 15. Februar 1927 ab ein provisorisches Verbandsvertragsabkommen in Kraft trat, das Mitte März 1927 endgültig von den beteiligten Gruppen unterzeichnet wurde. Dieser auf unbestimmte Zeit geschlossene Vertrag über die Internationale Drahtgemeinschaft regelt die Preise und Verkaufsbedingungen auf dem Auslandsmarkt; die Inlandsmärkte bleiben auch hier von den Vereinbarungen unberührt. Der Verkauf erfolgt durch die einzelnen Gruppen selbständig nach Maßgabe der festgesetzten Länderquoten. Hierbei hat Deutschland mit 55 Prozent die höchste Quote erhalten, an zweiter Stelle steht Belgien, an letzter Holland mit etwa 10 Prozent. Die tschechoslowakischen Werke haben aber keine prozentuale Quote erhalten, sondern eine feste Kontingentsmenge, die ohne Rücksicht auf die Schwankungen des Exportgeschäftes unveränderlich bleibt. Die Organe der Internationalen Drahtgemeinschaft sind die Mitgliederversammlung, die über Preisstellung, Verkaufsbedingungen usw. zu befinden hat, sowie ein vierköpfiges Verwaltungsdirektorium, das insbesondere das Anspruch- und Pflichtverhältnis der einzelnen Länder zu regeln und zu überwachen hat. Für Überschreitung der quotenmäßig zustehenden Mengen sind Abgaben in beträchtlicher Höhe festgesetzt; die Einhaltung der einzelnen Kontingente wird von derselben schweizerischen Treuhandgesellschaft wie bei der Internationalen Rohstahlgemeinschaft überwacht. Ebenso sind scharfe Strafbestimmungen eingeführt für Zuwiderhandlungen bei Nichteinhaltung der für die einzelnen Drahtsorten festgesetzten Grund-, Über- und Mehrpreise, der Verkaufsbedingungen und für Überschreitung der Rabattsätze. Die Provisionssätze sind limitiert. Außerhalb dieser Internationalen Drahtgemeinschaft stehen neben den österreichischen[1]) vor allem noch die französischen Drahtwerke, anscheinend infolge Opposition der de Wendel-Gruppe, die übrigens in Deutschland auf dem Gebiete der Drahtverfeinerung durch die Süddeutsche Drahtindustrie A.-G., Mannheim-Waldhof, vertreten ist. Der Beitritt besonders der französischen Drahtverfeinerungsindustrie steht jedoch möglicherweise zu erwarten, nachdem die erstrebte Umwandlung der sehr losen internationalen Preiskonvention für den Verkauf von Thomas-Walzdraht nach England und Holland[2]) in einen festen internationalen Verband mit quotifiziertem Auslandsabsatz und vierjähriger Vertragsdauer vom 1. Juni 1927 bis 1. April 1931 vollzogen ist. Diesem internationalen Walzdraht-Kartell gehören außer Deutschland und Belgien nämlich auch Frankreich sowie die luxemburgische Arbed-Gruppe an, die der vorherigen Preiskonvention gegenüber sich ablehnend verhalten hatte. Die Quotenverteilung soll etwa wie folgt in Aussicht genommen sein: Deutschland 57 Prozent, Frankreich 21,5 Prozent, Belgien 15 Prozent und Luxemburg 6,5 Prozent. Kontrollstelle ist auch hier eine Treuhandgesellschaft in Zürich.

Bei den geplanten weiteren internationalen Exportkartellen bereitet selbstverständlich wieder die Quotenfrage die größten Schwierigkeiten. Ende März 1927 geführte Verhandlungen der Mitglieder der Internationalen Rohstahlgemeinschaft wegen der Gründung von solchen Verbänden speziell für Halbzeug sowie für Formeisen und ferner anscheinend auch noch für den bezüglich einer Kartellierung recht komplizierten Artikel Stabeisen haben immerhin schon das nicht unwichtige Ergebnis gebracht, daß die Quoten nicht einfach im Verhältnis

[1]) Mit der österreichischen Drahtverfeinerungsindustrie besteht aber das schon erwähnte Territorialschutzabkommen des deutschen Drahtverbandes.

[2]) Da die Preise der internationalen Walzdraht-Konvention schließlich nur noch nominell waren, hatten sich die betreffenden Ländergruppen bis zum 1. Juni 1927 Verkaufsfreiheit zu den jeweils am Weltmarkt erzielbaren Preisen zugestehen müssen.

zu den einzelnen Beteiligungszahlen in der Internationalen Rohstahlgemeinschaft bemessen, sondern ganz neu errechnet werden sollen. Denn mit diesem von deutscher Seite gemachten und auch angenommenen Vorschlag ist wenigstens von vornherein die Möglichkeit ausgeschaltet worden, daß Deutschland mit seiner Quote diesmal wieder so ungünstig abschneidet wie bei der Errichtung der Internationalen Rohstahlgemeinschaft. Jedenfalls haben die deutschen Vertreter allzu hohen Quotenansprüchen der französischen und belgischen Werke gegenüber sogleich darauf hingewiesen, daß sich die Position der deutschen Stahlindustrie in der Zwischenzeit, unterstützt von Konjunktur- und Rationalisierungserfolgen, erheblich verstärkt hat.

* * *

Neben diesen Verhandlungen sind neuerdings des weiteren noch solche in der Schwebe, die auf die Bildung eines internationalen Verbandes für Roheisen hinzielen, der nicht nur auf die Festsetzung einheitlicher Exportpreise sich erstrecken, sondern auch eine quotenmäßige Produktionskontingentierung vornehmen soll. Der Gedanke eines derartigen internationalen Roheisenkartells geht von der zurzeit bestehenden französisch-belgisch-luxemburgischen Roheisen-Preiskonvention aus. Die Schwierigkeiten in dieser Angelegenheit liegen zunächst einmal darin, daß die deutschen Roheisenproduzenten ihren Beitritt von der Bedingung abhängig machen, daß das projektierte Kartell außer Hämatit und Spiegeleisen auch Gießerei-Roheisen umfaßt, wie es beim deutschen Roheisenverband (Essen) der Fall ist. Sollte nun ein derartiger europäischer Roheisenverband tatsächlich zustande kommen, dann würde auch der deutsche Roheisenverband, das zweitwichtigste Kartell der deutschen Großeisenindustrie, dieselbe internationale Untermauerung erhalten, wie sie insonderheit schon der deutsche Stahlwerksverband als die mächtigste Kartellorganisation der deutschen Eisen erzeugenden Industrie in der Form der Internationalen Rohstahlgemeinschaft sowie des europäischen Schienenverbandes besitzt und ja für Halbzeug und Träger noch zu vergrößern bemüht ist. Die naheliegende Frage, ob auch das andere, nicht minder bedeutende Rohstoffkartell der deutschen Schwerindustrie, nämlich das Rheinisch-Westfälische Kohlen-Syndikat (Essen), dereinst zu einer analogen Vereinbarung mit dem ausländischen Kohlenbergbau gelangen wird, in erster Linie mit seinem gefährlichsten Konkurrenten am Welt- und auch auf dem innerdeutschen Kohlenmarkt, dem englischen Kohlenbergbau, muß im Rahmen dieser Betrachtungen unberücksichtigt bleiben. Jedenfalls ist das Problem der Bildung eines europäischen Kohlenkartells sehr aktuell, allerdings ohne vorläufig Aussicht auf irgendeine praktische Lösung zu haben.

Druck von Julius Beltz in Langensalza.

FSC
www.fsc.org
MIX
Papier | Fördert
gute Waldnutzung
FSC® C083411

Kolibri 360 GmbH
Ferdinand-Jühlke-Straße 7
99095 Erfurt, Deutschland
produktsicherheit@kolibri360.de